এই বইয়ে লালুজীর পরিচালনা করার ক্ষমতা, রাজনৈতিক জীবন, ওনার দেশী অর্থশাস্ত্র, এই বছরের রেল বাজেটের বিভিন্ন দিক আর ভারতীয় রেলের ক্রমিক এবং সংক্ষিপ্ত ইতিহাসের উপরে আলোকপাত করা হয়েছে। এখানে লালুজীর রেলের উপর লেখা কয়েকটা রচনার সঙ্গে তাঁর দুইটি বিশেষ সাক্ষাতকারকেও উদ্ধৃত করা হয়েছে।

আশা করি, এই বইটা পড়ে আপনি লালুজী, ওনার পরিচালন ক্ষমতা এবং ভারতীয় রেলের নবীনতম বিষয়গুলি সম্বন্ধে কিছু জ্ঞান অর্জন করবেন।

ম্যানেজমেন্ট গুরু
প্রোফেসর লালু-র রেল

ডাঃ সুনীল জোগী

ডায়মন্ড বুক্স

I.S.B.N. : 81-89605-88-7

প্রকাশক : ডায়মন্ড পকেট বুকস প্রাইভেট লিমিটেড
X - 30, ওখলা ইন্ডাস্ট্রিয়াল এরিয়া, ফেজ - II
নিউ দিল্লী - 110 020
ফোন : 011-41611861
ফ্যাক্স : 011-41611866
ই-মেল : sales@diamondpublication.com
ওয়েবসাইট : www.diamondpublication.com
এডিশন : 2026
বঙ্গানুবাদ : কৃষ্ণাশ্রী মুখার্জ্জী
লেজার টাইপসেটিং : ল্যাঙ্গুয়েজট্রন
মুদ্রক : আদর্শ প্রিন্টার্স, শাহদরা, দিল্লী-110 032

Management Guru Prof. Lalu'r Rail
Writer : Sunil Jogi

উৎসর্গীকৃত

ভারত সরকারের মাননীয় রেল মন্ত্রী ম্যানেজমেন্ট গুরু
শ্রোদ্ধেও রাজনেতা শ্রী লালু প্রসাদজী এবং
রেল বোর্ডের সভাপতি
শ্রী জয়প্রকাশ বত্রা,
বোর্ডের অন্যান্য সম্মানীয় সদস্যগণ
রেল দপ্তরের সমগ্র টীম
এবং
ভারতীয় রেলের
চোদ্দ লক্ষ কর্তব্যনিষ্ঠ কর্মচারীকে
আমার স্বশ্রদ্ধ নিবেদন।

- ডাঃ সুনীল জোগী

রেল মন্ত্রী
ভারত সরকার
Minister of Railways
Government fo India

বার্তা

ডাঃ সুনীল জোগীর দ্বারা লিখিত "**ম্যানেজমেন্ট গুরু প্রফেসর লালুর রেল**" নামক বইটি আমার বিভিন্ন সময়ে দেওয়া ব্যাখ্যা, বাজেটের সময় দেওয়া ভাষণ এবং মিডিয়া ও অল ইণ্ডিয়া রেডিওর সঙ্গে আমার সাক্ষাৎকার থেকে সংকলিত করা হয়েছে। ডাঃ জোগী মহাশয় বিভিন্ন পত্র-পত্রিকায় প্রকাশিত ভারতীয় রেলের "টার্ন-এ্যরাউণ্ড" এর উপর আধারিত রচনা সামগ্রীকে সংকলিত করে তাকে প্রকাশ করার প্রচেস্টা করেছেন।

আমি ডাঃ জোগী এবং এই বইটির প্রকাশককে তাঁদের এই প্রচেস্টার জন্য অভিনন্দন জানাই আর আশা করি পাঠকরা এই বই পড়ে রেলের কার্যকলাপ সম্বন্ধে অনেক কিছু জানতে পারবেন।

শুভ কামনার সহিত

(লালু প্রসাদ)

পরিচিতি

একাদশ শতাব্দীর প্রথম দিকে "ম্যানেজমেন্ট" (পরিচালনা) জনগণের সবচাইতে প্রয়োজনীয় বিষয় হয়ে উঠেছে। এটা মানুষকে তীব্র গতির সঙ্গে অগ্রগতির পথে অগ্রসর হতে সহায়তা করেছে। মানুষের জীবনধারাকে আমুল পরিবর্তন করার জন্য এর অনেক বড় অবদান আছে। আজকের পৃথিবীতে কেউ যদি সাফল্যের স্বর্ণ শিখরে আহরণ করতে চায় তাহলে তাকে অতি অবশ্যই নিজের জীবনে "ম্যানেজমেন্ট"-এর সহায়তা নিতে হবে।

ভারতবর্ষের হাজার বছরের পুরান ইতিহাসের পাতা ওল্টালে দেখা যায় যে সেই সময়েও অনেক উন্নত মানের "ম্যানেজমেন্ট" এর প্রয়োগ করা হত। বেদ, পুরাণ, উপনিষদ ইত্যাদি আর্য গ্রন্থগুলির সর্বত্র এর উদাহরণ দেখতে পাওয়া যায়। কিন্তু মানুষের মুখে, মুখে "ম্যানেজমেন্ট" শব্দটির প্রচলন তখনই শুরু হয় যখন ভারতীয় রেল মন্ত্রী শ্রী লালু প্রসাদ যাদব 154 বছরের পুরান রেল ব্যবস্থায় ক্ষতির পরিমাণকে অপসারিত করে তাকে নব কলেবর প্রদান করে স্বর্ণ শিখরে তুলে দেন আর সমগ্র বিশ্বে "ম্যানেজমেন্ট গুরু" নামে খ্যাতি লাভ করেন।

এই বইয়ের মাধ্যমে আমি লালুজীর উচ্চস্তরের "ম্যানেজমেন্ট মহিমা" কে তুলে ধরার চেস্টা করেছি। ওনার নিজের অশেষ প্রচেস্টা, সততা, কঠোর পরিশ্রম, কর্তব্যপরায়ণতা, একনিস্ঠতা, বিবেচনা ইত্যাদি গুণের নিজস্ব "ম্যানেজমেন্ট" প্রক্রিয়ার দ্বারা ভারতীয় রেলে যুগান্তকারী পরিবর্তন নিয়ে এসে নিজের পূর্বের বিতর্কীত ব্যক্তিত্বের থেকে বেরিয়ে এসেছেন আর ভারতকে বিশ্বের দরবারে গৌরব ও সম্মান লাভ করিয়েছেন।

স্বাধীন ভারতের নেতাদের ভেতরে লালুজী যে পরিমাণ রেকর্ড ছাপয়ি খ্যাতি অর্জন করেছেন তাকে ঈশ্বরের আর্শিবাদ অথবা আলৌকীক ঘটনা বললে অত্যক্তি হবে না। বিহারের গোপালগঞ্জের কাছে একটা গ্রামের সামান্য কৃষক পরিবারে জম্মান কোন ব্যক্তি আঞ্চলিক ক্ষেত্রে, রাজ্য স্তরে, রাস্ট্রীয় স্তরের রাজনৈতিক ক্ষেত্রে নিজের বিশিস্ট ব্যক্তিত্ব আর প্রতিস্ঠা গড়ে তোলেন আর আজ বিশ্ব স্তরে "ম্যানেজমেন্ট গুরু" নামে প্রসিদ্ধি লাভ করে নিজের

যশের পতাকা উত্তলিত করেন, যার ফলে সবার নজর তাঁর উপরে নিবদ্ধ হয়ে যায়। এটা এত সহজ ব্যাপার নয়। তাঁর রাজনৈতিক সফর পাটনা বিশ্ববিদ্যালয়ের ছাত্র সংঘের সভাপতিত্ব দিয়ে শুরু হয় তারপর জয়প্রকাশ নারায়ণ আন্দোলন, 15 বছর যাবৎ বিহারের মুখ্যমন্ত্রীত্ব পদে থাকা আর একছত্র রাজত্য করা এবং তারপর ভারতের কেন্দ্রীয় রেল মন্ত্রী রূপে সমগ্র রেল ব্যবস্থাকে নব কলেবর প্রদান করে বিশ্বের দরবারে "ম্যানেজমেন্ট গুরু" নামে অভিহিত হওয়া তাঁর রাজনৈতিক জীবনের বিভিন্ন সোপান। যেগুলিকে তিনি সাফল্যের সঙ্গে অতিক্রম করেছেন। তিনি "রাষ্ট্রীয় জনতা দল" নামক একটা নতুন দল গঠন করে তাকে একটি শক্তিশালী দল হিসাবে প্রতিষ্ঠিত করেন। দলের ভেতর তাঁর সম্পূর্ণ কর্তৃত্ব বজায় ছিল। তাঁর নির্ণয়গুলিকেই প্রথম অথবা শেষ বলে মেনে নেওয়া হত। চন্দ্রগুপ্ত, বিক্রমাদিত্য, বুদ্ধ, চানোক্য, গুরু গবিন্দ সিং এর মত রাজনৈতিক আর ধার্মীক মহাপুরুষরা, ডাঃ রামধারি সিং 'দিনকর' আর গোপাল সিং 'নেপালী' -র মত কবিরা, ডাঃ রাজেন্দ্র প্রসাদ, জয়প্রকাশ নারায়ণ, কর্পুরি ঠাকুরদের দেশ বিহার, আজ শ্রী লালু প্রসাদ যাদবের কারণে বিশ্ব পরিচিতি লাভ করেছে।

পূর্বে লোকশানে চলা ভারতীয় রেলের জন্য তিনি একজন অবতার স্বরূপ। আজ লালু প্রসাদের সঙ্গে শ্রী কৃষ্ণের গোবর্দ্ধন পর্বত উঠিয়ে নেওয়াকে তুলনা করা চলে। তিনি তাঁর কনিষ্ঠ অঙ্গুলির উপরে ভারতীয় রেলকে তুলে তাকে পুনরায় প্রানবন্ত করে তুলেছেন। রেলের ভাড়া না বাড়িয়ে তিনি সাধারণ মানুষকে স্বস্তি দিয়েছেন। আজ রাজনৈতিক নেতা, সংবাদ দাতা, বড় পদাধিকারি, কৃষক, মজুর বা অন্য সব শ্রেণীর মানুষ তাঁর ভূয়োসি প্রশংসা করেন। এমন কি তাঁর কঠোর সমালোচকদের মুখও বন্ধ করে দিয়েছে।

পাটনা থেকে তাঁর বাসস্থান পর্যন্ত লালুজীকে আমি কবিতা শোনানোর সুযোগ পাই। তখন আমি কবিতার প্রতি তাঁর গভীর অনুরাগ দেখতে পাই আর তখন প্রচলিত প্রথাকে ত্যাগ করে তাঁকে বহু সনামধন্য কবিদের রেলের পাশ দিতে দেখি তখন তাঁর প্রতি আমার অগাধ শ্রদ্ধায় মন ভরে যায়। তখন আমি ভাবলাম যে মানুষটি কবিদের প্রতি এত অনুরাগ রাখেন আর যিনি ভারতীয় রেলকে নব কলেবর প্রদান করতে দিন রাত পরিশ্রম করে চলেছেন তাঁর অবদানের কথা লিপিবদ্ধ করে বইয়ের আকারে জনগণের কাছে পৌঁছে দেওয়া উচিত। প্রায় এক বছর যাবৎ এই বইটার সামগ্রী যোগার করার জন্য আমাকে যে সমস্ত অসুবিধা আর কর্তা ব্যক্তিদের উপেক্ষা সহ্য করতে হয়েছে সেগুলির উল্লেখ করে আমার মন ভারাক্রান্ত করতে চাই না। কিন্তু বেশিরভাগ সামগ্রী সংগ্রহ করতে সাহায্য করার জন্য লালুজীর মিডিয়া পরামর্শ দাতা শ্রী তহসীন মুনওয়ারের কাছে আন্তরিক কৃতজ্ঞতা জ্ঞাপন করতে চাই।

ভারতীয় রেল হল এই দেশের প্রাণ। তার হৃদয়ে যখন কম্পন ওঠে তখন দেশ চলতে শুরু করে, মানুষ চলতে শুরু করে, আর দেশ অগ্রগতি করে। কথায় বলে যে রেল যতঃক্ষণ লাইনের উপর থাকবে দেশও ততঃক্ষণ লাইনচ্যুত হবে না। 154 বছর ধরে ভারতীয় রেল কাশ্মির থেকে কন্যাকুমারি পর্যন্ত সমগ্র দেশকে একসুত্রে বাঁধার কাজ করে চলেছে। সে ধর্ম, জাতি, সম্প্রদয়, অঞ্চল নির্বিশেষে ক্রমাগত মানুষের সেবা করে চলেছে। রেল ছাড়া ভারতের অগ্রগতির কথা ভাবা যায় না। মানুষ এতে আরামদায়ক, নিরাপদ যাত্রা করতে খুব ভালবাসেন। বর্তমানে রেল অন্যান্য স্হলযানের সঙ্গে বিমানকেও ছাড়িয়ে গেছে।

এর ভবিষ্যৎ আরও উজ্জ্বল হবে, এটাকে আরও উন্নত করা হবে, এর যাত্রা আরও আরামদায়ক এবং নিরাপদ করা হবে, এটাই আমি আশা করি।

আজ সারা বিশ্বের নজর এর উপর নিবদ্ধ হয়ে রয়েছে। এর সামনে এখন মস্ত বড় চ্যলেঞ্জ রয়েছে। যখন এর বাগডোর লালুজী আর ওনার সহযোগী মন্ত্রী আর. ভেলু এবং নারায়ণ ভাই জে. রাঠওয়ার হাতে রয়েছে তখন চিন্তা কিসের ? যেখানে রেল বোর্ডের সভাপতি জে.পি.বত্রা, সচিব ম্যথিউ জন, ফিন্যানশিয়াল কমিশনার আর.শিবদাশন, ও.এস.ডি. সুধীর কুমার, আর মহাজন, মিডিয়া উপদেস্টা তহসীন মুনোওয়ার, সর্ব সময় সহায়তা প্রদানকারি বিনোদ শ্রীবাস্তবের মত কর্মঠ, সৎ, সজাগ আর সক্রিয় কর্মকর্তা আর তার সঙ্গে 14 লক্ষ কর্তব্যনিস্ঠ রেল কর্মচারি একনিস্ঠ সেবা কোন সন্দেহর অবকাশই রাখে নি।

যেকোন বইয়ের জন্য তার মূল বিষয়বস্তু সংগ্রহ করা আর সহায়তা একটা গুরুত্বপূর্ণ বিষয়। এই বই লেখার জন্যেও আমি বিভিন্ন উপায়ে এর বিষয়বস্তু সংগ্রহ করেছি। এই বিষয়বস্তুকে প্রকাশ করার জন্য আমি অনেকের কাছ থেকেই অনুমতি নিতে পারি নি। আমি তহসীন কুমার, গুরুচরণ দাস, রজনীস বর্মা (মায়ার সংবাদ দাতা), সী.এম. খোসলা, পারস সংযোগ,জ্যোতিষ সমীর, উপাধ্যায় আর হরিভূমির সম্পাদক অরবিন্দ কুমার সিং ও রেল পত্রিকার সম্পাদক প্রমোদ কুমার যাদবের কাছে আমার কৃতজ্ঞতা স্বীকার করছি। এ ছাড়া দৈনিক পাঞ্জাব কেশরি, অমর উজালা, বীর অর্জুন, পাবলিক এশিয়া, ট্রিবিউন, প্রভাত খবর, রাষ্ট্রীয় সাহারা, রাজস্হান পত্রিকা, মায়া পত্রিকা, রেল পত্রিকা ইত্যাদি পত্র-পত্রিকাগুলির কাছেও চির কৃতজ্ঞ থাকব যেগুলির থেকে আমি এই বইয়ের বিষয়বস্তু সংগ্রহ করেছি। আমি অল ইন্ডিয়া রেডিও আর বি.বি.সি. লন্ডনের কাছে অত্যন্ত কৃতজ্ঞ, যাদের কাছ থেকে আমি অনেক বিষয়বস্তু সংগ্রহ করেছি। এর সঙ্গে আমি কার্যনির্বাহি পরিচালক (বাজেট) আর ভারতীয় রেলের সমস্ত কর্মকর্তা আর

কর্মচারিদের কাছে আমার কৃতজ্ঞতা স্বীকার করতে চাই যাঁরা রেল বাজেট তৈরী করা আর রেল বাজেটের ভাষণ প্রস্তুত করার জন্য কাজ করেছেন আর যেটা এই বইয়ের মুল বিষয়বস্তু। এছাড়া রেল ব্যবস্থা সম্বন্ধে যে সমস্ত তথ্য রেল দপ্তরের থেকে সংগ্রহ করেছি তার জন্য তাদের কাছে কৃতজ্ঞতা স্বীকার করছি।

ডায়মন্ড প্রকাশন সংস্থা আজ কোন পরিচয়ের প্রত্যাশা করে না। দেশ-বিদেশে আজ তার খ্যাতি ছড়িয়ে পড়েছে আর দেশ জুড়ে তার একটা বিশাল প্রকাশন নেটওয়রর্ক কাজ করে চলেছে। এই বইটিকে অল্প সময়ের মধ্যে প্রকাশ করতে স্বীকৃত হয়ে তাকে সাফল্যের আলো দেখানোর জন্য আমি এর মালিক শ্রী নরেন্দ্র বর্মার কাছে কৃতজ্ঞ থাকব। বইটি লেখায় সহায়তা করার জন্য আমি আমার পুরান বন্ধু শ্রী প্রদীপ সাওনের কাছেও কৃতজ্ঞতা স্বীকার করছি।

ভূল ভ্রান্তি নিয়েই তো মানুষ। মানুষ হিসাবে আমার ভূল হওয়াও স্বাভাবিক। আশাকরি সুধী পাঠকবৃন্দ আমাকে এই ব্যাপারে অবগত করাবেন। যাতে পরবর্তী সংস্করণে আমরা সেগুলিকে ঠিক করে নিতে পারি।

- ডাঃ সুনীল যোগী

লেখক পরিচয়

ডাঃ সুনীল যোগী

হাস্য - ব্যঙ্গ কবি / সংযোজক, লেখক, গীতকার

- 1 জ্যনুয়ারী,1971 সনে কানপুরে জন্ম।
- দিল্লী থেকে এম.এ., পি.এইচ.ডি.।
- বিভিন্ন বিষয়ে 60টি বই প্রকাশিত।
- গীত, গজল এবং ভজনের 25টি অডিও ক্যাসেট প্রসারিত।
- বি.বি.সি. লন্ডন, দূরদর্শন, আকাশবাণী, এন.ডি.টি.ভি., জী নিউজ, সাব টিভি'র মত বহু টিভি চ্যনেল থেকে কবিতা পাঠ।
- চারটে ছায়াছবির জন্য গীত রচনা। যথা - ফন, মকসদ, প্রবলেম মে ফঁস গয়া ইয়ার।
- লাল কিলা, ইন্ডিয়ান অয়েল, ডি.সি.এম., জনতা কী পুকারের মত দেশের প্রসিদ্ধ কবি সম্মেলনগুলির সঙ্গে প্রায় 2500 কবি সম্মেলনে কবিতা পাঠ।
- লন্ডন, ম্যানচেস্টার, বার্মিংহাম, অক্সফোর্ড (ইউ.কে), প্যরিস (ফ্রান্স), ওসলো (নরওয়ে), মস্কট 2003 আর 2004 (ওমন), পারামারিবো (সুরিনাম), ভূটান, হল্যান্ড, দুবাই 2004, 2005, 2006 আর 2007- এ উনি কবিতা পাঠের জন্য বিদেশ সফর করেন।
- রাস্ট্রীয় পত্র-পত্রিকাগুলিতে 500'র বেশি কবিতা, স্তম্ভ আর প্রবন্ধ আর সাক্ষাতকার প্রকাশিত হয়।
- ডি.ডি. নিউজে প্রসারিত 'খবরে খবরদার' অনুস্থানে পাঁচ মাস যাবৎ প্রতিদিন কবিতা পাঠ।
- পাঞ্জাব কেশরি, রাস্ট্রীয় সাহারা, প্রতিদিন এবং আজ কা আনন্দ-এ স্তম্ভ লেখা।
- ডি.ডি.-1, জী নিউজ, এন.ডি.টি.ভি.,সব টি ভি এবং অন্যান্য চ্যনেলে বহুবার সাক্ষাতকার আর কবিতা পাঠ।
- ডি.ডি.-1 -য়ে প্রসারিত চিত্রহার এবং সোনিতে 'জীতো ছপ্পড় ফাড়কে'র সঙ্গে অন্যান্য ধারাবাহিক ও টেলি ফিল্মের শীর্ষক গীত আর স্ক্রিপ্ট লেখা।

- সব টিভিতে প্রসারিত "ক্যারী আর শেখর" অনুস্থানে শেখর সুমনের সঙ্গে সাক্ষাতকার।
- নরওয়েতে "আন্তরাষ্ট্রীয় হিন্দি সম্মান 2002'র সঙ্গে বহু সমান আর পুরস্কার প্রাপ্ত।
- সংসদ ভবনের হিন্দি সমিতির প্রাক্তন সমন্বয় কর্মকর্তা।
- হিন্দি একাডেমি, দিল্লী সরকারের প্রাক্তন সহায়ক সচীব।
- প্রাক্তন লোকসভা অধ্যক্ষের আপার ব্যক্তিগত সচীব হিসাবে সংসদ ভবনে কাজ।
- শ্রী গনেশ সাংস্কৃতিক সংগঠন নতুন দিল্লীর সভাপতি।
- ইন্ডিয়ান মিডিয়া আর এন্টারটেনমেন্ট এ্যাকাডেমির পরিচালক।
- রাষ্ট্রীয় মহাসচীব, অখিল ভারতীয় মানবাধিকার রক্ষাকারি সমিতি, ভারত।

যোগাযোগ ঃ
নন্দ নিকেতন
এ -28, পঞ্চশীল বিহার
নতুন দিল্লী - 110017
ই-মেল ঃ kavisuniljogi@gmail.com
kavisuniljogi@rediffmail.com
ওয়েব সাইট ঃ www.suniljogi.com
www.hasyakavisammelan.com
মোবাইল ঃ 09811005255

সূচীপত্র

- স্ট্যান্ডার্ড কম্পোজিশনের রেক
- যাত্রীদের জন্য প্রত্যেকটি স্টেশনে সুবিধা
- পরিচ্ছন্নতা বর্ষ 2007
- রেলের নতুন ছবি-একাদশ পঞ্চ বার্ষিকি পরিয়োজনা
- ডেডিকেটেড ফ্রেট করিডরের নির্মাণ
- আমুল পরিবর্তন
- হাইস্পীড প্যাসেঞ্জার করিডর নির্মাণ
- শহরতলির পরিসেবা
- ক্ষমতা বিস্তার
- রেল সেবায় আই.টি.'র প্রয়োগ
- রেলের বৈদ্যুতিকরণ
- সার্বজনিক-ব্যক্তিগত অংশিদারি পরিয়োজনা
- রেল সংরক্ষণ
- খেলাধুলোয় রেলের অভিজ্ঞতা
- আন্তরাষ্ট্রিয় সহযোগীতা
- কর্মচারিদের কল্যাণ
- সংগঠনমুলক আর মানব কল্যাণের বিকাশ করা
- আই.আই.এম. আমেদাবাদ -এ রেলের চেয়ার স্থাপন
- অনুসুচিত জাতি - জনজাতি ভর্তি অভিযান
- অনঅগ্রসর জাতির প্রার্থীদের ভর্তির ব্যবস্থা
- সার্বজনিক ক্ষেত্রের উপক্রম
- আর.বি.এন.এল.
- যাত্রী সেবা
- বার্ষিক পরিয়োজনা
- চলতি পরিয়োজনা
- নতুন লাইন বসান
- দ্বৈতকরণ
- নতুন পরিয়োজনা
- নিরীক্ষণ
- মধেপুরাতে নতুন বিদ্যুৎচালিত ইঞ্জিন তৈরী কারখানা স্থাপন করা
- সিগনাল ব্যবস্থার আধুনিকরণ
- কেরল সরকারের সঙ্গে যৌথ উদ্যোগ
- ডালমিয়া নগরে ওয়াগান - বোগী কমপ্লেক্স স্থাপন
- উপনগরিয় সেবা
- 2007-08 'র আনুমানিক বাজেট
- ডায়নামিক প্রাইসিং এবং কমার্শিয়াল পলিসি
- যাত্রী পরিসেবা
- পার্সেল আর লাগেজ পরিসেবা
- মাল-বহনের ব্যাবসা
- এমটি ফ্লো ডায়রেকশন ফ্রেট ডিসকাউন্ট স্কীম
- টু-লেগ ফ্রেট ডিসকাউন্ট স্কীম
- নন-পীক সীজনে ইনক্রিমেন্টাল ফ্রেট ডিসকাউন্ট স্কীম
- বস্তু ভিত্তিক ফ্রেট পলিসি।
- ডায়নেমিক কমার্শিয়াল পলিসি।
- ডায়নেমিক বার ফেজ রেট।
- ডায়নেমিক ডেমারেজ রেঞ্জ।
- ট্র্যাফিক রুট ভিত্তিক ট্যরিফ পলিসি।
- ওয়াগন ইনভেস্টমেন্ট স্কীমে উদারিকরণ।
- উপসংহার

রেল - বন্দনা

হে রেলওয়ে দেশ মাতা
হে রেলওয়ে দেশ মাতা।

উন্নতির দেবী
বৈভবের বাতি
সব সময় চলে
এ সবার সাথী
পয়সার চাকা
সর্ব সুখ দাতা
হে রেলওয়ে দেশ মাতা
হে রেলওয়ে দেশ মাতা।।

উত্তর থেকে দক্ষিণ
পূর্ব থেকে পশ্চিম
সম্পর্কের মিলন ঘটায়
হিন্দু বা মুশলমান
শিখ বা খ্রীস্টান
এর কাছে সবাই ভগবান
ধনী হোক
বা নির্ধন
সবার জন্য
ভেদাভেদ নয়
সবার সঙ্গে এর সম্পর্ক।
হে রেলওয়ে দেশ মাতা
হে রেলওয়ে দেশ মাতা।।

রেল দিল গতি
দেশের করল উন্নতি
এগিয়ে যেতে শেখালো।
আনন্দে বা দূঃখে
অথবা যেকোন ঋতুতে
সর্ব কর্তব্য করছে পালন।
আনন্দ বা দূঃখের লাইন্
কামরাগুলি হল যোগসূত্র।
জীবনে লয় আছে
ভূল ভ্রান্তি বিপর্যয়
সিগনাল তাই শেখায়।
হে রেলওয়ে মাতা
হে রেলওয়ে মাতা।।

স্টেশন্ মন্দির
ড্রাইভার পূজারী
আর্শিবাদ তার লক্ষ্য
যাত্রীরা ভক্তবৃন্দ
রেল দপ্তর তাদের মঠ
মন্ত্রী দেয় আলোক ছটা
জগতের নজর
মোদের পরে।
আকাশে যতদিন আছে সূর্য
পৃথিবীতে আছে চাঁদ
ধরায় যেন থাকে রেল বিধাতার বরে।
হে রেলওয়ে দেশ মাতা
হে রেলওয়ে দেশ মাতা।।

-ডাঃ সুনীল যোগী
'নন্দ নিকেতন'
এ-28, পঞ্চশীল বিহার
নতুন দিল্লী-110017
ফোন ঃ 9811005255

অধ্যায় ঃ এক

"ম্যানেজমেন্ট গুরু" প্রফেসর লালু প্রসাদ যাদব

(ক) ম্যানেজমেন্টের তাৎপর্য, প্রকার আর বিভিন্ন ক্ষেত্র

"ম্যানেজমেন্ট" (পরিচালনা) -এর অর্থ হল যে কোন কার্যকে একটা সুগঠিত আর পরিকল্পিত রণনীতির সঙ্গে সময় মত সুসম্পন্ন করা। বিশ্ব - ব্রহ্মাণ্ডে প্রত্যেকটি অণু-পরমাণু (ইলেক্ট্রন, প্রোটন বা নুট্রন) নিজের, নিজের জায়গায় অবসহান করছে। দিন - রাত হোক, প্রাণী জগৎ হোক, আবহাওয়া হোক অথবা সময় চক্র, ঈশ্বরের সৃষ্টির প্রত্যেকটি কণায়, কণায় আমরা নিপুণ পরিচালনার উদাহরণ দেখতে পাই। ভারতবর্ষ কয়েক হাজার বছরের গৌরবময় ইতিহাসে সমৃদ্ধ। এই ঐতিহাসিক যুগে বেদ-পুরাণ আর উপনিষদকারদের নিজেদের মেধা আর সময়কে সঠিকভাবে ব্যাবহার করে অনেক অমুল্য গ্রন্থ রচনা করেন আর ঋষিদের জীবনধারার ঐতিহ্যেকে বজায় রেখে ভারতীয় সংস্কৃতিকে সুপ্রতিস্ঠিত করেন। এই জন্যই বড়, বড় সম্রাটরাও তাঁদের জীবনধারাকে শ্রদ্ধা দেখিয়ে এমন কি নিজের সিংহাসন পর্যন্ত পরিত্যাগ করে দিতেন। সত্য যুগে দেব-দানবের যুদ্ধ প্রণালী, ত্রেতা যুগে রাম-রাবনের যুদ্ধ আর দ্বাপরে পান্ডব আর কৌরবদের যুদ্ধ প্রণালী আর তাঁদের পরিচালনা করার ক্ষমতা দেখে আজকের উচচ শিক্ষিত মানুষও হতবাক হয়ে যান। এই যোদ্ধাদের ভেতর যাঁর পরিচালন ক্ষমতা অপেক্ষাকৃত বেশি ভাল সেই জয়ের মুখ দেখেছে। প্রচিনকালে রাজা মহারাজারা অনেক বিজ্ঞতার সঙ্গে সকুশলভাবে তাদের রাজ্যের শাসন ব্যবস্হা পরিচালনা করতেন। এই কলিকালেও বহু যুদ্ধ লড়া হয় আর যে জয়ী হয় তাকে শ্রদ্ধার সঙ্গে নমন করা হয়। 1857 সনের স্বাধীনতা সংগ্রামের প্রথম পদক্ষেপে নিশ্চয়ই কিছু ভূল ত্রুটি ছিল - যার জন্য

সেটা সফল হতে পারি নি। অন্য দিকে বিপ্রমুনি চাণক্য তাঁর রাজনৈতিক পরিচালন ক্ষমতা আর চাতুর্যের সঙ্গে একটা গরীব ঘরের ছেলেকে সম্রাট করে নন্দ বংশকে সমুলে নাশ করেন। গত শতাব্দীতে হওয়া প্রথম বিশ্বযুদ্ধ আর দ্বিতীয় বিশ্বযুদ্ধও এর একটা উদাহরণ বলা যেতে পারে যাতে হিটলারের সচেস্ট রাজনৈতিক পরিচালনা সত্যেও তিনি যুদ্ধে পরাস্ত হন, এর মানে তাঁর পরিচালন ব্যবস্হায় কোথাও না কোথাও ভূল ত্রুটি অবশ্যই ছিল। বিংশ আর একবিংশ শতাব্দীর বিভিন্ন বড়, বড় লোকের 'ম্যানেজমেন্ট' - এর নিদর্শন পাওয়া যায়, যখন তাঁরা নিজেদের পরিচালন ক্ষমতাকে কাজে লাগিয়ে খ্যাতি আর সাফল্যের শিখরে আরোহণ করতে পেরেছিলেন। এদের মধ্যে টাটা, ধীরুভাই আম্বানি নস্লী ওয়াডিয়া, বিড়লা, আজীম প্রেমজী উল্লেখযোগ্য।

ধীরুভাই আম্বানীর নাম আর তাঁর সাফল্যের ইতিহাসের কথা কে না জানে। ওনার পরিচালন ক্ষমতার পারদর্শিতা তাঁকে শূণ্য থেকে সাফল্যের শিখরে তুলে দেয় আর শিল্প জগৎে তাঁর নাম স্বর্ণাক্ষরে লিখে দেয়। মহিলারাও বর্তমানে পুরুষদের থেকে কোন অংশে পিছিয়ে নেই। বিভিন্ন ক্ষেত্রে তাঁরা নিজেদের যোগ্যতা প্রমাণ করেছেন। এটা তাদের নিজের পরিচালন ক্ষমতায় পারদর্শিতার জন্যই সম্ভবপর হয়েছে। ইন্দিরানুই, কল্পনা চাওলা, বছেন্দ্রি পাল, সানিয়া মির্জা প্রভৃতি মহিলারা তাঁদের নিজেদের যোগ্যতা প্রতিপন্ন করেছেন। শিল্পক্ষেত্রেও মহিলারা নিজেদের পরিচালন ক্ষমতার পারদর্শিতা দেখিয়ে নিজেদের শিল্প জগৎে প্রতিস্ঠিত করেন।

ম্যানেজমেন্ট (পরিচালনা) অনেক প্রকারের হয়-

1. পারিবারিক ম্যানেজমেন্ট
2. সামাজিক ম্যানেজমেন্ট
3. সময় ম্যানেজমেন্ট
4. আর্থিক ম্যানেজমেন্ট
5. সরকারি ম্যানেজমেন্ট
6. প্রাইভেট ম্যানেজমেন্ট
7. প্রশাসনিক ম্যানেজমেন্ট
8. রাজনৈতিক ম্যানেজমেন্ট
9. কূটনৈতিক ম্যানেজমেন্ট
10. অল্পকালীন ম্যানেজমেন্ট
11. দীর্ঘকালীন ম্যানেজমেন্ট
12. রাষ্ট্রীয় ম্যানেজমেন্ট
13. বৈশৈয়িক ম্যানেজমেন্ট
14. নির্বাচন (ইলেকশন) ম্যানেজমেন্ট

'ম্যানেজমেন্ট' শুরু হয় পরিবার থেকে আর পরে তার বিস্তার হয় সমাজে, দেশে এমনকি বিশ্বে পর্যন্ত। পরিবারের 'ম্যানেজমেন্ট' এর দায়িত্ব থাকে স্বামি আর স্ত্রীর উপর। স্ত্রী ঘর-পরিবারের আন্তরিকতার 'ম্যানেজমেন্ট' করেন, অন্য দিকে স্বামি ঘর - পরিবারের বাহ্যিক 'ম্যানেজমেন্ট' নিয়ন্ত্রণ করেন। এদের দুজনের যৌথ 'ম্যানেজমেন্ট' প্রচেস্টায় একটা সংসার সুস্ঠভাবে চলে। সেখানে পরিচালন ব্যাবস্হায় সামান্য ভূল ত্রুটি ঘটলেই পরিবারটি ছিন্ন ভিন্ন হওয়ার উপক্রম হয়।

মানুষ সামাজিক জীব, সে সমাজ ছাড়া বাঁচতে পারে না কারণ তারা একটা দ্বীপ নয় আর সমাজেরও তাদের ছাড়া কোন অস্তিত্ব থাকবে না। নিজেদের সামাজিক আচার - ব্যবহার, চাল - চলন, সম্পর্কের সঠিক সমন্বয় করে তাঁরা সমাজে প্রতিস্ঠা লাভ করেন। আর সেখানে সামান্য ত্রুটি বিচ্যুতি তাকে সামাজিক তিরস্কার সহ্য করতে হত।

দেশের সরকারের যাঁরা কর্ণধর তাঁরা আন্তরিক আর বাহ্যিক উভয় ক্ষেত্রে উপযুক্ত পরিচালনা করে দেশেকে বিশ্বের দরবারে প্রতিস্ঠিত করে তাকে সম্মানিত করেন। আন্তরিকতার ক্ষেত্রে তারা দেশের মানুষের জন্য জনহিতকারক নীতি প্রস্তুত করেন আর মানুষকে লাভান্বিত করার ব্যাবস্হা করেন। কিন্তু তাঁর সামান্য ভূল ত্রুটির কারণে সমন্বয়ের অভাব ঘটলে মানুষের ক্রোধের সম্মুখীন হতে হয় আর তখন তারা তাঁকে বহিস্কার করে দেন। বাহ্যিক 'ম্যানেজমেন্ট'-এর ক্ষেত্রে দেশের বিশিস্ট নেতারা বিদেশের সঙ্গে তাদের বিদেশ নীতির সঠিক প্রয়োগ করে, বিভিন্ন রাস্ট্রের সঙ্গে নানা লাভের আদান প্রদান করে, সেই সব দেশের সঙ্গে সৌহার্দ্যপূর্ণ সম্পর্ক গড়ে তোলেন। 'ম্যানেজমেন্ট' -এর সমীকরণে সামান্যতম বিচ্যুতি দুটি দেশের সম্পর্ককে নস্ট করে দিতে পারে।

ঠিক একইভাবে বৈশৈয়িক ক্ষেত্রে বিভিন্ন রাস্ট্র নিজেদের মধ্যে সমীকরণকে উন্নত করে পরস্পরের কাছ থেকে লাভের আদান প্রদান করে। বড় রাস্ট্রগুলি নিজের ক্ষমতার বলে ছোট রাস্ট্রগুলিকে শোষণ করে। সে জায়গায় সমান ক্ষমতা সম্পন্ন রাস্ট্রগুলি নিজেদের মধ্যে মৈত্রীপূর্ণ সম্পর্ক গড়ে তোলে। এগুলি তাদের 'ম্যানেজমেন্ট'-এর উপরে নির্ভর করে আর তাতে যেমন তারা সফল হন তেমনি অসফলও হয়ে থাকেন।

এইভাবে যে ব্যক্তি সময়ের সদব্যবহার করে তাকে সঠিকভাবে পরিচালনা করেন সে জীবনে সাফল্যমন্ডিত হয় আর যে ব্যক্তি তাঁর জীবনের অমুল্য সময়কে ঠিকভাবে পরিচালনা না করে তাকে বৃথা নস্ট করেন তিনি অসফলতার সম্মুখীন হন। বাণীর সংযম-অসংযমও এর ভেতরে অন্তর্ভূক্ত। যে ব্যক্তি নিজের কথায় সংযম রাখতে পারেন না তিনি তাঁর পরিচালন ক্ষমতার

অভাবের কারণে সম্পর্কে তিক্ততার সৃষ্টি করে ফেলেন আর যিনি সময় আর পরিস্থিতি বুঝে কথা বলেন তিনি জীবনে সফল হন।

এই কথাটা প্রশাসনিক 'ম্যানেজমেন্ট'-এর ক্ষেত্রেও বলা যেতে পারে। প্রশাসনিক মেশিনারি নিজের ম্যানেজমেন্ট ক্ষমতার কারণে সময় বিশেষে তারা জনতা আর প্রশাসনের মধ্যে সম্পর্কের সঠিক পরিচালনা করে নিজেদের কাজ করেন।

যুদ্ধের রণনীতির ম্যানেজমেন্ট আর বিভিন্ন রাষ্ট্রের কূটনীতি, ম্যানেজমেন্টের দর্শন।

রাজ্য স্তরে অথবা রাষ্ট্রীয় নির্বাচনে বিভিন্ন দল নিজেদের ম্যানেজমেন্টকে প্রয়োগ করে নির্বাচনের যুদ্ধে ঝাঁপিয়ে পড়ে সফল / অসফল হন। নির্বাচন ম্যানেজমেন্টের ক্ষেত্রে সময়ের সাথে তার স্বরূপ বদলাতে থাকে।

গত শতাব্দীর থেকেই বিভিন্ন সরকারি আর বেসরকারি সংস্থায় ম্যানেজমেন্টের পাঠ্যক্রম শুরু করা হয়। যার মধ্যে আই.আই.এম.(ইন্ডিয়ান ইনস্টিট্যুট অফ ম্যানেজমেন্ট) দেশে এবং বিদেশে প্রসিদ্ধি লাভ করেছে। এখানে শিক্ষাগ্রহণ করার সময় বহু ছাত্র - ছাত্রীকে দেশি আর বিদেশি সংস্থা মোটা মাইনে দিয়ে তাদের কর্মে নিযুক্ত করে থাকে। আমাদের দেশ ছাড়াও বিদেশের বহু স্কুলে ম্যানেজমেন্ট কোর্স পড়ান হয় তার মধ্যে হাওয়ার্ড আর ওয়ার্টন (আমেরিকা) এর বিজনেশ স্কুলগুলি অন্যতম।

যদিও ম্যানেজমেন্ট কোর্সে শিক্ষিত ব্যক্তিরা যথেস্ঠ সমাদৃত হন কিন্তু যবে থেকে লালু প্রসাদ যাদব মৃতপ্রায় ভারতীয় রেলকে পুনঃজীবিত করে রেল দপ্তরের হাজার, হাজার, কোটি, কোটি টাকার লাভ করান তবে থেকে তাঁকে ম্যানেজমেন্ট গুরু নামে আক্ষায়িত করে তাকে প্রফেসরের উপাধিতে ভূষিত করা হয়। আসলে এই সময় থেকেই সাধারণ মানুষের মুখে, মুখে ম্যানেজমেন্ট শব্দটি ঘুরতে শুরু করে।

(খ) 'ম্যানেজমেন্ট গুরু': লালু প্রসাদ ভারতের সবচাইতে সফল রেলমন্ত্রী

রেল মন্ত্রী লালু প্রসাদ যাদব সারা বিশ্বে 'ম্যানেজমেন্ট গুরু' নামে প্রসিদ্ধি লাভ করেছে। 154 বছরের পুরান রেলকে নব কলেবর প্রদান করায় তিনি এই সম্মান লাভ করেন। লালু প্রসাদের রেল মন্ত্রী হওয়ার আগে ভারতীয় রেলকে উদ্ধার করার জন্য ডাঃ রাকেশ মোহন সমিতি আর অন্যান্য বিশিস্ট অর্থশাস্ত্রবীদরা তাকে 'ডুবন্ত জাহাজ' আক্ষা দেন আর ভবিষ্যতে তার দেউলিয়া হয়ে যাওয়ার কথা ভবিষ্যৎবাণী করেন। তারা জানান যে 14 লক্ষ কর্মচারির এই খরচা সরকারের পক্ষে বেশি দিন চালিয়ে নিয়ে যাওয়া সম্ভব ছিল না। এর প্রতিকার হিসাবে তাঁরা কর্মচারিদের ছাটাই, ভাড়া বৃদ্ধি আর রেলওয়েকে বেসরকারিকরণ

করার পরামর্শ দেন কিন্তু লালু প্রসাদ যাদবের রেল মন্ত্রী হওয়ার পর তাঁর কুশল পরিচালনা আর মার্গ দর্শনের ফলে আজ ভারতীয় রেল সাফল্যের স্বর্ণ শিখরে আরোহণ করেছে। তাঁর এই বৈশিস্ট আর স্বতন্ত্র কর্মপন্হার কারণে তিনি 'ম্যানেজমেন্ট'-এর ক্ষেত্রে একটা 'ব্র্যান্ড নেম' হয়ে ওঠেছেন। রেলের এই নব কলেব প্রাপ্তিকে দেশ-বিদেশের ম্যানেজমেন্টের পন্ডিতরা খুঁটিয়ে পরীক্ষা করে দেখছেন আর তাঁরা এর এই উন্নতির পেছনে কি রহস্য আছে তা জানার চেস্টা করে চলেছেন। দেশ-বিদেশের বিশিস্ট ম্যানেজমেন্ট শিক্ষায়তনগুলি লালু প্রসাদকে তাদের শিক্ষায়তনে এই সম্বন্ধে ভাষণ দেওয়ার জন্য আমন্ত্রিত করছে।

ভারতীয় ম্যানেজমেন্ট শিক্ষায়তন, আমেদাবাদে, তাদের ছাত্র-ছাত্রীদের জন্য লালু প্রসাদের ভাষণ দেওয়ার ব্যবস্হা করায়। এই শিক্ষায়তনের পাঠ্যক্রমেও তাঁর এই সাফল্যের কথা অর্ন্তভূক্ত করা হয়েছে। ভারতীয় রেলের আয়োজনে ভারতীয় ম্যানেজমেন্ট শিক্ষায়তন, আমেদাবাদ আর রেলওয়ে স্টাফ কলেজ, বড়োদরা'র যৌথ অধ্যায়নে 'ইন্ডিয়ান রেলওয়েজঃ টর্ন এ্যরাউন্ড' 6ই সেপটেম্বার,2006 তারিখে অনুস্ঠিত হয়।

(2007-08)-সনের রেল বাজেটে রেলমন্ত্রী রেলের মূল কার্যপ্রণালী আর পরিচালনার উপরে গবেষণাকে উৎসাহ প্রদান করার জন্য আই.আই.এম. আমেদাবাদে একটা চেয়ার স্হাপন করার পরিকল্পনা নেন। এছাড়া বিদেশের হাওয়ার্ড আর ওয়ার্টন বিজনেস স্কুলে আর মেকাম্বোজ এবং ডার্টন স্কুল অফ বিজনেস, আমেরিকার ছাত্র-ছাত্রীদের লালু প্রসাদ ম্যানেজমেন্টের গুরু মন্ত্র দেন।

ভর্জিনিয়া বিশ্ববিদ্যালয়, টেকসাস বিশ্ববিদ্যালয়, মোকাম্বোজ স্কুল অফ বিজনেস আর ডার্টন স্কুল অফ বিজনেস, আমেরিকার ছাত্র-ছাত্রীদের বিখ্যাত 'ম্যানেজমেন্ট গুরু' সফল রেলমন্ত্রী লালু প্রসাদ ভারতীয় রেলের নব কলেবর প্রদান করার গল্প বলেন আর ম্যানেজমেন্টের গুরু মন্ত্র দেন।

(1) এক নজরে ভারতীয় রেল

1. 154 বছরের পুরান ভারতীয় রেলের ইতিহাস হল আমাদের জীবন রেখা।
2. আমাদের কাছে 7 হাজার স্টেশন আছে আর আমরা দৈনন্দিন প্রায় 14টা গাড়ি চালাই।
3. আমার কর্মচারিদের সংখ্যা 14 লক্ষ আর 13 লক্ষের বেশি অবসরপ্রাপ্ত কর্মচারি আছেন।

4. ভারতীয় রেলে ব্রডগেজ, মিটার গেজ আর ন্যারোগেজের তিন প্রকার লাইন আছে।
5. ভারতীয় রেলের দার্জিলিং হিমালায়ান রেলওয়ে, নীলগিরি মাউন্টেন রেলওয়ে আর ছত্রপতি শিবাজী টার্মিনাল মুম্বাইকে ওয়ার্ল্ড হেরিটেজের স্ট্যটাস প্রদান করেছে।
6. আমরা প্রতিদিন 16 মিলিয়ান প্যাসেঞ্জার আর 2 মিলিয়ন টন মাল ট্রান্সপোর্ট করি।
7. রেলওয়ে নেটওয়ার্কের রুটের দৈর্ঘ্য 63 হাজার কি.মি., যার মধ্যে 18 হাজার কি.মি. বৈদ্যুতিক ইঞ্জিন দিয়ে চলে আর বাকি 46 হাজার কি.মি. ডিজেল ইঞ্জিন দিয়ে চালানো হয়।
8. রেলের কাছে 2 লক্ষ 20 হাজার ওয়াগন, 43 হাজার যাত্রী কোচ আর 8 হাজার ইঞ্জিন আছে।
9. ভারতীয় রেলের মোট ট্রেন, এক দিনে যতটা পথ অতিক্রম করে, সেটা পৃথিবী আর চাঁদের দূরত্যের 4 গুণের সমান।

(2) ভারতের রেল ব্যাবস্থাকে আমরা কি অবস্থায় পাই

1. নেতৃত্ব আর ভিশনের অভাবে ভারতীয় রেল উপেক্ষিত।
2. ভারতীয় রেলে ক্রমাগত লোকশান।
3. ডাঃ রাকেশ মোহন কমেটির রেলের দেউলিয়া হওয়ার ভবিষ্যংবাণী। "ভারতীয় রেল আজ আর্থিক সংকটের মুখে দাড়িয়ে আছে। এক কথায় বলতে গেলে এই অর্থিক অবস্থা যদি চলতে থাকে তাহলে ভারতীয় রেল ভবিষ্যাৎে আর্থিক দিক দিয়ে নিঃস্ব হয়ে যাবে আর আগামী 16 বছরে ভারত সরকারের উপর 61 হাজার কোটি টাকার অতিরিক্ত ঋণের বোঝা এসে পড়বে। প্রশাসনিক দিক দিয়ে বলতে গেলে, বলা যায় যে ভারতীয় রেল আজ এমন সংকটের জালে জড়িয়ে পড়েছে যে সে আজ ঋণের বোঝা থেকে মুক্ত হওয়ার সম্ভাবনাও হারিয়ে ফেলেছে।"
4. বেসরকারিকরণ আর ছাটাইয়ের আশংকা।
5. রেলকর্মচারিদের মধ্যে নৈরাশ্য।
6. প্রত্যক বছরে যাত্রী আর মালের ভাড়ায় বৃদ্ধির ফলে মানুষ নাজেহাল।

(3) রেল ব্যাবস্থাকে নব কলেবর প্রদান

1. অগ্রগতির জন্য চিন্তা আর দৃঢ় সংকল্প।
2. নেতৃত্বের পরিবর্তন।

3. ভারতীয় রেলকে আজ একটা জার্সি গরুর মত তোয়াজ।
4. ওয়াগনগুলির ক্ষমতায় 6 - 8 টনের বৃদ্ধি।
5. ওয়াগনের টর্ন এ্যারাউন্ডকে 7 দিন থেকে কমিয়ে 5 দিন করা। (4 আর 5 নম্বরে দেওয়া উপায়গুলির ফলে ভারতীয় রেলের মাল বোঝাই করার ক্ষমতায় 170 মিলিয়ন টনের বৃদ্ধি হয়, যাকে ব্যাবহার করে 10 হাজার কোটি টাকা আয় করা সম্ভব হয়।)
6. যাত্রী আর মালের ভাড়ায় কোন বৃদ্ধি করা হয় নি।
7. গাড়ীগুলির দৈর্ঘ্য বৃদ্ধি করা সেগুলির সিটিং লে-আউটে পরিবর্তন করে তার অকুপেন্সিতে বৃদ্ধি করা হয় যার ফলে প্যাসেঞ্জার ট্রাফিকে 14 শতাংশ বৃদ্ধি হয়। রাজধানি এক্সপ্রেস যেখানে 800 জন যাত্রী বহন করে সেখানে গরীব রথ 2000 জন যাত্রী বহন করতে পারে।
8. এ্যাক্সেল লোড বৃদ্ধি করায়, মাল গাড়ীর বোঝাই ক্ষমতা বেড়ে যায় আর মালের ভাড়া বাবদ 17 শতাংশ বৃদ্ধি হয়।
9. খরচা কম করো, ব্যাবসা বাড়াও এবং লাভ্যাংশ কমানোর সিদ্ধান্ত নেওয়া হয়।
10. ব্যাবসাইদের বেশ কয়েক প্রকারের ডিসকাউন্ট প্রদান করা।
11. আচমকা পরীক্ষা করে ওভার লোডিং বন্ধ করা।
12. ক্যাটারিং আর পার্সেলের লোকশানকে কমিয়ে অর্দ্ধেক করা।
13. খোলা জ্ঞাপনপত্রের সাহায্যে ক্যাটারিং আর পার্সেল ব্যাবসার জন্য লাইসেন্স প্রদান করা হয় যার ফলে লাইসেন্স ফিজের থেকে আয়ে 10 থেকে 15 শতাংশ বৃদ্ধি হয়।
14. এর ফলে আগে যে পার্সেল ভ্যান খালি যাওয়া আসা করত আজ তা ভর্তি অবস্থায় যাওয়া আসা করতে শুরু করেছে।
15. জটিল আর অব্যবহারিত নীতিগুলিকে সহজ সরল করা।
16. পীক আর নন-পীক সীজনের জন্য পরিবর্তনশীল ট্যরিফ ব্যবস্থা।
17. কম খরচা আর বেশি আয়ের পরিকল্পনার জন্য বিনিয়োগ।
18. তৎকাল আর আপগ্রেডেশনের মত জনপ্রীয় যোজনা।
19. 'টাচ এ্যান্ড ফিল আইটেম'-এর প্রতি অতিরিক্ত সাবধানতা অবলম্বন। [এই সমস্ত উপায় অবলম্বন করে ভারমীয় রেল আজ 20 হাজার কোটি টাকা (সাড়ে চার কোটি ডলার) সারপ্লাস আয় করছে]

(4) নেতৃত্ব আর চিন্তাধারায় পরিবর্তন

1. সততা
2. দৃঢ় সংকল্প।

3. স্পষ্ট চিন্তা আর দৃঢ়তার সঙ্গে কোন কিছু করার ইচ্ছা।
4. সাধারণ জনতার কথা চিন্তা করে কোন নীতি নির্ধারণ করা।
5. রেলওয়ের প্রাকৃতি আর মানব কল্যাণের কথা চিন্তা করে কাজ।
6. ইউরোপের দেশগুলিতে আমরা খুব সুন্দর, সুন্দর রেলগাড়ী দেখতে পাই. ইঞ্জিনগুলি বিমানের মত সুন্দর আর সয়ংক্রিয়, তীব্র গতি সম্পন্ন. কিন্তু সেগুলির যাত্রী সংখ্যা খুব সীমিত আর সে জায়গায় আমাদের দেশে ট্রেনগুলি যাত্রীতে উপচে পড়ে। সেইজন্য আমাদের লক্ষ্য একশো কোটি জনসংখ্যার জন্য উপযোগী সস্তা আর বিশ্বস্তরীয় সুবিধা যুক্ত রেলগাড়ী তৈরী করা।
7. রেল কর্মচারিদের প্রতি সংবেদনশীলতা আর তাদের মনোবল বৃদ্ধি করা।
8. বিশিস্ট পদগুলিতে সুযোগ্য কর্মচারি নিযুক্ত করা।
9. রেলকর্মচারিদের আথিক এবং অন্যান্য সুযোগ সুলিধা বৃদ্ধি।
10. নীতিগতভাবে প্রধান লক্ষ্য আর নির্দেশকে প্রয়োগ করে রেলের কর্মকর্তদের কাজ করার পূর্ণ স্বাধীনতা।
11. রেলওয়ে বোর্ড এবং জেনারেল ম্যানেজারের নিত্যনৈমিত্তক কজে কোন হস্তক্ষেপ না করা।
12. সং এবং বিশ্বস্ত কর্মচারিদের সুরক্ষা আর সর্মথন।

(5) রেলের জন্য আমাদের কর্ম লক্ষ্য

1. গত 50 বছর ধরে ভারতীয় রেলে যতটা বিনিয়োগ করা হয়েছে, আগামী 5 বছরে ততটা বিনিয়োগ করার পরিকল্পনা।
2. ডেডিকেটেড ফ্রেট করিডর নির্মাণ করা।
3. রেলের ট্র্যাক আর সিগনালের আধুনিকিকরণ।
4. সমস্ত ছোট লাইনকে বড় লাইনে পরিবর্তীত করার পরিকল্পনা।
5. কম ওজনের ওয়াগন নির্মাণ।
6. ভারতীয় রেলের আবশ্যকতা অনুযায়ী রেলের চাকা, কোচ আর ওয়াগন তৈরীর কারখানা স্হাপন করার পরিকল্পনা।
7. সারা দেশে ই-টিকিটিং আর অন লাইন এনকোয়ারির বিস্তার।
8. গরীব রথ চালানো শুরু করা।

(6) পী পী পী (পাব্লিক, প্রাইভেট, পার্টনারশিপ) এর সম্ভাবনা

1. পী.পী.পী.আমাদের জন্য অসহায়তা বা ফ্যাশন নয়।
2. পী.পী.পী. দ্বারা আমরা সার্বজনিক আর বেসরকারি ক্ষেত্রের ভরা

জিনিসগুলিকে আমরা ভারতীয় রেলের অগ্রগতির জন্য ব্যাবহার করব।

3. নতুন আর বৈশিষ্টপূর্ণ কাজগুলকে রূপায়িত করার জন্য নিজস্ব আয়, বাজেটর সহায়তা, পী.পী.পী. আর অন্যান্য মডেলের থেকে সহায়তা নেওয়া হবে।
4. পী.পী.পী. দ্বারা দেশের চারটে মেট্রো শহর আর মিনি মেট্রো শহরগুলির বিশ্বস্তরীয় আধুনিকিকরণ করা।
5. কৃষিজাত পণ্যকে ন্যয্য মুল্য প্রদান করার জন্য ভারতীয় রেল স্টেশনগুলিতে পী.পী.পী.'র দ্বারা 'এ্যগ্রিকলচারাল আউটলেটের' নির্মাণ।
6. নতুন কাউন্টার নীতি, লজিস্টিক পার্ক গুদামের সুবিধাযুক্ত বন্দরের সঙ্গে রেলওয়ের যোগসূত্র স্থাপন করার জন্য পী.পী.পী.'র অপার সুবিধা।

(7) টর্ন এ্যরাউন্ড সম্বন্ধে আশংকা আর পাকা পোক্তো সমাধান

(1) (ক) এই টার্ন এরাউন্ড কোন এ্যডহক বা সর্টকাট ব্যবহার করে করা হয় নি, বরঞ্চ এটা করার জন্য অনেক চিন্তা ভাবনা করে একটা মজবুত নীতি তৈরী করা হয়েছে। রেলের সমস্যাগুলিকে নিয়ে গবেষণা করে অনেক নীতিগত পরিবর্তন করা হয়েছে আর আমি রেলমন্ত্রী থাকি বা অন্য কেউ এটা চলতে থাকবে।

(খ) আজ ভারতীয় রেলে নতুন লাইন পাতা, ডব্লিংগেজ কনভারশেসন ইত্যাদি তীব্র গতিতে করা হচেছ, যার ফলে আমাদের ইফ্রাস্ট্রকচর মজবুত হবে।

(গ) এইভাবে বেশি কোচ, লোকো ইত্যাদি উৎপাদনের দিকে নজর দেওয়া হয়েছে যার ফলে আমাদের ক্ষমতা কয়েকগুণ বৃদ্ধি পেয়েছে আর এই ক্ষমতাকে আরও উন্নত করার জন্য 'ডেডিকেটেড ফ্রেট করিডর', 'মাল্টিমডেল লজেস্টিক পার্ক' ইত্যাদি তৈরী করতে চলেছে।

(2) অধিক মাল বোঝাই করলে রেলের ট্র্যাক দূর্বল হয়ে যাবে

(ক) আমাদের ট্র্যাকে চলার জন্য বক্স 'এন' ওয়াগনের ক্ষমতা বর্তমানে 58 টন। এর আগেও 68 টন লোড হত কিন্তু পয়সা 58 টনেরই পাওয়া যেত। আমি এই 'ইরোজন'কে বন্ধ করি, যার ফলে রেলের আমদানি বৃদ্ধি পায়।

(খ) আগে রেলওয়ে ট্র্যাক তত মজবুত ছিল না। কাঠের তৈরী স্লীপর ছিল। রেল লাইনগুলি 13 মিটারের বেশি হত না যেগুলিকে ফিশপ্লেট দিয়ে জোড়া হত। ব্লাস্ট কুশনগুলিও 20 সে.মি.'র হত। আমি হাজার, হাজার কোটি টাকা খরচা করে কংক্রীটের স্লীপর

লাগিয়েছি। তিন কি.মি. লম্বা ব্লাস্ট রেল লাইন ব্যাবহার করা হয়েছে আর ব্লাস্ট কুশনও 30 সি.মি.'র ব্যাবহার করা হয়েছে। এর ফলে রেলের ট্র্যাকের বহন করার ক্ষমতা অনেক বেড়ে গেছে। এখন আমাদের ট্র্যাকগুলি বর্দ্ধিত এক্সেল লোড বহন করতে সক্ষম। এই বর্দ্ধিত এক্সেল লোড লাগু করার আগে ট্র্যাকের লোড বহন করার ক্ষমতা পরীক্ষা করে দেখা হয় আর রেল সুরক্ষা কমিশারারের কাছ থেকে অনুমতি পত্র নেওয়া হম।

(৪) আমাদের স্বপ্ন

আমাদের ভারতীয় রেলকে বিশ্বের এক নম্বর রেলে পরিণত করতে হবে।

(গ) হাওয়ার্ড আর ওয়ার্টনে লালুজীর ক্লাস

আমেরিকার হাওয়ার্ড আর ওয়ার্টন বিজনেস স্কুলের ছাত্রদের প্রফেসর লালুজীর শিক্ষা।

27 ডিসেম্বর, 2006 তারিখে মাননিয় রেলমন্ত্রী শ্রী লালু প্রসাদ যাদব নতুন দিল্লীতে অবস্থিত রেল মিউজিয়ামের সভাগৃহে আমেরিকার বিশ্ববিখ্যাত হাওয়ার্ড আর ওয়ার্টন বিজনেস স্কুলের 137 জন বিদেশি ছাত্র-ছাত্রীকে তাঁর উৎকৃস্ট ম্যানেজমেন্ট নীতির সম্বন্ধে ভাষণ দেন। ভারতীয় রেলের আশাতিত সাফল্যের জন্য ম্যানেজমেন্টের শাস্ত্রজ্ঞ্যেদের মধ্যে আলোচ্য মাননিয় রেলমন্ত্রী শ্রী লালু প্রসাদ যাদবের ম্যানেজমেন্ট কৌশল জানার জন্য বিদেশি ছাত্র-ছাত্রীরা তাঁর কাছে আসে। লালু প্রসাদজী তাদের জানালেন যে ম্যানেজমেন্টের কৌশল নির্ভর করে সততা, বিশ্বাস আর দূরদৃস্টিতার (ভিশন) উপরে। সততার উদাহরণ তিনি নিজে দিতে গিয়ে বলেন যে তিনি তাঁর উচ্চপদস্থ কর্মচারিদের উপর বিশ্বাস করে তাদের ক্ষমতা বৃদ্ধি করেন আর নিম্নপদস্থ কর্মচারিদের কেবল মাথায় সহানুভূতির হাত বোলান। তিনি ছাত্র-ছাত্রীদের জানালেন যে ভারতের সবচাইতে বড় সরকারি উৎদ্যোগটি আজ থেকে 5 বছর আগে দারিদ্রের চরম সীমায় এসে পৌঁছে ছিল কিন্তু আজ তাঁর উল্লেখনীয় প্রচেস্টা, দুরদৃস্টি আর উৎকৃস্ট ম্যানেজমেন্ট কৌশলের কারণে সে সাফল্যের চরম সীমায় পৌছে গেছে। ভারতীয় রেল আজ সাফল্যের চরম সীমায় রয়েছে আর বর্ষ 2005 - 06 -এ সে 13,000 কোটি টাকার বেশি লাভ করে; যেটা এই আর্থিক বছরে বেড়ে 20,000 কোটি হওয়ার সম্ভাবনা দেখা যাচেছ। ভারতীয় রেলের এই আশ্চর্যজনক উন্নতিকে দেশ বিদেশের ম্যানেজমেন্টের শাস্ত্রজ্ঞ্যেরা দেখার জন্য গবেষণা শুরু করেছেন, যে এটা কিভাবে সম্ভব হয়েছে ? এই বিষয়ের ব্যাখ্যা করার জন্য ভারতীয় ম্যানেজমেন্ট সংস্হান, আমেদাবাদ তাঁকে আহ্বাণ জানায়।

বিদেশ থেকে আসা ছাত্র-ছাত্রিরা তাঁকে নানান রকমের প্রশ্ন করে রেল মন্ত্রী চমৎকারভাবে তার বিশ্লেষণ করেন। তিনি আরও জানান যে রেলওয়েকে এই নবকলেবর প্রদান করার জন্য তিনি না তার বেসরকারিকরণ করেছেন, না কর্মচারিদের ছাঁটাই করেছেন আর না যাত্রী ভাড়া বাড়িয়েছেন।

তিনি বিদেশি ছাত্র-ছাত্রীদের ভারতীয় রেলের আগের অবস্থা, বর্তমান পরিস্থিতি আর ভবিষ্যতের পরিযোজনা সম্বন্ধে জানান। এই সময়ে সেখানে বহু বিশিস্ট কর্মকর্তা, রেলওয়ে বোর্ডের চেয়ারম্যান শ্রী জে. পী. বত্রাও উপস্থিত ছিলেন। রেলমন্ত্রী মহাশয় ঐ বিদেশি প্রতিভাদের সঙ্গে এই সম্বন্ধে 2 ঘন্টা যাবৎ আলোচনা করেন এবং তার পরে তিনি সাংবাদিকদের উদ্দেশ্যে ভাষণ দেন।

রেলমন্ত্রী শ্রী লালু প্রসাদ যাদব কৃষকদের জন্য তৈরী লাভদায়ক যোজনার কথাও ছাত্র-ছাত্রীদের জানালেন। তিনি আরও জানালেন যে সারা দেশে 75,000 কৃষি আউটলেট খোলা হচেছ, যেখানে সারা দেশের কৃষকদের কাছ থেকে কেনা তাজা শাক-সব্জী, শস্য, ফল ইত্যাদি কেনা হবে, যেগুলিকে বাজারে বিক্রি করে তারা লাভ করতে পারবেন। মাননিয় রেলমন্ত্রী মহাশয় তাঁর চির পরিচিত নিজস্ব ফর্মূলার কথাও ছাত্র-ছাত্রীদের জানিয়ে বললেন যে, 'গরুকে পুরো না দুইলে, সে অসুস্থ হয়ে পড়ে; ঘোড়াকে যদি দৌড়ানো না হয়, তাহলে সে অবাধ্য হয়ে উঠবে; আর ছাগলকে ভাল করে না চড়ালে, সে হৃস্ঠ পুস্ঠ হবে না।' তিনি বললেন যে এই তিনটে ফর্মূলাকে প্রয়োগ করে তিনি ভারতীয় রেলকে নবকলেবর প্রদান করতে পেরেছেন। ভবিষ্যতেও তাঁর এই যোজনার থেকে ফি বছরে লাভ হতে থাকবে। তিনি তাঁর ভাষণে ছাত্রদের সততা বজায় রাখতে আর কঠোর পরিশ্রম করতে উপদেশ দেন।

লালুর শিষ্য আমেরিকার কর্মকর্তা

2007 সনের মে মাসে আমেরিকার ওয়াশিংটনে অবস্থিত ন্যশনাল ডিফেন্স ইউনিভ্যার্সিটির শিল্প সংক্রান্ত আর্থিক বিভাগের প্রধান কর্মকর্তা ডাঃ ডেভিড সী. ম্লেয়ারের নেতৃত্বে 16 জন সদস্য বিশিস্ট একটি উচ্চপর্যায়ের প্রতিনিধি মন্ডল চার দিনের সফরে রেল ভবন পৌঁছায়। তাঁরা ভারতীয় রেলের 'টর্ন এ্যরাউন্ডের' কাহিনি লালু প্রসাদের মুখ থেকে শুনতে চাইছিলেন। ভারতীয় রেলের সঙ্গে জ্ঞানের আদান-প্রদানই ছিল তাঁদের অধ্যায়নের মুল লক্ষ্য।

ডাঃ ম্লেয়ার অর্থ শাস্ত্রের প্রফেসর হওয়ার সঙ্গে, শিল্পসংক্রান্ত আর্থিক সেবার পরিচালকও ছিলেন। এই প্রতিনিধি মন্ডলে উচ্চস্তরিয় আর মধ্যমস্তরিয় নাগরিক আর বিদেশ সেবার কর্মকর্তারা ছাড়া আমেরিকার সেনা বিভাগের পদস্থ কর্মচারিরাও অন্তর্ভূক্ত ছিলেন। অধ্যায়নরত দলটিকে তাদের সফরের বিষয় কুড়ি পৃস্ঠার একটা রচনা লেখার জন্য দুই সপ্তাহের সময় দেওয়া হয়।

রেল ভবনে রেলমন্ত্রী লালু প্রসাদের সঙ্গে 45 মিনিট ধরে আলোচনা করার পর প্রতিনিধি দলের সদস্যরা সন্তুস্ট হয়েছিলেন। তাঁরা বলেন যে ভারতীয় রেলের টর্ন এ্যরাউন্ড বিশ্বের প্রত্যেকটি দেশের সরকারি বিভাগগুলিকে ভাল শিক্ষা দিয়েছে।

এটা উল্লেখনীয় যে ডাঃ ক্লেয়ার গত ডিসেম্বর আর জ্যানুয়ারী মাসে ভারতবর্ষেই ছিলেন। তিনি বললেন যে ভারতীয় রেল তাদের শিখিয়েছে কিভাবে কোন ভাঙ্গা-চোরা না করেও কোন সংস্থা নিজেদের যুগান্তকারি পরিবর্তন আনতে পারে।

উল্লেখ করা যেতে পারে যে রেলমন্ত্রী শ্রী লালু প্রসাদ যাদব, এর আগেও হাওয়ার্ড, টেক্সাস আর ওয়ার্টন বিশ্ববিদ্যালয় আর অনেক ম্যানেজমেন্ট স্কুলের ছাত্র-ছাত্রীদের এর মুল তত্ব শিখিয়েছেন।

আমেরিকার একজন কর্মকর্তা জানতে চান যে আর্থিক দিক দিয়ে উন্নয়নশীল ভারতবর্ষ আগামী দশ বছরে কোথায় পৌঁছবে? এর উত্তরে লালু প্রসাদ জানান যে ভারতের কাছে পর্যাপ্ত শ্রমশক্তি আছে, এখানকার মানুষ বুদ্ধিমান আর পরিশ্রমি। এই সমস্ত মুলধনের সাহায্যে আগামী দশ বছরে ভারত বিশ্বের উন্নত দেশগুলির সমকক্ষ হয়ে উঠবে।

ডাঃ ক্লেয়ার জানান যে লালু প্রসাদের ও.এস.ডি. সুধীর কুমারের সঙ্গে তাঁর সাক্ষাৎকারও জ্ঞানবর্দ্ধক ছিল। সুধীর কুমার তাঁদের সঙ্গে বসে যে কেবল প্রত্যেকটা প্রশ্নর 'টু দি পয়েন্ট' জবাব দিলেন তাই না, বরং রেলওয়ের 'টর্ন এ্যরাউন্ড' সংক্রান্ত প্রত্যেকটা প্রশ্নের উত্তরকে তর্কের দ্বারা বিশ্লেষণও করেন।

লালু প্রসাদকে আমেরিকায় আমন্ত্রণ জানানর ক্ষেত্রে তাঁরা বলেন যে তাঁরা তাঁকে আমন্ত্রণ জানিয়েছেন, সেটা স্বীকার করার দায়িত্ব রেলমন্ত্রীর উপরেই তাঁরা ছেড়ে দিয়েছেন।

এই পরিপ্রেক্ষিতে ক্রমাগত বিদেশ থেকে ছাত্র-ছাত্রী, প্রফেসর আর সেই সব দেশের কর্মকর্তারা ভারতে আসায়, লালু প্রসাদ গদোগদো হয়ে বলেন যে এইভাবে বিদেশে ভারতের ভাবমূর্ত্তি আরও উন্নত হচেছ। তাঁর কাজ দেখে আর নাম শুনে মানুষ তাঁর সঙ্গে দেখা করতে আসায় তিনি খুব খুশি হয়েছেন।

আমেরিকার ছাত্র-ছাত্রীদের কাছে লালুজীর ব্যাখ্যা

রেলমন্ত্রী লালু প্রসাদ আমেরিকা যুক্তরাস্ট্র, কর্পরেট জগতের কর্তা ব্যক্তি আর ছাত্রদের কাছে ভারতীয় রেলওয়েকে নবকলেবর প্রদান করার অভিজ্ঞতার বিযদ ব্যাখ্যা করেন। ম্যানেজমেন্ট স্কুল আর কর্পরেট জগৎ -এর সদস্যরা তাঁর কাছে জানতে চান যে যাত্রী ভাড়া না বাড়িয়ে, ছাটাই না করে তিনি কিভাবে লোকশানে চলা ভারতীয় রেলকে একটা লাভের প্রণালী তে পরিবর্তীত করেন? বিশ্ব ব্যাঙ্কও তাঁকে ওয়াশিংটনে আমন্ত্রণ জানায়।

এর পরে শ্রী লালু প্রসাদ ভার্জিনিয়ার হাওয়ার্ড বিজনেস স্কুলে এই বছরের 'টর্ন এ্যরাউন্ড শিম্পোজিয়াম'-এ ভাষণ দেন। এখানে উল্লেখ করা প্রয়োজন যে 'হাওয়ার্ড' বিজনেস স্কুলের টর্ন এ্যরাউন্ড ক্লাব প্রত্যেক বছরে প্রতিষ্ঠিত ব্যক্তিদের তাঁদের টর্ন এ্যরাউন্ড-এর কাহিনি ব্যক্ত করার জন্য আমন্ত্রিত করত।

রেল মন্ত্রী লালু প্রসাদের সূত্র থেকে জানা গেল যে 'জেনারেল ইলেকট্রিকের (জি.ই.)'র সী.ই.ও., জ্যাক ভেলচের থেকে 'লালু ব্র্যান্ড ম্যানেজমেন্ট ফিলোজফি' সম্পূর্ণ আলাদা। জ্যাক ভেলচ 1981-2001 পর্যন্ত জী.ই.'র চেয়ারম্যান আর সী.ই.ও.ছিলেন। তিনি এই ক্ষেত্রে প্রসিদ্ধি লাভ করেন।

আসলে ভেলচ সঠিক কাজের জন্য সঠিক ব্যক্তিকে নির্বাচন করায় বিশ্বাস করতেন। তিনি তাঁদের অধিকার আর ক্ষমতা দিতেন আর তারা যখন অসফল হতেন তখন তাদের নিস্ঠুরতার সঙ্গে বের করে দিতেন। ভেলচের ঠিক বিপরিত হলেন শ্রী লালু প্রসাদ। তাঁর বৈশিস্ঠ হল যে তিনি তাঁর লোকেদের পাশে দাঁড়ানোয় বিশ্বাস করেন আর তারা যাতে তাদের কাজ ভাল করে করতে পালরেন তার জন্য উৎসাহিত করেন।

লালুজীর রেটিং

অর্থমন্ত্রী হিসাবে ডাঃ মনমোহন সিং	32%	2004 থেকে প্রধানমন্ত্রী ডাঃ মনমোহন সিং
মন্ত্রী	দপ্তর	দশমিক স্হান হিসাবে স্কোর
লালু প্রসাদ	রেল	6.3
দয়ানীধি মারন	প্রসারন এবং আই.টি.	6.2
পী.চিদাম্বরাম	অর্থ	5.8
কমল নাথ	শিল্প	5.7.
প্রফুল্ল পটেল	সিভিল এভিয়েশন	5.5
টী.আর.বালু	যাতায়েত এবং জাহাজরাণী	5.2
রামবিলাস পাশওয়ান	রাসায়নিক, সার এবং স্টীল	5.1
শরদ পাওয়ার	কৃষি	5.0
মুরলী দেওড়া	পেট্রোলিয়াম	4.9
অম্বুমণি রামদা	স্বাস্থ্য এবং পরিবার কল্যাণ	4.7
সুশীল কুমার সিন্দে	এ্যনার্জ্জি এবং পাওয়ার	4.6
অর্জুন সিং	মানব কল্যাণ	3.8

'গ্লোবল বিজনেস এক্সপিরিয়েন্স ট্রিপ' এর জন্য ডাডন স্কুল অফ বিজনেস, ভার্জিনিয়া বিশ্ববিদ্যালয়ের একটা ছাত্র প্রতিনিধি মন্ডলের লালুজীর সঙ্গে সাক্ষাৎকার।

12-16 মার্চ, 2007 পর্যন্ত ডাডন স্কুল অফ বিজনেস, ভার্জিনিয়া বিশ্ববিদ্যালয়, আমেরিকার 22 জন এম.বি.এ.'র একটা প্রতিনিধি মন্ডল নিজেদের 'গ্লোবল বিজনেস এক্সপিরিয়েন্স ট্রিপ' (জী.বী.এস.) এর জন্য রেল মন্ত্রী শ্রী লালু প্রসাদ যাদবের সঙ্গে দেখা করে তাঁর মুখ থেকে ভারতীয় রেলের নবকলেবর দেওয়ার কাহিনি শুনতে চান, আর তাঁর কাছ থেকে ম্যানেজমেন্ট এর কার্যকরি প্রণালী শেখেন।

অস্টিনে অবস্থিত টেক্সাস বিশ্ববিদ্যালয়ের মেক্কাম্বজ স্কুল অফ বিজনেসের এম.বি.এ.'র ছাত্রদের লালুজীর সঙ্গে সাক্ষাতকার।

অস্টিনে অবস্থিত টেক্সাস বিশ্ববিদ্যালয়ের মেক্কাম্বজ স্কুল অফ বিজনেসের 'ইন্ডিয়ান গ্র্যাজুয়েট বিজনেস এ্যাসোশিয়েশন এর অধ্যক্ষ কুমারী প্রিয়ংকা মাল্হোত্রা 45 জন অন্য এম.বি.এ. ছাত্র-ছাত্রীর সঙ্গে 16-17 মার্চ, 2007 'এ রেলমন্ত্রী শ্রী লালু প্রসাদ যাদবের সঙ্গে দেখা করে তাঁর মুখ থেকে ভারতীয় রেলকে গৌরবময় নবকলেবর প্রদান করার কাহিনি শোনেন আর ম্যানেজমেন্ট টিপ্স নেন।

আমরা বলতে পারি যে রেল মন্ত্রী শ্রী লালু প্রসাদ যাদব তাঁর নিজের বৈশিস্টপূর্ণ কার্যপদ্ধতি, উন্নতমানের চিন্তাধারা, নেতৃত্ব ক্ষমতা, সবাইকে সঙ্গে নিয়ে চলার মানসিকতা, সততা, দূরদৃস্টি, বুদ্ধিমত্তা, ঝুঁকি নেওয়ার সাহস আর সংস্থানের সম্পূর্ণ ব্যাবহার করে কেবল ভারতীয় রেলেই নয় সম্পূর্ণ বিশ্বে হুলুস্থুলু মাচিয়ে দেয়। ভারতীয় রেলকে গৌরবময় নবকলেবর প্রদান করার পর দেশ-বিদেশের বহু বিশিস্ট ব্যক্তি ওনার কাছ থেকে ম্যানেজমেন্টের টিপস নিয়ে নিজেদের ভাগ্যবান মনে করেন।

(ঘ) লালুর ম্যানেজমেন্ট ফান্ডা

রেলমন্ত্রী লালু প্রসাদ যাদব নিজের জীবনের শুরু থেকেই সুশৃঙ্খল দিনর্চচা পালন করে, সময়ানুবর্তীতার সঙ্গে, পরিপাটি করে কাজ করতেন। রাজনীতি হোক বা পারিবারিক ব্যাপারই হোক তাঁর ম্যানেজমেন্ট এত ভাল হত যে কেউ তার মধ্যে কোন প্রকারের ভূল-ত্রুটি খুজে বার করতে পারবে না। তাঁর খাঁটি জীবনধারা আর সমাজবাদী চিন্তাধারার জন্য খ্যাত লালু জী এত নিখুঁতভাবে সমস্ত কাজ করতেন যে লোকে তাঁর বিচক্ষণ পরিচালন ক্ষমতা দেখে অবাক হয়ে যেত। এর ফলেই আজ তিনি রাজনীতির শিখরে আরোহণ করতে

পেরেছেন আর তাঁর এই রাজগদ্দিকে কেউ নাড়াতে পারে নি।

কেন্দ্রে 'সংযুক্ত প্রগতিশীল যুক্তফ্রন্ট' সরকার গঠিত হয় আর সংখ্যাগরিষ্ট দলের তরফ থেকে প্রধানমন্ত্রী শ্রী মনমোহন সিং রাষ্ট্রীয় জনতা দলের নেতা শ্রী লালু প্রসাদ যাদবকে কেন্দ্রের রেলমন্ত্রীর পদে নিযুক্ত করেন। লালুজী যখন রেল দপ্তর হাতে পেলেন তখন সেটা লোকশানে চলছিল আর ভিখারীর অবস্থায় এসে দাঁড়িয়েছিল, চারিদিক রেলের বেসরকারিকরণের গুজবে মুখর আর রেলকর্মচারিরা ছাটাইয়ের আশংকায় শিঁটিয়ে ছিল্। দেশের বিশিষ্ট অর্থনীতিবীদও রেলওয়েকে দেঁউলিয়া হওয়ার ভবিষ্যৎবাণী করলেন। এই পরিস্থিতিকে লালু প্রসাদ চ্যালেঞ্জ হিসাবে মনে করলেন আর প্রাণপন চেস্টা চালিয়ে রেলকে ডুবে যাওয়ার হাত থেকে রক্ষা করার জন্য লেগে পড়েন।

উনি সর্বপ্রথম রেলের আগের অবস্হা আর পুরান ইতিহাস, তার কার্যপ্রণালী আর তার অভাবগুলিকে নিয়ে গভীরভাবে চিন্তাভাবনা করলেন আর রেলওয়েকে রক্ষা করার জন্য তিনি উচ্চপদস্হ কর্মচারিদের সঙ্গে বসে রণনীতি প্রস্তুত করতে শুরু করলেন। সবাই তাঁকে সর্বতভাবে সহযোগীতা করেন যার পরিণাম আমরা দেখতে পাচ্ছি।

রেলমন্ত্রীর মা তাঁকে শিক্ষা দেওয়ার জন্য প্রায়ই বলতেন 'গরুকে পুরো না দুইলে, সে অসুস্হ হয়ে পড়ে; ঘোড়াকে যদি দৌড়ানো না হয়, তাহলে সে অবাধ্য হয়ে উঠবে; আর ছাগলকে ভাল করে না চড়ালে, সে হৃস্ঠ পুস্ঠ হবে না।'

রেলমন্ত্রী তাঁর মায়ের উপদেশ নিজের জীবনের সঙ্গে, সঙ্গে ভারতীয় রেলের ক্ষেত্রেও ব্যাবহার করলেন। তিনি তাকে জার্সি গরুর মত করে লালন পালন আর সেবা করলেন, তারপর তাকে যথা সম্ভব দুইলেন, যারফলে সে তার অসুস্হতার থেকে সুস্হ হয়ে উঠল। এরপর সে বেশি মাত্রায় দুধ দিয়ে তার পালককে অপ্রত্যাশিতভাবে লাভ করাল। ভারতীয় রেল নামক ঘোড়াকে তিনি ট্র্যাকের উপর দিয়ে দ্রুত দৌঁড়ালেন যার ফলে কোন জাগগায় সে বাধাঁ পেল না। তিনি ভারতীয় রেল নামক ছাগলকে এত ভাল করে চড়ালেন যে সে খুব হৃস্ট-পুস্ঠ হয়ে উঠল।

এটা হল লালুজীর ম্যানেজমেন্টের মুল মন্ত্র যাকে ব্যাবহার করে তিনি ভারতীয় রেলকে গৌরবপূর্ণ নব কলেবর প্রদান করেন। লালুজীর ম্যানেজমেন্টের তিনটি প্রধান সূত্র হল সততা, বিশ্বাস আর দূরদৃস্টি বা ভিশন।

লালু নিজের প্রত্যেকটা কাজ সততার সঙ্গে করেন আর রেলওয়েকেও তিনি একইভাবে চালাতে শুরু করলেন। তিনি তাঁর 14 লক্ষ রেল কর্মচারির কাছে প্রত্যাশা করেন যে তারা রেলের প্রত্যেকটা কাজকে নিজের কাজ মনে করে তাকে বুঝে শুনে বিচার বিবেচনার সঙ্গে করবেন আর এর উন্নতির জন্য

সহায়তা করবেন। লালু প্রসাদ তাঁর কর্মচারিদের ক্ষমতা আর কাজের উপর বিশ্বাস বা আস্হা রেখে তাদের কাজ করার জন্য পূর্ণ স্বাধীনতা দেন। হস্তক্ষেপের নীতি পরিত্যাগ করে তিনি সম্পূর্ণ রূপে তাদের দোহন করেন যার ফলে তারা চারগুণ উৎসাহে কাজ করতে শুরু করলেন। তাঁর তৃতীয় সূত্রটি ছিলেন দূরদৃস্টি বা ভিশন সম্পন্ন। দূরদৃস্টি সম্পন্ন হওয়ায় প্রথম থেকেই লালু ভবিষ্যৎের গর্ভে কি আছে তা লালু দেখতে পেতেন। তিনি ভারতীয় রেলকে দূরদৃস্টি নিক্ষেপ করে দেখে তার কার্যপ্রণালি আর চিন্তাধারাকে বদলানোর সঙ্গে , সঙ্গে নতুন রণনীতি গ্রহণ করলেন আর তার মধ্যের দোষ ত্রুটিকে চিহ্নিত করে তাকে অপসারণ করে ভারতীয় রেলকে সাফল্যের চরম শিখরে তুলে দিলেন।

লালুজীর অভিনব ম্যানেজমেন্ট পদ্ধতি অনুযায়ী তিনি প্রত্যেকটি ক্ষেত্রে খরচ কমিয়ে ব্যাবসা বাড়ানোর সিদ্ধান্ত প্রবর্তীত করেন। তিনি কর্মকর্তাদের দিয়ে ট্যরিফ কমিয়ে বাজারে রেলওয়েকে একজন প্রতিযোগী হিসাবে নাবাতে বলেন। মার্কেট শেয়ার বাড়িয়ে রেকর্ড মুনাফা কামানোর কথাও বললেন। তারই পরিণাম স্বরূপ প্রত্যেকটি শ্রেণীতে ভাড়া কমানো সত্ত্যেও রেকর্ড পরিমাণ লাভ করে দেশের সামনে সামাজিক ন্যায়ের সঙ্গে আর্থিক উন্নতির নতুন মডেল প্রস্তুত করতে সমর্থ হন।

(ঙ) ভারতের ইতিহাসে সবচাইতে সফল রেলমন্ত্রী

2004 সনে যখন কেন্দ্রে সংযুক্ত প্রগতিশীল যুক্তফ্রন্ট সরকার গঠিত হল তখন প্রধানমন্ত্রী শ্রী মনমোহন সিং লালু প্রসাদকে তাঁর সরকারে রেলমন্ত্রী নিযুক্ত করেন। লালু প্রসাদ যখন রেলের অবস্হা দেখলেন তখন বুঝতে পারলেন যে ভারতীয় রেল খুব দুঃখজনক পরিস্হিতির মধ্যে দিয়ে দিন কাটাচেছ। ডাঃ রাকেশ মোহন সমিতি আগেই রেলওয়েকে 61,000 কোটি টাকার জন্য দেঁউলিয়া হওয়ার কথা ঘোষণা করেছিলেন। দেশের একজন বিখ্যাত অর্থনীতিবীদ রেলওয়েকে একটা ডুবন্ত জাহাজ বলে আক্ষায়িত করেন। চারিদিকে গুজব শোনা যাচিছল। 154 বছরের পুরান ভারতীয় রেলের বেসরকারিকরণের কথা শোনা যাচিছল। কর্মচারিরা ছাটাই হওয়ার ভয়ে আর নিজের ভবিষ্যৎের চিন্তায় দিন গুণছিল।

এই অবস্হায় মাননিয় লালু প্রসাদ অনেক ধৈর্য্যের সঙ্গে কাজ করেছেন। তিনি রেলওয়েকে পুনর অবলোকন করা শুরু করেন। উচ্চপদস্হ কর্মচারিদের সঙ্গে মিটিং করে তাঁদের ধারণা জানার চেস্টা করেন আর জানতে চান যে রেলওয়েকে কিভাবে এই বিষম পরিস্হির থেকে বার করা যায় ? ঐ কর্মচারিরা সম্পূর্ণ সততার সঙ্গে তার সহায়তা করেন আর নিজেদের মতামত দেন। সবার

মতামতকে বিচার বিবেচনা করা শুরু হল আর সমস্ত অল্পকালীন আর দীর্ঘকালীন যোজনাকে কার্যকর করায় ধীরে, ধীরে তাঁরা উন্নতির পথে অগ্রসর হতে শুরু করলেন। কল্যাণকারি যোজনা লাগু করায় 'ডুবন্ত জাহাজ'-এর ছিদ্র বন্ধ হতে শুরু করল আর যে রেলওয়ে দেউলিয়া হতে চলেছিল সে লাভ করতে শুরু করল।

রেলমন্ত্রী লালু প্রসাদ তাঁর কার্যকালে এ পর্যন্ত চারটি রেল বাজেট তৈরী করেছেন। (2005-05)-এ বিভিন্ন দিক দিয়ে 13,000 কোটি টাকা লাভ করান। এগুলি লালুজীর কল্যাণকারি যোজনার ফলেই সম্ভব হয়েছে। গত বছরে রেলওয়ে 20,000 কোটি টাকা লাভ করায় ভবিষ্যতে তাঁর আরও উপরে ওঠার ইচ্ছে আছে। (2007-08) সনের এই বছরের বাজেটেও লালুজীর নানা পরিকল্পনার কথা মনে করে তারা অনেক বেশি লাভ করার লক্ষ্য নির্ধারন করেছেন। আর আমরা বিশ্বাস করি যে তাঁর নেতৃত্বে ভারতীয় রেল নিশ্চয়ই তাদের লক্ষ্যে পৌঁছতে পারবে।

আজ রেলমন্ত্রীর প্রত্যেকটি গতি কিধির উপরে দেশ বিদেশের অর্থনীতিবীদ আর ম্যানেজমেন্ট বিশেষাজ্ঞদের নজর রয়েছে। আই.আই.এম. আমেদাবাদ ও আমেরিকা, দক্ষিণ আফ্রিকা আর ফ্রান্সের উচ্চপদস্থ মানুষ তাঁর কাছ থেকে ম্যানেজমেন্টের বিষয় জ্ঞান অর্জন করার জন্য রেলভবনে আসেন আর তাঁকে তাঁদের ম্যানেজমেন্ট গুরু বলে মনে করেন। তাঁরা লালুজীকে তাদের ওখানে ভাষণ দেওয়ার জন্য আমন্ত্রিত করেন।

তিনি আজ ম্যানেজমেন্ট গুরু আর প্রফেসর হিসাবে খ্যাতি অর্জন করেছেন। এই উপাধিগুলি তাঁকে ভারতীয় রেলকে গৌরবময় নবকলেবর প্রদান করায় দেওয়া হয়েছে।

ভারতের ইতিহাসে এর আগে না এরকম রেলমন্ত্রী হয়েছে আর না ভবিষ্যতে হওয়ার কোন সম্ভাবনা আছে।

□□□

অধ্যায় ঃ দুই

লালু প্রসাদের রাজনৈতিক সফর

(ক) লালুজীর গ্রহ নক্ষত্র

- কেন্দ্র - ত্রিকোণ রাজযোগ ওনাকে দিয়েছে রেকর্ড ছাড়ানো সাফল্য আর প্রসিদ্ধি।
- 'স্বগৃহি ভাগ্যেশ' গুরু বৃহঃস্পতি তাঁকে অনেক ভাগ্যবান করেছে।
- 'স্বগৃহি পরাক্রমেশ' বুধ তাঁকে পরাক্রমী করেছে।
- 'পঞ্চম স্বমঙ্গল' তাঁকে রাগী স্বভাব দিয়েছে।
- 'কলানিধি যোগ' তাঁকে সর্ব কলায় নিপুতা প্রদান করেছে।
- 'সংকট যোগ' তাঁকে ক্রমাগত বিবাদের সম্মুখীন করে চলেছে।

একজন ভিন্ন ধরনের 'ম্যানেজমেন্ট গুরু'

প্রায় দেড় দশক যাবৎ বিহারে প্রত্যক্ষ বা অপ্রত্যক্ষভাবে রাজত্ব করে লালু প্রসাদ যাদব রাস্ট্রীয় আর অন্তঃর্রাস্ট্রীয় স্তরে খ্যাতি অর্জন করেন। সর্বপ্রথম সত্তরের দশকে পাটনা বিশ্ববিদ্যালয়ের ছাত্র সংঘের নির্বাচন দিয়ে তিনি রাজনৈতিক জীবনে পদার্পণ করেন আর তার পর যস্ঠ লোকসভার নির্বাচনে (1977) প্রথম বার বিহারের পূর্ব মুখ্যমন্ত্রী শ্রী সত্যেন্দ্র নারায়ণ সিংহার সহযোগীতায় তিনি সংসদ সদস্য হলেন। 1980 থেকে 1989 সন পর্যন্ত তিনি দুবার বিহার বিধানসভার সদস্য হয়ে ছিলেন। এই সময়ে 1989 সনে বিহারে নেতা বিরোধী দল গঠিত হয়, এই বছরে আবার নবন লোকসভায় তিনি

দ্বিতীয়বার সংসদ সদস্য হলেন। লালু প্রসাদকে নব্বুইয়ের দশকে অনেক বড় অভিজ্ঞতা আর সংকটের সম্মুখীন হতে হয়। 10ই মার্চ, 1980 সনে তাঁর বিহারের মুখ্যমন্ত্রী হওয়া, 1995 সনে দ্বিতীয়বার ক্ষমতায় আসা, তাঁর জন্য অত্যন্ত গুরুত্বপূর্ণ ঘটনা ছিল, অন্যদিকে 1996 সনে 950 কোটি টাকার চারা ঘোটালা মামলায় লিপ্ত বলে অভিযুক্ত হওয়া আর 1997 সনের জুলাই মাসে মুখ্যমন্ত্রীর পদে ইস্তফার সঙ্গে, সঙ্গে গ্রেফতার হওয়ার সংকটও তাকে সহ্য করতে হয়েছিল। স্ত্রী রাবড়ী দেবীকে নিজের উত্তরাধীকারি করে আর দেশের ক্ষমতার বাগডোর নিজের হাতে রেখে অপ্রত্যক্ষভাবে দেশ চালানোর জন্য তিনি নানান বিবাদের থেকে কখনও বেড়িয়েছেন আবার কখনও জড়িয়ে পড়েছেন। তিনি 1997 সনে জনতা দল থেকে বেড়িয়ে এসে 'রাষ্ট্রীয় জনতা দলের' গঠন করেন আর নিজে তার অধ্যক্ষ হন। 1998 সনে বিহারের দ্বাদশতম নির্বাচনে তিনি তৃতীয়বার মুখ্যমন্ত্রী হন। 2000 সনে রাবড়ী দেবীর নেতৃত্বে তাঁর হাতে আবার বিহারের ক্ষমতা আসে। 2004 সনে ত্রোয়োদশতম নির্বাচনে চতুর্থবার তিনি সংসদ সদস্য আর রেলমন্ত্রী হন। কিন্তু 2005 সনে বিহার বিধানসভা নির্বাচনে তাঁর হাত থেকে ক্ষমতা চলে যায়। রাজনৈতিক সমিক্ষকরা লালুর রাজনৈতিক জীবনে একটা প্রশ্ন চিহ্ন দেখতে লাগলেন, কিন্তু রেলমন্ত্রী হিসাবে প্রথম বছরেই লালু 14,000 কোটি টাকা লাভ করিয়ে সবাইকে তাক লাগিয়ে দিলেন। যাত্রী ভাড়া না বাড়িয়েও এত বড় লাভ করানোয় তিনি পুনরায় অন্তঃর্রাষ্ট্রিয় স্তরে খ্যাতি অর্জন করলেন। আগে তাঁকে দেওয়া 'বিনাশ পুরুষের' 'খেতাব' এর বদলে তাঁকে এখন 'ম্যানেজমেন্ট গুরু' বলা শুরু হল। আই.আই.এম.,আমেদাবাদ আর বিদেশের বিশ্ববিদ্যালয়গুলির ম্যানেজমেন্টের ছাত্ররা তাঁকে তাদের গুরু হিসাবে স্বীকার করে তাঁর কাছ থেকে ম্যানেজমেন্টের সফল হওয়ার টিপস নিতে শুরু করল। তাঁর এই সফলতার কারণ জানার জন্য আসুন একবার তাঁর ঠিকুজ্জী-কুষ্ঠি দেখা যাক।

লালুজীর ঠিকুজ্জী - কুষ্ঠী

জন্ম তারিখ : 11ই জুন 1948
জন্ম সময় : রাত্রি 02:57
জন্ম স্থান : গোপালগঞ্জ (বিহার)

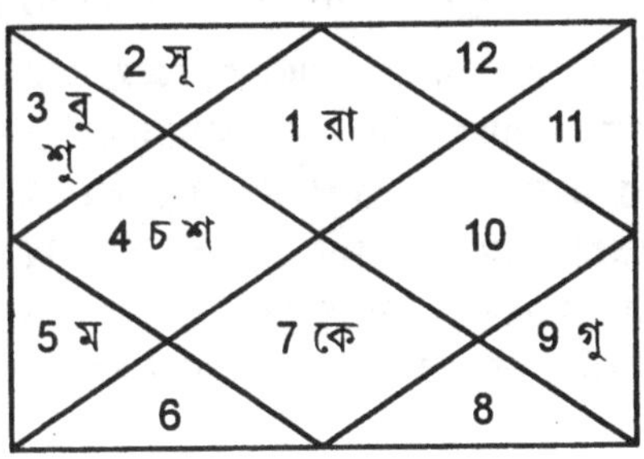

কুষ্ঠীতে গ্রহ নক্ষত্রের অবস্হান

লালু প্রসাদ যাদবের জন্ম মেশ লগ্ন আর পুষ্য নক্ষত্রের তৃতীয় ভাগ অর্থাৎ কর্কট রাশিতে হয়েছে। তাঁর কুষ্ঠিতে একদিকে কেন্দ্র-ত্রিকোণ, পর্বত, মহালক্ষী, ভারতি, কর্মসিদ্ধি, মহাভাগ্য, ত্রিকালগ্ন,কলানিধি, মহাপরাক্রম রাজযোগের মত অত্যন্ত শুভ লক্ষণ যেমন আছে তেমনি সংকট, ফাঁশ, কপটতা আর গ্রহণের মত অশুভ যোগ রয়েছে।

স্বগৃহী ভাগ্যেশ গুরু বৃহঃস্পতি আর কেন্দ্র-ত্রিকোণ রাজযোগ তাঁকে অত্যন্ত ভাগ্যবান করা, রেকর্ড ছাড়ানো সফলতা আর খ্যাতি দেওয়ায় সহায়তা করে। স্বগৃহী পরাক্রমেশ-বুধ তাঁকে অত্যন্ত পরাক্রমী করে, অন্য দিকে লগ্নেশ মঙ্গলের পঞ্চম স্হানে অবস্হান করার জন্য তাঁর মধ্যে অশেষ দূরদৃষ্টিতার সমাগম হয়েছে। কলানিধি যোগ থাকায় তিনি সর্বক্ষণ খবরের শিরনামে থাকেন আর জনগণের মাঝে চর্চার বিষয় হয়ে থাকেন। সংকট আর কপট যোগের কারণে বেশ কিছু গুরুত্বপূর্ণ বিবাদের সঙ্গে অতপ্রতভাবে জড়িত হয়ে পড়েন আর ফাঁশ যোগ থাকায় তাঁকে কারাগারে যেতে বাধ্য করে।

কিভাবে 'ম্যানেজমেন্ট গুরু' হলেন ?

বর্তমানে (এ্যপ্রিল 2005 থেকে এ্যপ্রিল 2015) তাঁর চন্দ্রের মহাদশা চলছে, এর সঙ্গে শনির সাঁড়ে সাত্তি ও চলছে যার কারণে বিহারের ডেড় দশকের একছত্র রাজত্ব তাঁর কাছ থেকে হাতছাড়া হয়ে যায়। অন্যদিকে সেখানে দুরধরা, কাহিল আর কর্ম সিদ্ধির শুভ যোগের সঙ্গে বৃহস্পতির গোচর তাঁকে হারের থেকে বের করে 'বিকাশ পুরুষ' আর 'ম্যানেজমেন্ট গুরু' হিসাবে সাফল্যের উচচ শিখরে বসিয়ে দেয়। চন্দ্রের মহাদশার ফলে তিনি চরম সাফল্যের সঙ্গে নানান বিবাদের সঙ্গেও জড়িয়ে থাকবেন।

(খ) শুণ্য থেকে শিখরে ওঠার কথা

(লালুজীর রাজনৈতিক সফর)

সত্তোরের দশকের প্রথমার্দ্ধে বিহারের রাজধানী পাটনায়, লোকনায়ক জয় প্রকাশ নারায়ণের 'নব নিমার্ণ আন্দোলনের' বৈঠক চলছিল। বৈঠকে মধুলিমাই, জর্জ ফার্নানডেজ, অনুপলাল যাদব, রাজনন্দন প্রসাদ, মুসি লাল রায় ইত্যাদি নেতাদের সঙ্গে তৎকালীন মুখ্যমন্ত্রী আর সমাজবাদী বিচারক ডাঃ রাম মনোহর লইয়ার শিষ্য কর্পুরি ঠাকুরও উপস্হিত ছিলেন। হটাৎ এক কোণে খাদির পাঞ্জাবি পরা একজন যুবকের দিকে ইশারা করে কর্পুরি ঠাকুর বললেন,'এই

যুবকটি এক দিন দেশের রাজনীতির একজন শক্তিশালী নেতা হবে ঐ যুবকটি সেই সময়ের পাটনা বিশ্ববিদ্যালয়ের অধ্যক্ষ ছিল। তিনি 'সম্পূর্ণ ক্রান্তি অব নারা হায়, ভাষা, ইতিহাস হমারা হায়' এই শ্লোগানের সঙ্গে জে.পী. আন্দোলনে নিজে গা ভাসিয়ে দিলেন। সেই সময়ে কেউ কর্পুরি ঠাকুরের কথার প্রতি গুরুত্ব না দিলেও আজ সেই যুবক এত কৃতিত্ব দেখিয়েছে যে সারা বিশ্বের নজর তাঁর উপর নিবদ্ধ হয়ে রয়েছে। ডাঃ মনমোহনের দলের এই ব্যক্তিত্বের নাম হল লালু প্রসাদ যাদব যিনি হলেন কেন্দ্রীয় রেলমন্ত্রী।

ওনার লোকপ্রিয়তা কেবলমাত্র তাঁর ঠাট্টা করে কথা বলার অভ্যাসের জন্য নয়। উনি এই ভারতীয় রেলকে লাভের লাইনে চালাতে শুরু করলেন 2001 সনে যাকে রাকেশ মোহন সমিতি পঙ্গু বলে আক্ষ্যায়িত করেছিলেন। একটা পরিসংখ্যান অনুযায়ী এই আর্থিক বছরের শেষে ভারতীয় রেল 20 কোটি টাকা লাভ করবে। লালু প্রসাদকে ঠিক করে জানতে হলে আমাদের তাঁর অতীতের বিষয় জানতে হবে। 36 বছর ধরে তিনি রাজনীতির পায়ে চলাপথে হেঁটে চলেছেন। পায়ে চলা পথকে এখানে বিশেষার্থে ব্যবহার করা হয়েছে। আসলে ভিষণ পরিস্থিতির ভেতরে জন্মান লালু প্রসাদের প্রথম দিকের জীবন প্রচন্ড কষ্টের মধ্যে কাটে। রাজনীতির মধ্যে ঝাঁপিয়ে পড়ে তিনি গতিবেগে চলার জন্য পথ খুঁজে পেলেন না। তিনি নিজের কঠোর পরিশ্রম আর রাজনৈতিক বিচক্ষণতার দ্বারা অগ্রসর হতে পেরেছেন। তিনি ভাল করে জানতেন যে বাতানুকুল ঘরে বসে এই দেশের নাড়ি পরীক্ষা করতে পারবেন না। এটা করার জন্য তাকে জনতার মানসিকতার সঙ্গে পা ফেলে চলতে হবে। তাঁর এই চিন্তাধারার এক ঝলক আমরা তাঁর ছাত্র জীবনেই দেখতে পেরেছিলাম। ঐ সময়ে তিনি একটা শ্লোগন দিয়ে ছিলেন, ' রেলকে কমরা এক সমান, জে.পী. লোহিয়াকে আরমান।' এর থেকে ওনার শোষাল ইঞ্জিনিয়ারিং সম্বন্ধে জ্ঞানের পরিধিকে জানা যায়।

রেলমন্ত্রী হিসাবে আজ তিনি সত্যই প্রথম আর দ্বিতীয় শ্রেণীর মধ্যে ভেদাভেদ মিটিয়ে ফেলেছেন। লালুর চিন্তাধারার থেকে তাঁর প্রখর বুদ্ধির পরিচয় আমরা পাই। ওনার জেস্ঠ ভ্রাতা তাঁর এই প্রখরতাকে দেখেই তাঁকে পাটনায় পড়াশুনা করতে ডাকেন। তিনি তখন পাটনার 'পশুবৈদ্যকীয় মহাবিদ্যালয়ে' চাপরাশির কাজ করতেন। তিনি জানতেন যে লালু লেখাপড়ায় ভাল হওয়ার সঙ্গে, সঙ্গে কোন যোজনাকে প্রস্তুত করে তাকে রূপায়িত করার ক্ষমতাও রাখেন। লালু বন্ধুত্ব করতেও পারদর্শি ছিলেন। সেই সময়ে নরেন্দ্র সিংঘ আর রঞ্জন যাদব (বর্তমানে যিনি লালুর কট্টর বিরোধি) আর নীতিশ কুমার (বিহারের বর্তমান মুখ্যমন্ত্রী) তখন লালুর প্রিয় বন্ধু ছিলেন।

লালু প্রসাদ যখন 1974 সনে পাটনা বিশ্ববিদ্যালয়ের অধ্যক্ষ পদের জন্য নির্বাচনে জয়ি হলেন তখন সবাই তাঁর জনপ্রিয়তার কথা স্বীকার করে নেন, কারণ লালু টাকা আর গুন্ডার সাহয্যে নির্বাচনে জয়ী হওয়া ঠাকুর বা জমিদার সম্প্রদয়ের ছিলেন না, আর না তিনি কোন উচ্চ শিক্ষিত কায়েস্থ বা ব্রাহ্মণ পরিবারের পৃষ্ঠভূমির থেকে এসেছেন, তবে তাঁর ভেতরে নেতৃত্ব করার ক্ষমতা নিশ্চয়ই ছিল।

অধ্যক্ষ হওয়ার পর লালুর মাথার ভেতর কোন বড় আন্দলনের প্রস্তুতি চলছিল। এই সময়ে আমেদাবাদের একটা ইঞ্জিনিয়ারিং কলেজের ক্যানটিনে, লোকনায়ক জয়প্রকাশ নারায়ণের (নব নির্মাণ আন্দোলনের' সূত্রপাত হয়। এই আন্দোলনটা কিন্তু কেবলমাত্র গুজরাতে দ্রব্যমুল্য বৃদ্ধির জন্য শুরু হয়। লালু প্রসাদ একে গুজরাতের গন্ডি পার করে বিহারে নিয়ে আসেন। এই আন্দোলনকে দেশের সমস্ত সমস্যার সঙ্গে জুড়ে দেওয়া হল। মুল্যবৃদ্ধির সঙ্গে এটাকে শিক্ষা আর রোজগারের সঙ্গে জুড়ে দেওয়া হল। এই আন্দোলনকে ব্যাপক আকার দেওয়ার জন্য তিনি লোকনায়ক জয়প্রকাশ নারায়ণের সঙ্গে কথা বলে সাধারণ মানুষ (যার মধ্যে স্ত্রী-পরুষ দুই ছিল) আর ছাত্র-ছাত্রীদের অংশগ্রহণ সুনিশ্চিত করেন। সেই সময়ে বিহারের আন্দোলনে স্ত্রী অপেক্ষা পুরুষই প্রাধান্য পেত কিন্তু লালু প্রসাদের এই র‍্যলীতে মহিলা আর ছাত্র-ছাত্রীদের ভিড় উল্লেখযোগ্য ছিল। আসলে তাঁর এই গুণ দেখে জয় প্রকাশ নারায়ণের বুঝতে দেরি লাগে নি যে এই যুবকের ভেতর একজন সফল রণনীনিকার লুকিয়ে রয়েছে। তিনি কর্পুরি ঠাকুরকে লালুর উপর মনোযোগ দেওয়ার পরামর্শ দিলেন। আসলে. এইখান থেকেই লালু-কর্পুরি সমীকরণের সূত্রপাত ঘটে।

লালুর একটা বিশেষ গুণ ছিল যে তিনি আগের থেকেই জানতেন যে কোন কাজের কি প্রতিক্রিয়া হবে। জে.পী. আন্দোলনে সমাজবাদীদের সঙ্গে ভারতীয় বিদ্যার্থী পরিষদেরও যোগদান থাকত। লালু প্রসাদ এর মধ্যে একটা ঝুঁকি দেখতে পেলেন, যে জাতিবাদেরা জাতীয় এজেন্ডা আন্দোলনে বাধা হয়ে না দাঁড়ায়। এই আন্দোলন চলাকালীন বিহারে কংগ্রেসের রাজত্ব ছিল। মুখ্যমন্ত্রী ছিলেন আবদুল গফুঁর। এর মধ্যে গোঁড়া মানুযরা একটা শ্লোগন তৈরী করল, 'গরু আমাদের মা, আর অবদুল তাকে খায়।' এই শ্লোগানটা শুনে মুশলমানরা আন্দোলন ছেড়ে চলে গেল। তাদের ক্রোধ প্রকৃস্ঠ বোঝা গেল। তিনি তাঁর বন্ধু আর সে যুগের নেতা সুশীল কুমার মোদীকে বোঝালেন যে তারা যেন অহেতুক শ্লোগন দেওয়া বন্ধ করেন অথবা তাঁর আন্দোলনটা পৃথক করে নেন। লালু কঠোরভাবে এর মোকাবিলা করেন। যার ফলে জাতিবাদেরা তাঁদের ঘোষণা করা বন্ধ করে দিলেন।

লালু প্রসাদ এটাও জানতে পারলেন যে জয় প্রকাশ নারায়ণ শেঠ, মহাজন আর গান্ধীবাদীদের মাঝে ফেঁসে গেছেন। লালু তাঁকে এখান থেকে বের করে বিহারের দরিদ্র মানুষের মাঝে দাঁড় করিয়ে দেন। তিনি আন্দোলনে অংশগ্রহণকারি নিজের সঙ্গি-সাথীদের চয়ন করার সময়েও তাঁর জাতি সম্বন্ধে বিচক্ষণতার পরিচয় দেন। তাঁর আন্দোলনের কার্যালয়ের সচীব ভবেশ প্রসাদ কায়েস্থ ছিলেন, নরেন্দ্র সিং আর রঘুপতি ঠাকুর(ক্ষত্রিয়) ছিলেন, শিবানন্দ তিওয়ারী ব্রাহ্মণ আর প্রবক্তা আখতার হুসেন ছিলেন মুশলমান। ধীরে, ধীরে লালু 'নবনির্মাণ আন্দোলনকে গতি প্রদান করতে শুরু করলেন। সমগ্র ভারতবর্ষে এই আন্দোলন ছড়িয়ে পরতে শুরু করল। ক্ষমতায় আসীন কংগ্রেস দলও অশান্তিতে ভুগছিল। তাদের এই অশান্তির কথা প্রকৃস্ট হয়ে ওঠে, 26 জুন, 1975'-এ জরুরি অবস্থা ঘোষণা করার পর। লালুকে জেলে বন্ধ করা হল। ওনার উপরে মীসা লাগল। এই সময়ে ওনার বাড়ীতে একটি কন্যা সন্তানের জন্ম হল যার নাম রাখা হল 'মীসা'। কর্পুরি ঠাকুর সেই সময়ে আত্মগোপন করে ছিলেন। সেইজন্য জেলে তাঁর সঙ্গি-সাথীদের নেতৃত্ব করার দায়িত্ব লালুর উপর এসে পড়ে। কপুরি ঠাকুরের ক্ষেত্রে একটা সমস্যা ছিল যে যাদব জাতির অনুপলাল যাদব, রাজনন্দন প্রসাদ, মুন্সিলাল রায়, আর.পী. যাদব, ইত্যাদিরা মনে প্রানে কপুরি ঠাকুরের বিরোধিতা করতেন। তাঁরা অত্যন্ত অনঅগ্রসর জাতিভুক্ত ব্যক্তির (নাপিতের) নেতৃত্ব কিভাবে মেনে নেবেন তা বুঝে উঠতে পারছিলেন না। আসলে যাদবদের এই চিন্তাধারার কথা ভেবেই কর্পুরি ঠাকুর লালু প্রসাদের সহায়তা করে ছিলেন।

জরুরী অবস্থা চলা কালীন লালু নিজেকে ঘষে-মেজে তৈরী করে নিয়ে ছিলেন। নেতৃত্ব করার জন্য একজন মানুষের কি, কি গুণ থাকা উচিৎ তা লালু জেনে নিয়ে ছিলেন। জরুরী অবস্থা শেষ হওয়ার পর লালু ছাপরা থেকে প্রথম বার সংসদ সদস্য নির্বাচিত হন। এই সময়ে লালু আর একবার নিজের বৈশিস্ট প্রমাণ করে দিলেন। 1977 সনের মে মাসে জনতা দল স্হাপিত হয়। ভারতীয় লোকদল, সোশালিস্ট পার্টি, ভারতীয় জনসংঘ, কংগ্রেস আর চন্দ্রশেখর যুক্তফ্রন্টে সম্মিলিত হয়।

তীক্ষ্ণ বুদ্ধি সম্পন্ন লালু এখানেও নিজের চাতুর্যের পরিচয় দেন আর অখিল ভারতীয় বিদ্যার্থী পরিষদকে যুক্তফ্রান্টে অন্তর্ভুক্ত করেন নি। লোকনায়ক জয়প্রকাশ নারায়ণের ইচেছ ছিল জনসংঘকে যাতে অতি অবশ্য জনতা পার্টির মধ্যে অন্তর্ভূক্ত করা হয়। লালু ব্যাপারটা আগেই বুঝতে পেরেছিলেন, সেইজন্য তিনি জনতা পার্টির গঠনের আগেই বেনারসের সারনাথে যুবা সংগঠনের

স্থাপনা করেন। তিনি জনতা-যুবা সংগঠনের সৃষ্টি করেন আর জনতা পার্টির গঠনের আগেই নিজের সংগঠনকে দাঁড় করিয়ে দেন।

1980 সনের নির্বাচনে লালু হেরে গেলেন। এই হারের ফলে তাঁর বাড়ীতে হতাশার সৃষ্টি হওয়া উচিৎ ছিল কিন্তু তার বদলে তাঁর রাজনৈতিক সফরের লক্ষ্যই ঘুরে গেল। বিধানসভার নির্বাচনের জন্য তিনি নিজেকে প্রস্তুত করে নিলেন। আর তিনি এই নির্বাচনে জয়ী হলেন। লালু প্রসাদ যাদবের একটা বৈশিষ্ট হল তাঁকে যাদবদের গোষ্ঠির থেকে পৃথক করে দেখা হত। এর ফলেই নাপিত, কামার, মাঝি-মোল্লা, কুমোর, বিশ্বকর্মা ইত্যাদি জাতিদের কাছ থেকেও তিনি সহযোগীতা পান। এদিকে 1987 সনে কর্পূরি ঠাকুরের মৃত্যু হলে তাঁর একটা বড় ধাক্কা লেগেছিল। লালু সেই সময়ে বিপক্ষের নেতা ছিলেন। 1990 সনে যখন কেন্দ্রে ভি.পি. সিং-এর সরকার গঠিত হয়, ঠিক সেই সময় বিহারে জনতা দলের সরকার গঠন করার সুযোগ আসে। কিন্তু মুখ্যমন্ত্রীর পদের জন্য অনেক দাবিদার দেখা দিল। লালু প্রথম থেকেই চ্যালেঞ্জের মোকাবিলা করছিলেন। কিন্তু চক্রবূহে ফাঁসলেও তিনি তার থেকে বেরোতে পারতেন। সেই সময়ে মুখ্যমন্ত্রীর পদের জন্য তিনজন দাবিদার দেখা দেয়, রামসুন্দর দাস, রঘুনাথ ঝা আর সয়ং লালু প্রসাদ যাদব। যেখানে রামসুন্দর দাসকে ভি.পি. সিং সমর্থন করতেন সেই জায়গায় রঘুনাথ ঝা ছিলেন চন্দ্রশেখরের আর্শিবাদধন্য। রামসুন্দর দাসের মুখ্যমন্ত্রী হওয়া প্রায় নিশ্চিত কিন্তু লালু চালাকি করে দেবিলালের শরণ নেন। হরিয়াণার এই চালাক ব্যক্তিটির কলা-কৌশল সম্বন্ধে ভাল জ্ঞান ছিল। দুজনের যুগলবন্দি এমন রাজনৈতিক চাতুর্য, কুটনীতি আর কৌশলের পরিচয় দিল যে 10ই মার্চ, 1990 শনিবার লালু প্রসাদ বিহারের মুখ্যমন্ত্রী পদে আসীন হলেন। দেবিলাল এমন রাজনৈতিক চাল খেলে ছিলেন যে রঘুনাঁথ ঝা লালুকে সমর্থন করতে শুরু করে। যার ফলে ভি.পি. সিং-এর সমর্থিত প্রার্থী রামসুন্দর দাস আক্ষেপ করতে লাগলেন। রাজনৈতিক তোলপাড়ের অবশানের পর জনতা দলের বিক্ষুব্ধ নেতারা বলতে শুরু করলেন যে লালুর সঙ্গে শনি লেগে গেছে। কিন্তু তিনি তাঁদের অপোবাদকে অগ্রাহ্য করে নিজের সংখ্যালঘু সরকারকে বিন্যাস করার কাজে লেগে যান। এর ফলে তিনি ভা.জা.পা. আর ঝাড়খন্ড মুক্তি মোর্চার মত দলেদের ভেঙ্গে টুকরো, টুকরো করে ফেলেন। তিনি কেবল পাচঁ বছরের শাসনকালই সম্পূর্ণ করেন নি তার পরেও কার্যকারি মুখ্যমন্ত্রী হিসাবে বহাল থাকায় বিবাদের সূত্রপাত হয়। সবচাইতে মজার কথা হল 1990 সনে যে ভি.পি. সিং লালুর মুখ্যমন্ত্রী হওয়ার ব্যাপারে বিরোধিতা করেছিলেন তিনিই পরবর্তীকালে লালুর মহিমা ব্যাখ্যা করতে ক্লান্ত হতেন না।

বিধানসভা নির্বাচনের সময় তিনি পাটনায় লালুর অতিথি হয়ে ছিলেন। তিনি যখন লালু প্রসাদের বাচ্ছাদের কোলে নিয়ে খেলা করছিলেন সেই সময়ের ছবি তুলে স্হানীয় দৈনিকে প্রকাশিত করত আর বিপক্ষের নেতারা বিদ্রুপ করে বলতেন যে প্রাক্তন প্রধানমন্ত্রীর কাছে আর কাজ না থাকায় তিনি শেষে লালু প্রসাদের বাচ্ছাদের সঙ্গে খেলা করার কাজটাই বেছে নিয়েছেন।

এই বিধানসভা নির্বচনের পর লালু প্রসাদ যাদব সমগ্র জনতা দলকে নিজের কুক্ষিগত করে নিয়ে ছিলেন। তিনি প্রমাণ করে দিয়ে ছিলেন যে দলে ভি.পি.সিং, বোম্মাই, রাম বিলাস পাশওয়ান, শরদ পাওয়ার, মুফতি মুহম্মদ সহিদ আর বিজু পট্টনায়কের মত বড়, বড় নেতারা আছে সেখানে কোন নেতার প্রাধান্য যদি চলে সে হল লালু প্রসাদ যাদব।

1994 সনেও লালুর সিংহাসন একবার টলমল করেছিল। জর্জ ফার্নানডেজ দলে ফুট ধরানোর রাজনীতি খেলে লালুর দলের নীতিশ কুমারকে নিজের দলে টানেন। তিনি জানতেন যে লালু কুর্মি জাতির সমর্থনে এগিয়ে চলেছেন। তিনি নীতিশ কুমারকে বুঝিয়ে, শুনিয়ে তাঁর মনে নেতৃত্বের আকাংক্ষা জাগিয়ে তোলেন। এইভাবে জর্জও নালান্দার সংসদ সদস্য হওয়ার রাস্তা পরিস্কার হয়ে ওঠে। এর মধ্যে এরা সমতা পার্টি নামে একটা দল গঠন করে ফেলে। এই সময়ে একটা কথা পরিস্কার করে বলে দেওয়া উচিৎ কারণ সেটা লালুর মধ্যে লুকিয়ে থাকা জাতীয় সমীকরণকে ফুটিয়ে তুলতে সহায়তা করে। 1994 এর শেষের দিকে পাটনার গান্ধী ময়দানে 'নীতিশ কুমারের নেতৃত্বে 'কুর্মী চেতনা মহা র‍্যালি'র আয়োজন হয়। নীতিশ কুমার লালু আর অন্যদের সমীকরণকে বিধ্যস্ত করার জন্য তিনি কুর্মী-কোটরি বা অন্য সমীকরণের সৃষ্টি করেন। অন্য দিকে যে সমস্ত জাতির লোকেরা লালুর বিরোধিতা করছিল তারাও নীতিশ কুমারকে সমর্থন দেওয়ার কথা ঘোষণা করেন। এমন কি তারা নীতিশ কুমারকে ভাবি মুখ্যমন্ত্রী হিসাবে ঘোষণাও করে দেন, যাতে তাদের কুর্মী-কোটরি সমীকরণে জড়িয়ে ফেলা যায়। এই পুরো ব্যাপারটাকে লালু তাঁর বিরুদ্ধে ভূইফোড়দের যোগসাযোশ আখ্যা দেন আর অনঅগ্রসর জাতিদের আত্মসম্মানের কথা তোলেন। তাঁর এই জাতীয় আর গ্রামীণ সম্মানে বলা কথাটা সবাই মেনে নেন যার ফল স্বরূপ তিনি অপ্রত্যাশিত সংখ্যাক সমর্থনে জয়ী হন।

1997 সনে লালুকে আবার চক্রবুহে ফেঁসে যেতে হয়। চারা ঘোটালায় জড়িয়ে পড়া আর শরদ পাওয়ারের থেকে দুরে সরে যাওয়ায় এবার মনে হল যে এইবার তাঁর ধৈর্য্যচ্যুতি ঘটবে। কিন্তু জেলে গিয়েও তিনি রাবড়ী দেবীকে মুখ্যমন্ত্রী করে 'খড়াউ সরকার' (রামের খড়ম রেখে ভরতের রাজ্যশাসন করার মত) চালাতে শুরু করলেন। সেই অবস্হায় জনতা দলের বিভাজন প্রয়োজন হয়ে পড়ে আর লালু যাদব 'রাষ্ট্রীয় জনতা দলের' সৃষ্টি করে নিজে তার নেতা হন।

বিহারে যখন রাষ্ট্রপতি শাসন শুরু হয় তখন সবাই বলতে শুরু করে যে এবার লালুর কোন চাল চলবে না, কিন্তু তিনি আবার উপরে উঠে আসেন। 2004 সনে রাজনৈতিক ক্ষেত্রে চানক্য নামে খ্যাত রঞ্জন যাদবের সঙ্গেও ওনার মনোমালিন্য হয়। বিহারের রাজনৈতিক মহলে তখন সবাই বলতে লাগলেন যে এবার লালুর নিস্তার নেই কিন্তু দেখা গেল যে লালুতো দিব্যি ফুঁলে ফেঁপে উঠল বরং রঞ্জন যাদব রসাতলে তলিয়ে গেল।

চর্তুদশতম লোকসভা নির্বাচনের সময় ঘোষণা করা হল যে লালুর সিংহাসন টলমল করছে, কিন্তু লোকসভায় 24 আর বিধানসভায় 8 জন সদস্য সহ তিনি নিজেকে সুদৃঢ় রাখেন। যদিও 2005 এর শুরুতে আর শেষে হওয়া বিধানসভার দুটি নির্বাচনে তিনি বড় রকমের ধাক্কা খান।

(গ) এই হল লালু

রলিউডের নায়ক

তিনি বলিউডের অভিনেতাদের থেকেও জনপ্রিয়। ওনার নামে একটা ছায়াছবি তৈরী হয়ে ছিলই তার সঙ্গে তার কথা বলার কায়দা, চালচলন ইত্যাদিকে নকল করে বহু অভিনেতা জনপ্রিয়তা অর্জন করেছে। একটা সমীক্ষা অনুযায়ী রলিউড অর্থাৎ রাজনীতির বহু অভিনেতার (নেতা) থেকে তাঁর টি.আর.পি. নাকি অনেক বেশি।

বাতানুকুল কক্ষে বসে অনেকে হয়ত নিজেকে অনেক বিদ্যান মনে করেন কিন্তু তিনি জানেন যে দেশের উপর প্রকৃত আধকার ভারতের সাধারণ মানুষেরই। এইজন্য দলিত আর অনগ্রসর জাতিরা তাঁর চিন্তাভাবনা জুড়ে থাকে। 'তেগোরিয়া-ফেগোরিয়া' বলে (বিহিপের বড় ভাই তেগোরিয়াকে পাটনার জয়প্রকাশ নারায়ণ এয়ারপোর্টে পা রাখতে দেন নি।) লাল কৃষ্ণ আডবাণীর পদযাত্রাকে আটকে দেন আর হিন্দু-মুসলিম একতার জন্য সচেস্ট লালুকে তারা এক নম্বর বিরোধি বলে মনে করতে শুরু করেন।

যোদ্ধা লালু

লালু প্রসাদ বহুবার চক্রবুহে ফাঁসেন কিন্তু প্রত্যেকবারেই তিনি তার থেকে বের হয়ে আসার রাস্তা বের করে নেন।

মুশলমানদের ত্রানকর্তা

স্বাধীনতার আগে বিহারে দাঙ্গা হাঙ্গামা খুব স্বাভাবিক ব্যাপার হয়ে যায়। হিন্দু-মুশলমানের দাঙ্গায় যাদবদের একটা বড় ভূমিকা থাকত। মুখ্যমন্ত্রী হওয়ার

পর তিনি যাদবদের বোঝালেন যে মুশলমানরা তাদের শত্রু নয়। বরঞ্চ তাদের সাহায্য নিয়ে তারা রাজত্ব করতে পারবে। এইভাবে মুসলিম-যাদব সমীকরণ তৈরী হয়।

দিশি অর্থশাস্ত্রের জনক

বিকাশ আর সামাজিক পরিবর্তনের সঙ্গে, সঙ্গে লালু প্রসাদের আর্থিক পরিবর্তনের চিন্তাও অর্ন্তনিহিত ছিল। সে গরু-ছাগল চড়ানেওলাদের জন্য পাঠশালাই হোক অথবা মাটির ভাঁড়ে চা খাওয়ার কথাই হক সব ক্ষেত্রেই সমাজের দরিদ্র আর অনঅগ্রসর জাতিদের উত্থান করাই তাঁর লক্ষ্য। রেল দপ্তরকে নবকলেবর প্রদান করার ক্ষেত্রেও তিনি তাঁর এই লক্ষ্যের থেকে বিচ্যুত হন নি।

লাভের সওদাগর

2001 সনের 'রাকেশ মোহন সমিতির' রেল সম্বন্ধে দেওয়া অভিমত মটেই ভাল ছিল না। কিন্তু লালু জানান যে ঐ আর্থিক বছরের শেষে তিনি 20,000 কোটি লাভ করে দেখাবেন।

ম্যানেজমেন্ট গুরু

সারা দুনিয়ার বিজনেস সংস্হা আর তার কর্তাব্যক্তিরা তাঁর কাছ থেকে কোন সংস্হাকে পরিচালনা করার শিক্ষা গ্রহণ করেন। আই.আই.এম., আমেদাবাদ আর হাওয়ার্ড পর্যন্ত তাঁকে ভাষণ দেওয়ার জন্য আমন্ত্রিত করে। রেলকে নবকলেবর প্রদান করার কাহিনির ভিত্তিতে নিজেদের 'কেস স্টাডি' প্রস্তুত করেন।

(ঘ) লালুজীর দিশি অর্থশাস্ত্র

অধ্যক্ষ লালু প্রসাদ যাদব 'দিশি অর্থশাস্ত্র' কে প্রতিস্ঠিত করার কৃতিত্ব অর্জন করেন। বিহারের মুখ্যমন্ত্রী হওয়ার পর তিনি দিশি চিন্তাধারাকে প্রাধান্য দেন। তাঁর এই চিন্তাধারার উদাহরণ হল 'চরাওয়া বিদ্যালয়' (গরু-ছাগল চরানেওয়ালাদের পাঠশালা)। এটা লালুর বিকাশের সুচনার দুরদর্শিতার মডেল। আসলে বিহারের সামাজিক আর অর্থনৈতিক উন্নতির জন্য তিনি এই মডেলকে গ্রহণ করে ছিলেন। কিন্তু সঠিক পরিচালনা আর ইচ্ছাশক্তির অভাবে তাঁর এই 'চরাওয়া বিদ্যালয়ের' প্রকল্পটি শুরু হওয়ার আগেই বন্ধ হয়ে যায়। তাঁর ঐ প্রয়াস যদি সফল হত তাহলে আজকে সর্বশিক্ষা অভিযানের খাতে কোটি, কোটি টাকার অপচয় হত না। 'চরাওয়া বিদ্যালয়ের' সংকল্পের

মাধ্যমে তিনি গরীব আর অনঅগ্রসর জাতিদের শিক্ষিত করতে চাই ছিলেন। রেলমন্ত্রী হিসাবে লালু রেলে দিশি পরিবেশ এবং সামাজিক গুরুত্বকে প্রাধান্য দিয়েছেন। একদিকে যেমন মাটির ভাঁড় ব্যাবহার করার জন্য বলেছেন অন্যদিকে লস্যিকে পাণীয় হিসাবে ট্রেনে পরিবেশন করতে বলেছেন। এইভাবে তিনি দেশের প্রতি নিজের ভালবাসা দেখিয়েছেন আর গরীবদের রোজগারের ব্যাবস্হা করেছেন।

প্রফেসর লালু প্রসাদ যাদব না লাভের সওদাগর

বহু বছর ধরে শহরের বৈঠকখানাগুলিতে তাঁকে নিয়ে হাঁসি-ঠাট্টা শোনা যেত। কিন্তু আজ তাদের চিন্তাধারায় সম্পূর্ণ পরিবর্তন ঘটেছে। তাঁকে এখন 'প্রফেসর' উপাদ্ধি' দেওয়া হয়েছে। এই উপাদ্ধিটা তিনি এমনি পান নি। বিহারের গোপালগঞ্জ জেলার ফুলবরিয়ার এই অর্থনীতিবীদের কাছ থেকে তাঁর ম্যানেজমেন্টের গূঢ় রহস্য জানার জন্য দেশ-বিদেশের বিভিন্ন ম্যানেজমেন্ট আর প্রশাসনিক সংস্হার থেকে তাঁকে আমন্ত্রণ জানানো হচেছ। 18ই সেপ্টেম্বার, 2006 তারিখে দেশের প্রধান ম্যানেজমেন্ট স্কুল আই.আই.এম. -এ ভারতীয় রেলের লাভ করার গল্প শোনানোর পর লালুজী মুসৌরিতে অবস্হিত তাদের কর্মচারিদের প্রশিক্ষণকারি সংস্হা লাল বাহাদুর শাস্ত্রী অ্যাকাডেমিতেও ভাষণ দেন। হাওয়ার্ড বিশ্ববিদ্যালয়ের সেমিনারেও তাঁর গুরুমন্ত্র শোনা যায়। ওদ্দিকে প্যারিসের এইচ.ই.সী. ইনটারনাল বিজনেস স্কুলও ভারতীয় রেলের উপর তাদের 'কেস স্টাডি' প্রস্তুত করেন, আর জী.ই'র বস জেফরি ইমেন্ট লালুর সঙ্গে দেখা করেন। কিছু দিন আগে আই.আইএম, আমেদাবাদ রেল ভবনে তাদের কেস স্টাডি প্রস্তুত করেন। রেলমন্ত্রী লালু প্রসাদ তাঁর এই নতুন ভূমিকায় খুব খুশি হন আর বলেন 'আমার জন্য এটা নতুন কাজ তবে আশা করি এতেও আমি কৃতকার্য হব।

বর্তমানে নিশ্চয় আপনাদের মনে একটা প্রশ্ন উদয় হচেছ যে কি এমন ব্যাপার যে সমস্ত বিজনেস স্কুল আর সী.ই.ও. রেল ভবন আর লালুর দিকে আকৃস্ট হচেছ ? এর উত্তর জানতে হলে আমাদের ভারতীয় রেলের পূর্ব ইতিহাসকে জানতে হবে। 2001 সনে রাকেশ মোহনের অধ্যক্ষতায় একটা 'এক্সপর্ট গ্রুপ' তৈরী হয়েছিল। ইনি হলেন সেই রাকেশ মোহন যিনি যশোবন্ত সিংহার অর্থমন্ত্রী থাকা কালীন তাঁর উপদেস্টা ছিলেন। এই বিশেযাজ্ঞ দল তাঁদের রিপোর্ট বলেন যে ভারতীয় রেল একটা ভয়াবহ আর্থিক সংকটের ভেতর দিয়ে চলেছে। এই রিপোর্টে আরও বলা হয় যে এই মূহুর্তে যদি এটাকে রক্ষা করার জন্য কোন পদক্ষেপ না নেওয়া হয় তাহলে রেল দপ্তর দারিদ্রতার এমন অবস্হায় পৌঁছে যাবে যে তাকে আর উদ্ধার করা সম্ভব হবে না। আর ঐ বছর

ভারতীয় রেলকে 1823 টাকা লাভাংশ হিসাবে বহন করতে হয়। তার 'ফন্ড ব্যলেন্স' তখন 359 কেটি ছিল। সেই বছরে পরে 2005-06-এর ফন্ড ব্যলেন্স 12,141 টাকায় পৌঁছে যায়। তাছাড়া আভ্যান্তরীণ আয়ও 13612 কোটিতে পৌঁছে যায়। যাত্রী ভাড়া আর মাল ভাড়ায় কোন বৃদ্ধি না হওয়ায় এটা সম্ভব হয়। স্বাভাবিকভাবে এটা একটা বিতর্কের বিষয়। যে ব্যক্তিটি দেড় দশক যাবৎ বিহারে রাজত্ব করেও সেখানে স্থায়ী উন্নতি করতে পারেন নি সেই একই ব্যক্তি কিভাবে অল্প সময়ের ভেতর রেল দপ্তর হাতে পেয়ে তাকে সাফলের চরম শিখরে পৌঁছে দিলেন ?

রেল মন্ত্রী লালু প্রসাদের ও.সী.ডী. সুধীর কুমারকে এই সাফল্যের ভাগীদার বলে মনে করা হয়। তিনি বলেন যে রেল মন্ত্রীর প্রচেস্টার ফলেই এটা সম্ভব হয়েছে।

রেল ভবনে সবাই জানেন যে লালু কোন দিনও রেল দপ্তর চান নি। দুবছর আগে ডাঃ মনমোহন সিং যখন তার মন্ত্রিসভা গঠন করছিলেন, তখন লালু তাঁর কাছে গৃহ দপ্তর দেওয়ার জন্য জীদ ধরেন কিন্তু প্রধানমন্ত্রী শেষ পর্যন্ত তাঁকে রেল দপ্তরের দায়িত্ব নিতে সম্মত করেন।

অনইচ্ছা সত্ত্বেও পাওয়া রেল দপ্তর হাতে পেয়েও লালু ইংরাজী মিডিয়াকে দেখাতে চান, যে এটা এমন কোন জিনিস নয় যে তাকে বদলানো যায় না। তাঁর কার্যকালেই রেলে ই-টিকিটিং ব্যাবস্থা চালু হয়। রেলওয়ে স্টেশনগুলির আধুনিকীকরণের জন্য তিনি উঠেপড়ে লেগে আছেন। মাল বহনকে তিনি আরও বাজার ভিত্তিক করে তুলেছেন। আজ এটা পরিস্কার বোঝা যায় যে গ্রাহক যেখানে রাজা সেখানে কোন আপস করা চলে না।

এছাড়া 'গরীব-রথ' যেটা বিহার, উত্তর প্রদেশ, মুম্বাইকে যুক্ত করছে সেটাও দেশকে লালুর নিজস্ব উপহার।

গরীব-রথকে দক্ষিণের বড় বড় শহরের সঙ্গে যুক্ত করার কথা আছে।

কয়েক দিন আগে লালুজী পাটনায় স্পস্ট করে জানিয়ে দেন যে রাজনীতিতে কেউ স্থায়ি শত্রু হয় না। তাঁর ইঙ্গিত ছিল রাম বিলাস পাশওয়ানের দিকে। লালু ভারতীয় রাজনীতির ভেতরে এমন একজন নেতা যাঁর মোমের মুর্তি তৈরী করা হয়েছে। তার নামে একটা ফ্লিমও (পদ্মশ্রী লালু প্রসাদ যাদব) তৈরী করা হয়েছে।

লালু আর একবার পরিবর্তনের মুডে রয়েছেন। দিল্লীতে বসে লালু নিজের ব্যক্তিত্বকে বদলানোর চেস্টা করছেন। এর সঙ্গে তিনি রেল দপ্তরেও কিছু চমকপ্রদ পরিবর্তনও করতে পারেন।

মনমোহনের মন্ত্রীসভায় লালু সর্ব শ্রেস্ঠ মন্ত্রীদের মধ্যে একজন হয়ে সবাইকে তাক লাগিয়ে দেন। চরম দুর্দশার মধ্যে পড়ে থাকা ভারতীয় রেলের

আয়কে আবার যথা রীতি লাইনে প্রতিস্থিত করে কৃতিত্ব অর্জন করেন। তাঁর তত্ত্বাবধানে রেলে 2005-06 সনে 13,000 কোটি টাকার অতিরিক্ত আয় করে সবাইকে চমৎকৃত করে দেন। রেলওয়ে হল ও.এন.জী.সী.'র পরে সার্বজনিন ক্ষেত্রে সবচাইতে বেশি লাভকারক একমাত্র সংস্থা। এর ফলস্বরূপ 'ভারতীয় ম্যানেজমেন্ট সংস্থা', আমেদাবাদ একমাস ধরে রেলের এই আয় এবং লাভ নিয়ে গবেষণা করে। 'ডেক ফ্রান্স' আর 'হাওয়ার্ড বিজনেস স্কুল' মধ্য রেলকে ঘুরে দেখেন।

রেলমন্ত্রী হিসাবে লালু যা করলেন অন্য কেউ কি তা করতে পেরেছিলেন ?

এই কথাটা ওনার দেশের প্রতি টান আর বুদ্ধিমত্তাকে দেখে অহেতুক প্রশ্ন বলে মনে হয়। লালু নিজের ভাষায় বলেন, 'আমার মা বলতেন যে মোষকে কখনও ল্যজ ধরে নয়, তার সিং ধরে কাবু করতে হয়।' মার এই উপদেশটাকে আমি নিজের জীবনে আর রেল দপ্তরের কাজে প্রয়োগ করেছি।

লালুর কথানুসারে তিনি রেল দপ্তরকে কোন প্রযুক্তি বিশেষাজ্ঞের মত নয় বরং একজন সাধারণ মানুষের মত করে চালিয়েছেন। লালু কেবল পৃথক ধরনের চিন্তাধারাই করেন না, তিনি খোলা মনে তার জন্য নির্ণয়ও নেন। তাঁর একজন কর্মকর্তার কথানুসারে লালুর এই খোলা মেজাজই তাঁদের ঝুঁকি নিয়ে কাজ করতে প্ররোচিত করে। এখনও পর্যন্ত তিনি এমন কোন নির্ণয় তিনি নেন নি যেটা আগে রেলে কোন দিন নেওয়াই হয় নি। তাঁর কর্মচারিদের উপর যথেস্ঠ আস্থা আছে। লালু যখন এক্সেল লোডকে বাড়িয়ে 10 টন করে বেশি মাল লাদা মনস্হ করেন তখন অনেকে তাঁর সমালোচনা করেন। এই ক্ষেত্রে তাঁর যুক্তি হল গরুকে সম্পূর্ণ না দুইলে সে অসুস্হ হয়ে পড়বে। কেবলমাত্র তাঁর এই নির্ণয়টি নেওয়ার ফলে রেলের 7200 কোটি টাকা অতিরিক্ত আয় হয়। ঠিক একইভাবে রেলে মন্ত্রীদের সীটের ক্ষেত্রেও তাদের টিকিটকে উচচ শ্রেণী দেওয়াও তাঁর একটা বোল্ড নির্ণয় বলে মনে করা হয়।

এটাও নির্ণয় নেওয়া হয় যে যাত্রীবাহি গাড়ীকে 3500 কি.মি.'র পরে আর মালবাহি গাড়ীকে 4500 কি.মি.'র পরে তাকে পরীক্ষা করে দেখা হবে। লালু এর জন্য পুরানো নিয়মকে দেখার চেস্টা করেন নি। কর্মকর্তাদের মতে এই ধরণের পরীক্ষা করার জন্য কমপক্ষে 16 ঘন্টা লাগে। লালুর এই নির্ণয়ের ফলে অনেক সময় বাঁচতে লাগল আর ট্রেনগুলির দৌঁড়ানোর ক্ষমতা আরও বেড়ে গেল।

লালু আর তাঁর কর্মকর্তাদের নেওয়া নির্ণয়গুলি খুব সাধারণ কিন্তু প্রভাবশালীও বটে। এই ধরণের নির্ণয় অনুসারে তাদের প্রয়োজনের হিসাবে কমানো বা বাড়ানো যায়। লালুর কথানুসারে এটা অত্যন্ত সহজ, কিন্তু এগুলি

আগে থেকেই কম্পিউটারে ফিড করে রাখা ছিল, আর তাকে কেবলমাত্র কাজে লাগানোর ব্যাবস্হা করার প্রয়োজন ছিল।

লালু 'ভারতীয় ম্যানেজমেন্ট সংস্হা, আমেদাবাদকে জানান যে এই কারণের ভিত্তিতেই তিনি ভারতীয় রেলের উন্নতি করেছেন। এই প্রতিস্ঠিত সংস্হা রেলের এই সফলতাকে চিহ্নিত করে আর নিজের ছাত্র-ছাত্রীদের জন্য কেস-স্টাডি তৈরী করেন। যে ব্যক্তি লালুর প্রত্যেকটা নির্ণয়ে ওনাকে সহায়তা করেছেন তিনি হলেন আই.আই.এম.'র প্রফেসর ভী রঘুনাথ। তিনি ছিলেন রাকেশ মোহন সমিতির সদস্য, যেটাকে রেলের পুনরনির্মাণের জন্য গঠিত করা হয়ে ছিল। ঐ সমিতি 2001 সনে আগামি 16 বছরে রেলওয়ের 61,000 কোটি টাকার লোকশান খাওয়ার আশংকার কথা জানিয়ে ছিলেন আর তার বেসরকারিকরণ না করলে একদিন ভারতীয় রেল দেউলিয়া হয়ে যাবে বলে জানান। কিন্তু এখন অবস্হার আমুল পরিবর্তন ঘটেছে। এই সমস্ত কারণে পাঁচ বছর পরে লালু সম্পূর্ণরূপে ভারতীয় রেলের ত্রানকর্তা বলে পরিচিত।

লালুর টিমের প্রতিবন্ধকতাও লালুকে সাফল্যের শিখরে পৌঁছে দেওয়ার জন্য উৎসুক হয়ে ওঠে। লালুর ও.এস.ডি. সুধীর কুমার, নিজস্ব সচীব আর. কে. মহাজন, আপর নিজস্ব সচীব, বিনোদ শ্রীবাস্তভ, যৌথ নির্দেশক কে.পী. যাদব আর অতিরিক্ত নিজস্ব সচীব আর.পী. শর্মা লালুর পরিকল্পনাকে রূপায়িত করেন।

□□□

অধ্যায় ঃ তিন

লালুজী বলেন

(ক) অল ইন্ডিয়া রেডিওকে দেওয়া সাক্ষাৎকার

(রেল বাজেট মুল্যবৃদ্ধির মুখের মত জবাব - লালু যাদব)

রেলমন্ত্রী লালু প্রসাদ যাদব বললেন, আমার রেল বাজেট মুল্যবৃদ্ধির জন্য মুখের মতন জবাব। আমার এটা চতুর্থ বাজেট যেখানে আমি সাধারণ মানুষের কথা মাথায় রেখে যাত্রী ভাড়া বাড়ানো তো দুরের কথা বরঞ্চ কমিয়ে দিয়েছি। রেল যদি যাত্রী আর মালের ভাড়া বাড়িয়ে দিত তাহলে কল্পনা করুন মুল্যবৃদ্ধির কি অবস্থা হত, কিন্তু আমি তা করি নি। রেল বাজেট পেশ করার পরে সন্ধে চারটের সময় রেলমন্ত্রী মহাশয় 'অল ইন্ডিয়া রেডিও'র সঙ্গে বিস্তৃতভাবে আলোচনা করেন।

তিনি জানালেন যে সামাজের প্রতি যাতে কোন অন্যায় না হয় এমনভাবে রেল বাজেটটা প্রস্তুত করা হয়েছে এবং এর মধ্যে সমগ্র অনঅগ্রসর আর দরিদ্র অঞ্চলের উন্নতির পরিকল্পনাও করা হয়েছে। এই প্রচেস্টাগুলির ফলে ভারতীয় রেলকে বিশ্ব স্তরের সুযোগ সুবিধার সমান সুযোগ সুবিধা প্রদান করতে সহায়তা করবে আর যে যাত্রী আর মাল তার হাতছাড়া হচ্ছিল ভারতীয় রেল আবার সেটা পুনরুদ্ধার করতে সক্ষম হবে। রেল মন্ত্রীর সঙ্গে কথাবার্তার কিছু উল্লেখযোগ্য অংশ এখানে দেওয়া হলঃ-

- **আপনি চতুর্থ রেল বাজেটে যা কিছু করেছেন, সেটা কি আপনার মানুষকে প্রলুব্ধ করার জন্য নয়? আপনার এই বাজেটের পেছনে কোন দৃষ্টিকোণ বা চিন্তাধারা কাজ করেছে?**
- আমি যদি শিল্প উদ্যোগ, ব্যাবসায়ি বা সাধারণ মানুষের পকেট থেকে ভাড়া বাবদ অতিরিক্ত কিছু অর্থ বের করতাম তাহলে কি আমার কাছে

রেলকে নব কলেবর প্রদান করার জন্য যথেস্ঠ অর্থযোগার হতো ? উপরন্তু রেলের ভাড়া বৃদ্ধির ফলে সাধারণ মানুষই মার খেতো। আমরা দেশের সাধারণ মানুষের নির্বাচিত প্রতিনিধি। সেইজন্য আমি সবসময় চাইব যে তাঁরা যতটা ভার বহন করতে পারবেন ততটা ভারই তাদের উপর চাপাব। সামাজের প্রতি ন্যায় আর গরীবদের কথা চিন্তা করেই আমি আমার এই রেল বাজেট তৈরী করেছি। আমি কোন ব্যক্তি বা অঞ্চলের সঙ্গে ভেদাভেদ করতে চাই না। উত্তরাধিকার সূত্রে আমি রেলে কিছু আবর্জনা ছাড়া আর কিছুই পাই নি, আর সেগুলিকে পরিস্কার করার প্রচেস্টা চালিয়ে যাচ্ছি যাত্রে তাকে একটু ভাল অবস্হায় ফিরিয়ে আনতে পারি। আমি যা কিছুই করি সেটা দেশের মানুষের অজানা নয়। আমার এই বাজেট 'মুল্যবৃদ্ধি জন্য মুখের মত জবাব।' যাত্রী বা মালের ভাড়া বৃদ্ধি না করেও 20,000 কোটি টাকা উদ্বৃত্ত এমনি পাওয়া যায় নি রীতিমত কাজ করে তবেই তা পাওয়া সম্ভব হয়েছে। আমি সমস্ত স্তরের মানুষের কথা চিন্তা করে এই রেল বাজেটটা প্রস্তুত করেছি, বিশেষত গরীব, কৃষক, বিকলাঙ্গ, বেকার যুবক, মহিলা, সিনিয়ার সীটিজেনকে আমার বাজেটে প্রাধান্য দেওয়া হয়েছে। আমি একজন সাধারণ মানুষ আর কৃষকের ঘরের ছেলে। সুতরাং এটাই স্বাভাবিক যে আমি তাদের কথাই চিন্তা করব।

- **সমগ্র অর্থনৈতিক বিজেষাজ্ঞরা আশংকা প্রকাশ করেছেন যে লাভ লোকশানের হিসাবকে ভাল করে খতিয়ে না দেখেই মোটা অঙ্কের অর্থ রেলের বিভিন্ন পরিযোজনায় বিনিয়োগ করা হচ্ছে আর ভবিষ্যৎে তার ফলে রেলের স্বাস্থ্যের উপর কোন দীর্ঘকালীন প্রভাব তো পড়বে না ?**
- দেখুন, আমাদের রাস্ট্রপতি রেল দপ্তরের কার্যকলাপের জন্য প্রশংসা করেছেন। এর থেকে বড় সার্টিফেকেট আর কি হতে পারে ? আর অর্থবীদদের কথাকে আমি ততটা যুক্তিযুক্ত বলে মনে করি না। কারণ ভাড়াও বাড়ানো হল আর ঘরেও কিছু এলো না এই ধরণের কাজ আমার পছন্দ নয়। সবাই জানে যে ট্রাকে মাল পাঠানোর চাইতে মালগাড়ীতে জিনিস পাঠানোর খরচা অনেক কম। আমি একটু বুদ্ধি খাটিয়ে যা করেছি তার প্রভাব পরিস্কার দেখা যাচ্ছে যার ফলে মাল বহনে অনেক বৃদ্ধি দেখা যাচ্ছে। আমাদের প্রাথমিক খরচা (অপারেটিং রেশিয়ো) সারা পৃথিবীর ভেতরে সবচাইতে উৎকৃস্ট। আমরা রেকর্ড পরিমাণ মাল বহন করেছি আর যাত্রীও রের্কড সংখ্যক আসছে।
- **আপনি একাদশতম পরিযোজনায় যে মোটা অঙ্কের বিনিয়োগের কথা বলেছেন, সেটাকে রূপায়িত করার জন্য কিছু সংশোধন করারও প্রয়োজন হতে পারে। দূর্গম অঞ্চলে বেসরকারি সংসহা কি কোন উৎসুক্য দেখাতে পারে ?**

"পাব্লিক প্রাইভেট পার্টনরশীপ" নিশ্চয়ই সার্থক হবে। আমি একলাই যখন ডেডিকেটেড ফ্রেট করিডরের কথা বলছি, তখন আমি একলাই এর জন্য অনেক আশাপ্রদ রয়েছি। এই করিডরকে দিয়েই আমার রেলকে নবকলেবর প্রদান করার কথা চিন্তা করব। পূর্ব আর পশ্চিম করিডরটা তৈরী করার জন্য 25,000 কোটি টাকা খরচা হবে। আমি চাই কাজটাকে যুদ্ধ স্তরে পুরো করতে চাই। এর জন্য অর্থ সংগ্রহের জন্য আমি রেলের নিজস্ব অর্থ, লোন, আর প্রধাণমন্ত্রীর কাছেও সাহায্য চাইব। পৃথিবীতে বেশিরভাগ কাজই লোন নিয়ে হয়ে থাকে কিন্তু আমরা রেলের নিজস্ব অর্থকেও কাজে লাগাবো। এই করিডোর তৈরী হয়ে গেলে বাকি লাইনগুলির ভার লাঘব হবে। করিডর তৈরী হওয়ার পর কেউ আর ট্রাকে মাল পাঠাতে চাইবে না। আমাদের ভাড়া তো ট্রাকের থেকেও কম। রাস্তায়ও ভিড় অনেক কম হয়ে যাবে আর রেল লাইনও অনেক খালি পাওয়া যাবে। এটার পুরোপুরি বৈদ্যুতিকরণ করা হবে আর হরিয়ানা, পাঞ্জাবের মত অনেক রাজ্যেরই এই পরিযোজনার ফলে অনেক সুবিধা হবে। এই পরিযোজনার ফলে লুধিয়ানা, মুম্বাই, দিল্লী, চেন্নাই আর বেশ কিছু সামুদ্রিক বন্দর ইত্যাদির অনেক উন্নতি সাধন হবে। এই কথাগুলো মাথায় রেখেই আমি একাদশতম পরিযোজনায় মাল বহনের ক্ষেত্রে 11,000 মিলিয়ান টন আর যাত্রীর সংখ্যাকে 840 কেটি করার জন্য লক্ষ্য স্হির করেছি আর সেটা পুরো করেই ছাড়ব।

- **রেলকে নবকলেবর প্রদান করা তো আছেই আর সঙ্গে, দেশের মুল অংশ থেকে বিছিন্ন হয়ে থাকা এলাকাগুলিকে রেল লাইন দিয়ে সংযুক্ত করা, বিলম্বিত পরিযোজনাগুলিকে রূপায়িত করা আর আঞ্চলিক অসামঞ্জস্যকে মেটানোর জন্য আপনি কি উপায় করেছেন ?**
- দরিদ্র, অনঅগ্রসর আর উপেক্ষিত এলাকাই আমার এজেন্ডার বিষয়বস্তু। দেশের প্রত্যেকটা রাজ্য আমার কাছে গুরুত্বপূর্ণ। ঐ সমস্ত এলাকার নিজস্ব কাঠামোকে বজায় রেখে তার উন্নতি করাই আমাদের লক্ষ্য। যোজনাবদ্ধভাবে আমরা এর জন্য কাজ করে চলেছি। নতুন লাইন পাতা, আমুল পরিবর্তন, বৈদ্যুতিকরণ থেকে শুরু করে যাত্রীদের জন্য সুযোগ সুবিধা, আর সমস্ত অনঅগ্রসর এলাকার উন্নতি সাধন করাই আমাদের লক্ষ্য। আমাদের চিন্তধারায় যদি দরিদ্র, দলিত আর অনঅগ্রসর জাতি আর এলাকা না থাকত তাহলে এত দিন ধরে কাঠের উপর বসে যারা যাতায়াত করছিল তাদের জন্য গদি লাগানোর কথা আমি চিন্তা করতাম না। আর মহিলাদের জন্য লোয়ার বর্থ আর বিকলাঙ্গ আর বৃদ্ধ-বৃদ্ধাদের জন্যও বিশেষ সুযোগ সুবিধার ব্যাবস্হা করার কথা আমি ভাবতাম না। সব্জীওয়ালা আর দুধওয়ালাদের জন্যও আমি পৃথক কামরা রাখার চিন্তাও আমি এই

পরিযোজনায় করেছি। এতে যাত্রীরা অনেক স্বাচ্ছন্দ পাবেন। শহরতলীর যাত্রীদের জন্য সুযোগ, সুবিধে বাড়ানো হচ্ছে। আমরা সর্ব স্তরের প্রত্যেকটি মানুষের কথা চিন্তা করি। আমি স্বীকার করছি যে দীর্ঘদিন ধরে একটা কাঠামোর ভিত্তিতে উন্নতি করা চলছিল আর রেলও তার থেকে পৃথক নয়। কিন্তু লাভ করার সঙ্গে, সঙ্গে তার একটা সামাজিক দায়িত্বও রয়েছে। আমরা কোন ভেদাভেদ করতে দেব না। ভারতীয় রেলকে আমরা বিশ্বস্তরের মানে উন্নত করব। এই কথাটাই মনে রেখে মাধেপুরা, ডালমিয়া নগর থেকে শুরু করে রায়বেরেলির মত অনঅগ্রসর এলাকায় কোচ, ওয়াগন, পায়া আর অক্ষ তৈরীর কারখানা লাগাতে যাচ্ছি। 4টা গরীব রথ আর সমস্ত রেলগাড়ীকে আমরা দরিদ্র আর অনঅগ্রসর জায়গার উপর দিয়ে চালানো হবে। এর ফলে ভারতীয় রেলের আমুল পরিবর্তন হবে।

- **আপনি কার জন্য এই উন্নতি হয়েছে বলে মনে করেন ?**
- আমি এই রাজনীতি করি না। আমার 14 লক্ষ রেল কর্মচারিই আমাদের বুনিয়াদ, সেইজন্য এই কৃতিত্ব আমি তাদেরই দেব। তাদের কল্যাণের উদ্দেশ্যেও আমি বেশ কিছু পদক্ষেপ নিয়েছি আর যেমন, যেমন কাজ এগোবে সেই সঙ্গে এটাও এগোবে।
- **অল্প দিন আগে পানিপথে বা আরও অন্যান্য জায়গায় যে দূর্ঘটনাগুলি হয়েছে তার থেকে স্পষ্ট দেখা যাচ্ছে যে ভারতীয় রেল আজ উগ্রবাদীদের লক্ষ্য হয়ে উঠেছে। এই অবস্থায় আপনি কি ব্যাবস্থা নেবেন ?**
- এই ব্যাপারে আমি সম্পূর্ণ সজাগ আছি। নানান রকম সুরক্ষার ব্যাবস্থা করা হচ্ছে। আর.পী.এফ. -এর 8000 রিক্ত স্থানকে ভর্তি করে, তাদের সব রকম অস্ত্র-শস্ত্রে সজ্জিত করা আর ক্লোজ সার্কিট টিভি লাগানোর ব্যাবস্থা চলছে। ডগ স্কোয়াডকে বাড়ান হচ্ছে। তার সঙ্গে সংবেদনশীল গোষ্ঠির মধ্যে বিস্ফোরক খোজার জন্য যন্ত্র, মেটাল ডিটেকটর, আর ভিডিও ক্যমেরা লাগানো হচ্ছে। আমি যাত্রীদের প্রাণ আর সম্পত্তি রক্ষা করার জন্য কোন কিছুর অভাব রাখব না। রেলের সুরক্ষার জন্যও কাজ চলছে যার ফলে গাড়ীর যাতায়াত সংখ্যা বাড়লেও সে অনুপাতে দূর্ঘটনা কমে গেছে।
- **অনুসন্ধান ব্যাবস্হার উন্নতি আর গতির ব্যাপারে বিদেশের তুলনায় ভারতীয় রেল এখনও অনেক পিছিয়ে রয়েছে। আপনি কি রেলে দ্রুত গতি নিয়ে আসার জন্য কিছু করছেন ?**
- সময়ের সঙ্গে, সঙ্গে চেহারা পাল্টায়। কয়েকটা নির্দিস্ট পথে আমরা চেস্টা করছি অত্যন্ত দ্রুত ক্ষমতা সম্পন্ন গাড়ী চালানোর জন্য যাতে যাত্রীরা 2 বা 3 ঘন্টায় নিজের গন্তব্য স্হলে পৌঁছে যেতে পারেন। এই কয়েকটা নির্দিস্ট

স্টেশনও হবে বিশ্বের সমকক্ষ মানের। এই রকম 600 টা স্টেশনের কাজ আমরা হাতে নিচ্ছি। আমাদের ভবিষ্যতের খরচা সবার সহায়তার ভরসায় করার আশা রাখি। বিদেশে ভারতীয় রেলের একটা সুদৃঢ় উন্নত ছবি তৈরী হচ্ছে।

(খ) বি.বি.সি. লণ্ডনকে দেওয়া সাক্ষাতকার

বি.বি.সি. ঃ একটি সাক্ষাতকার

(অভিনবত্বের সমারহ)

ওনার সমকক্ষ কেউ নেই। কেবলমাত্র ভারতেই নয়, পুরো 'সাব-কন্টিনেন্টে' তাঁকে নিয়ে একটা বিস্ময় ছড়িয়ে আছে, আর ওনার ভেতরে একটা দৃঢ়তা আছে। কেউ তাঁকে সাদা-সিধে বলে মনে করেন আবার কেউ তাকে 'স্মার্ট' বলেন। যাই হোক না কেন তাঁর হাব-ভাব, আর সেই হাব-ভাবকে ব্যক্ত করার প্রক্রিয়া সবার থেকে আলাদা। এমন কি তাঁর 'পপুলারিটি' পর্যন্ত। আজ আমাদের 'গেস্ট' ওনুস্ঠানে, বি.বি.সি'র একটা সাক্ষাতকারে তাঁকে বলা হয়েছে - 'ওয়ান এন্ড ওনলি ইন্ডিয়াজ রেলওয়ে মিনিস্টার এন্ড দি লীডর অফ বিহার লালু প্রসাদ যাদব।'

- **সবচেয়ে আগে আপনার এখানে একটি সাক্ষাতকার অনুস্ঠানে এসে আর আমাদের সঙ্গে কথা বলার জন্য আপনাকে ধন্যবাদ জানাতে চাই।**
- আপনি যে আমাকে বি.বি.সি. একটি সাক্ষাত্কার অনুস্ঠানে যোগদান করার জন্য আমন্ত্রণ জানিয়েছেন তার জন্য আমি আপনাকে ধন্যবাদ জানাতে চাই।
- **সবচেয়ে প্রথম আমাদের বলুন যে আপনি কিভাবে এই প্রচন্ড জনপ্রিয়তা অর্জন করলেন আর বিভিন্ন মানুষের মধ্যে কিভাবে তাদের ভেতর নিজের বিভিন্ন প্রতিছবি প্রতিস্ঠা করলেন ? আপনি কি করে আপনার এই ছবিটা গড়ে তোলেন ?**
- দেখুন! কেউ কিছু তৈরী করলেই সে তৈরী হয় না, আমাকে দেশ - বিদেশে বা আমার প্রদেশে বিভিন্ন চোখে দেখেন আর পরীক্ষাও করে দেখেন। কেউ আমাকে রসিক বলেন, কেউ আমাকে জোকার বলেন আবার কেউ বা আমাকে গরীবের বন্ধু বলেন। এটা হল প্রত্যেকের নিজস্ব দৃস্টিকোণ। আমি আমার জনতার কাছ থেকে দুরে সরে থাকি না। আমার পেটেও যা মুখেও তাই, আমি কেবল যা সত্য তাই বলি। আমি একজন গ্রামে-গঞ্জের মানুষ, গরু, বাছুর, মোষ, ছাগল ইত্যাদি চরিয়ে, আজ জীবনের শীর্ষ স্হানে পৌঁছতে পেরেছি। এর ভেতরে না আমার কোন পরিকল্পনা আর না কোন বানানো কথা রয়েছে।
- **লালুজী! একটা কথা বলুন আপনার সম্বন্ধে মিডিয়ার তরফ থেকে বলা**

হয় যে আপনি নাকি খুব সাদা সিধে মানুষ, আর আপনিও সেটা নিজের কাজ দ্বারা প্রমাণ করে দেন যে আপনি খুব 'সিম্পল', গ্রামের সরল মানুষ, আপনার মনে কোন ঘোরপ্যাঁচ নেই, মুখে যা আসে সোজা-সুজি তা কোন ভয় ডর না করে বলে দেন। আবার কেউ, কেউ বলেন যে আপনি নাকি ভিষণ চালাক - চতুর, খুব ভেবে চিন্তে কথা বলেন, আপনার ভেতরের গ্রাম্যভাব, সরলতার আড়ালে একটা প্রখর বুদ্ধিদীপ্ত মগজ কাজ করে চলেছে। তাহলে এবার আপনি বলুন লালুর প্রকৃত চরিত্র কি ?

- আসল লালু তো সেই গ্রামে জন্মান সহজ সরল মানুয সেখান থেকে যার সংস্কার গড়ে উঠেছে। গ্রাম-গঞ্জের মানুষ বিশেযত যাঁরা অশিক্ষিত তাঁরা ভিন্ন ধরণের সমস্যায় ভোগে, তাঁদের ব্যাথাও অন্য রকম। তাঁদের কথা বলা, হাঁসার ধরণ সমস্ত কিছুই ভিন্ন ধরণের, আর আমিও যেহেতু তাঁদের ভেতর থেকে এসেছি আমিও সেই রকমই। সেইজন্য আমিও বানিয়ে কথা বলতে শিখি নি। আমরা জানি যে, 'কমিউনিকেট' করার জন্য আমরা নির্ভয়ে জোরের সঙ্গে কথা বলি আর সেটা আমরা উত্তরাধিকার সূত্রে পেয়ে থাকি।
- **লালুজী! আপনার মধ্যে আর একটা দারুণ গুণ হচ্ছে আপনি একজন ভাল 'কমিউনিকেটর'। এখন আমি আপনার সঙ্গে, সঙ্গে আপনার নির্বাচনি সভায় ঘুরে বেড়িয়েছি, নানা জায়গায় গেছি, তখন দেখেছি যে আপনি ' ইলেকট্রনিক ভোটিং মেশিন দেখিয়ে গ্রামের মানুষদের বুঝিয়েছেন যে এটা এই ভাবে কাজ করে, এটাকে এরকম করে চালাতে হয়, আপনি কি তার জন্য আগের থেকে ভেবে চিন্তে তারপর কথা বলতেন নাকি আপনা থেকেই আপনার মাথায় এগুলি চলে আসত ?**
- আমি তাদের বলতাম যে এটা একটা লণ্ঠন এর সামনে 'ক্যন্ডিডেটের নাম লেখা আছে আর তার উপরে হারমোনিয়ামের রীডের মত বোতাম লাগান আছে। ঐ বোতামের ডান হাতের বুড়ো আঙ্গুলের পাশের আঙ্গলটা (তর্জনি) দিয়ে ইংরাজিতে যাকে বলে 'পুশ' করো। 'পুশ' করা মানে টেপাকে বলে। তা বলে ঘ্যাঁচ করে এমনভাবে টিপে দিও না যাতে মেশিনটাই ভেঙ্গে না যায়। আপনার ভোট ঠিকভাবে দেওয়া হলে মেশিন তার জবাব দেবে। টেপার সঙ্গে সঙ্গে মেশিনটা 'পী' করে উঠবে। 'পী' করে আওয়াজ করলেই বুঝেতে হবে ভোট পড়ে গেছে। আর 'পী' করে আওয়াজ না করলে বুঝতে হবে যে কিছু গন্ডগোল রয়েছে।
- **তাহলে আসুন আমরা ধরে নিচ্ছি যে লালুজী একজন বিচক্ষণ 'কমিউনিকেটর। আপনার নজরে আপনার সমকক্ষ 'কমিউনিকেটর' আর বিস্ময়কর নেতা ভারতে আর কে আছে ?**

- অনেকেই আছেন। আমরা অনেক সময়ে দেখি যে যাঁরা জনগনকে 'এ্যাড্রেস' করছেন তারা অনেক সময়ে হয়ত নিজেও জানেন না যে তাঁরা কি বলছেন। তিনি কি চান ? আর আমরা যেটা বলছি সেটা তারা গ্রহণ করছে কি না করছে, সেটাই বড় কথা ? তাবলে আমি এটা বলছি না যে আমি ছাড়া আর কেউ নেই। অনেকই আছেন। সোনিয়াজী রয়েছেন। ইংরাজীর পরিবেশে থাকা সত্যেও তিনি বিনম্রভাবে হিন্দিতে 'কমিউনিকেট' করে থাকেন। এই দেশে আরও অন্যান্য বহু নেতা রয়েছেন।
- **লালুজী ! 'বি.বি.সি.-একটা সাক্ষাতকার' এই অনুস্ঠানে যে অতিথিরা আসেন তাঁরা সবাই নিজের পছন্দ মত গান শুনিয়ে থাকেন, আপনিও নিজের পছন্দ মত একটা গান বলুন।**
- দেখুন গান টান তো আমি জানি না।
- **কিন্তু আমি আপনাকে গান গাইতে শুনেছি।**
- আমি আজকাল টিভি আর টিভিতে দেওয়া মিডিয়ার কথায় অনেক 'ডিস্টার্ব' হয়ে থাকি। হ্যাঁ ! পুরোন দিনে যে সমস্ত ছায়াছবি তৈরী হত, যেমন ধরুণ দিলিপ কুমার কি বৈজন্তিমালার ফিল্ম আমরা দেখতাম। 'গঙ্গা যমুনা'র মত ফিল্ম আমরা দেখতাম।

"নেন লড়গই হে, তো মন মা য়ো কসক হোয় ও কা করি
প্রেম কা ছুট্টি হে পটাখা, তো ধমক হুই ওয়ে করি।

- **আপনি যে এই মাত্র বললেন, আপনি আজকাল টিভি, ফিল্ম এসব থেকে দুরে সরে থাকতে চান ?**
- শুরু থেকেই।
- **কিন্তু আপনি তো উদাহরণ দেওয়ার জন্য বলেছিলেন যে বিহারের রাস্তাঘাটকে হেমা মালিনির গালের মত মসৃণ করে দেব।**
- না এ কথাটা মটেই ঠিক নয়। আমার ইমেজ নস্ট করার জন্য হেমামালিনির বিষয় এসমস্ত কথা আমার নাম দিয়ে ছাপান হয়ে ছিল। আর লক্ষনৌ এর নির্বাচনি ভাষণে মজা করার জন্য অটল বিহারি বাজপাই মহাশয় আমার বিষয় এই কথাগুলি বলেন। এই কথাগুলি কাগজে ছাপা হয়। কেউ যদি কোন কথা হেঁসে উড়িয়ে দিতে চান তাহলে তাঁরা সঙ্গে, সঙ্গে আমার নামে যত হাল্কা কথাগুলো চালিয়ে দেয়।
- **আপনার ছেলেবেলা দারিদ্রের ভেতর দিয়ে গ্রামে কেটে যায়, তারপর আপনি ইউনিভার্সিটিতে এসে জয়প্রকাশ নারায়ণের আন্দোলনে যোগ দেন। আপনি কি কখনও ভাবতে পেরে ছিলেন যে এত বড় নেতা হবেন ?**

- আমি তো ভাবতেই পারি নি না! আমি বলছি যে সত্য কি ? গ্রামে আমরা ছয় জন ভাই আর দুজন বোন ছিলাম। বাবা ছিলেন একজন দরিদ্র কৃষক আর গ্রামে গরু, মোষ চড়াতেন। ওনার পেছন, পেছন আমরা ছয় ভাইও গরু আর ছাগল চরাতে যেতাম। চরাতে গিয়ে শীতের সময় আমরা ঘুমোতাম আর আগুন জালিয়ে হাত পা শেঁকতাম। ঠাণ্ডার দিনে আমরা 'সুগারকেনে'র পাতাকে হাত পা শেঁকার জন্য ব্যাবহার করতাম। তখন আমরা কি আর ভাবতে পেরেছিলাম যে বিহারের এই ছোট্ট ফুলরিয়া গ্রামে মাটির কুঁড়ে ঘরে জন্মান একটা ছেলে যার ঘরের একটা দরজাতেও আগল নেই সে একদিন বিহারের মত রাজ্যের মুখ্যমন্ত্রী হবে ? এটা গণতন্ত্র অর্থাৎ 'ডেমোক্র্যাসি'র ফলেই সম্ভব হয়েছে।

  লোহিয়া জী বলতেন যে 'যখন ভেটের রাজত্য হবে তখন ছোটেরও রাজত্য হবে।' সেইজন্য যদি ভোটের রাজত্য না হোত তাহলে আমাদের মত গরু, মোষ চরানেওয়ালা কোন দিন এই পর্যায়ে পৌঁছতে পারতাম না।

- **লালুজী! আপনার তো জীবনটাই পাল্টে গেছে। কোথায় সেই গ্রাম আর কোথায় সেই দারিদ্রতা ? এখন দেখুন সে 'ম্যানেজমেন্ট গুরু' রেলওয়ে মিনিস্ট্রি আর বড় নেতা। কিন্তু একটা ব্যাপারে আপনি কিন্তু আজও বদলান নি, আপনি 8 ভাই বোনের একটা বড় পরিবার থেকে এসেছেন আর আজ নিজেও একটা বড়-সড় পরিবার তৈরী করেছেন। আপনি কি নিজেকে সময়ের সঙ্গে পাল্টানোর কথা ভেবে দেখেন নি ?**
- না। কম কেন করব ? আগেকার দিনে যার বড় পরিবার হত তাকে ভাগ্যবান বলা হতো। আজ আমাদের দেশের জনসংখ্যা বৃদ্ধি পেয়েছে, 110 কোটি হওয়ার পর আমরা চীনের পরের স্হান অর্জন করেছি। মানুষের চিন্তা নিশ্চয়ই বেড়েছে। আজকাল যখন কারুর একটামাত্র সন্তান হয় আর দূর্ঘটনার ফলে সে মারা যায় তখন সমস্ত পরিবার কাদঁতে থাকে। আর এর ফলে কি এমন ক্ষতি হয়েছে জনসংখ্যা যখন কম ছিল তখনও মানুষ খেতে পেত না। কিন্তু আজকের কথাটা কেন চিন্তা করছেন না। জনসংখ্যা বৃদ্ধি পাওয়া সত্যেও আপনারা কত রকমারি খাবার খাচ্ছেন। কত প্রকারের অন্ন আর সব্জী ফলছে। আগে তো কিছু ফলতই না।
- **লালুজী! আরও এগোনোর আগে আর একটা গান বলুন যেটা আপনি পছন্দ করেন।**
- সৈন্য আর শহীদদের জন্য লতা মঙ্গেশকারের গাওয়াঃ-

  এ মেরে ওয়াতনকে লোগো! জরা আখমে ভরলো পানি
  জো শহীদ হুয়ে হ্যায় ওনকি, জরা ইয়াদ করো কুরবানি।

- **আর পাটনায় ইউনিভারসিটিতে পড়ার সময়ে আপনার বিবাহ হয়ে ছিল ?**

- 73 সনে বিবাহ হয় আর 74 সনে গৌনা (গৌরি দান হওয়ার পর বালিকা বধূটি পিত্রালয়ে থাকত, আর প্রাপ্ত বয়স্ক হওয়ার পর তাকে আবার একটা অনুস্ঠান করে শ্বশুর বাড়ী পাঠান হত) আর তখন আমি আন্দোলন ছেড়ে দিই। গৌনা করিয়ে বাড়ী নিয়ে এসে তাকে নিয়ে খুব ঘুরে বেড়াই, এ্যাসেমব্লির গেটে বসাই, আমরা দুজনে আমাদের বিবাহের হলুদ পোষাক পরি, এর পর আমি জেলে যাই। লোকে রাবড়ি দেবীকে দোষারপ করতে শুরু করে, তারা বলে যে আসার সঙ্গে, সঙ্গে ছেলেকে হাজতঘর করালো এমন অলুক্ষণে মেয়ে। আমি রাবড়ি দেবীকে বললাম যে এবার এখান থেকে বের হওয়ার পর সোজা সরকার তৈরী করব।
- **আপনার প্রথম প্রেম রাবড়ি দেবী না তার আগেও কেউ ছিল ?**
- না। আমি কোন 'দিলওয়ালা' লোকই নই। আমি এই ধরণের কোন কাজই করি নি। সিঁদুর পরিয়েছিলাম কিন্তু এটাও বুঝতে পারি নি যে সিঁদুর কোথায় দেওয়া হল। এখন তো ইন্টারনেটের যুগ। মোবাইল থেকে এস.এম.এস. পাঠানো হয়। এখনকার পৃথিবীটাই পাল্টে গেছে। আমি তো আজও এগুলো করতে পারি না। মোবাইলে কারুর ফোন এলে কথা বলে নি কিন্তু তারপর সেটা কিভাবে বন্ধ করব তা জানি না। আমি তো ভাবি এই সমস্ত থেকে বাবা দূরে থাকাই ভাল।
- **আপনি সিঁদুর পরানোর আগে রাবড়ি দেবীকে দেখেন নি কিন্তু ওনার থেকে সুগৃহিণী, ভাল স্ত্রী আপনি হয়ত পেতেন না। আমরা তো কত বার ওনার হাতের রান্না খেয়েছি। উনি আপনার আর বাচ্ছাদের কত যত্ন করেন।**
- রাবড়ি দেবী একজন গ্রাম্য মহিলা আর তাঁর সঙ্গে আমার বিবাহ হয় গ্রাম্য পরিবেশে। তাঁর রাজনীতিতে আসা সবচাইতে বড় যোগদান। এখনকার স্ত্রীরা মিনিটে, মিনিটে ফোন করে জিজ্ঞাসা করেন 'কোন জায়গায় আছ, কোথায় আছো ?'
- **উনি আপনাকে সম্পূর্ণ স্বাধীনতা দিয়ে ছিলেন, কোথাও যাওয়ার জন্য ?**
- উনি তো জানতেন যে 'এ সেরকম গন্ডগোল করার মত মানুষ নয়, আর না ও ফোন করতে পারে আর না আমি ফোন করতে পারি।'
- **আপনার কখনও ভয় করে নি যে রাবড়ি দেবী আপনার থেকে বেশি 'পপুলার' হয়ে উঠছেন ?**
- রাবড়ি দেবী 'পপুলার' হওয়া মানে আমার নামই পপুলার হচ্ছে। আমার পপুলার হওয়া মানে রাবড়ি দেবীরও পপুলার হওয়া।
- **এটা তো আপনার উদারতার আর একটা নির্দশন। ওনার সফলতা আর জনপ্রিয়তার জন্য আপনি ওনাকে ঈর্ষা তো করেন না ?**

- না বাজারে যায় আর না কোন চাহিদা আছে। আমি যদি 500 টাকার শাড়ীকে 10,000 টাকার বলি সে তাতেই খুশি।
- **আসুন কথা এগোনো যাক। শুনেছি আপনি রান্না করতে ভালবাসেন ? আর বিকেলবেলা আপনি নাকি রান্নাঘরে বসে কুঁটনো কোটেন আর অন্য মন্ত্রীদের দিয়ে কুঁটনো কোটান ?**
- না। আমি মন্ত্রীদের দিয়ে কখনো কুঁটনো কোটাই নি। বর্তমানে আমি নিরামিষাসি হয়ে গেছি, কিন্তু আগে আমি 'নন ভেজ' খেতাম আর একেবারে 'ভলচর' অর্থাৎ শকুন ছিলাম। নানা প্রকারের মাছ, কেঁকড়া ভাতে, মাংস, চিকেন, নানা প্রকারের পাখি, খাশি আর ঘোড়া পর্যন্ত রান্না করতাম। শিব ঠাকুর স্বপ্ন দিয়ে বলেন যে মাছ-মাংস খাওয়া ছেড়ে দে তাহলে তোদের কোন কিছু খারাপ হতে পারবে না। সেই সময় শিবের সামনে কান ধরে শপথ নি যে আর কোন দিন আমিষ খাব না। এখন আমি পুরোপুরি নিরামিষাসি হয়ে গেছি।
- **সত্যি কি স্বপ্ন দেখেছিলেন ?**
- হ্যাঁ সত্যি।
- **এটা কবেকার কথা ?**
- প্রায় চার বছর হয়ে গেছে। সেই সময় জেলে যখন ছিলাম তখন পুজো পাঠ করা ছেড়ে দিয়ে ছিলাম। কিন্তু নিজের রসনাকে নিয়ন্ত্রিত করা এত সহজ ব্যাপার ছিল না। ইচ্ছেও করতো। এখন আমি চোখা (আলু ভাতে), ভাত, অড়হর ডাল, মুসুর ডাল, শাক-সব্জী, চনা ইত্যাদি খাই।
- **আপনি কি ঢ্যারোস রান্না করতে পারেন ?**
- হ্যাঁ ঢ্যারোসও রান্না করি।
- **আচ্ছা 'বি.বি.সি. একটা সাক্ষাৎকার' অনুষ্ঠানকে এগিয়ে নিয়ে যাওয়ার আগে আর একটা গান হোয়ে যাক। আর ঃ-**

  - **মকইয়া রে তৌর গুণা। গৌলো না জালা**
ভাত করে খুদর-খুদর, রোটি সকরপালা
ভৈইসি কে মাথে পর সঠ সঠ ঘোঠালা
মকড়য়ারে....

মকাই মানে ভুট্টা। আপনি যা খান।. রুটি যেটা শকর পালার মত হয়। মোষের দুধের যোলে ডুবিয়ে খেলে যেটা অনায়সে গিলে ফেলা যায়। এর ভেতরে ভুট্টার গুণগাণ করা হয়েছে।

- **এর মধ্যে কত কথা বলা হয়েছে। এর ভেতরে ঘোটালা শব্দটাও ব্যাবহার করা হয়েছে। আপনার উপর এত দোষারপ করা হয়, জেলে যান, এক বছরে এত গল্প তৈরী হল, আপনি এই সময়টা কিভাবে**

পার করলেন ?

- সব কিছুতে যেন আগুন লেগেছিল, সারা শরীরে আগুন জলছিল। চোখে চশমা পড়তে হল। আমার নক্ষত্র, ভাগ্য সমস্ত 'কন্ট্রোভরর্সীতে' ভরা। এখন এই মামলায়, কেস-কাছারি, নিয়ম - কানুন, কায়দা সব কিছুই আমার পক্ষে ছিল। মিডিয়াও দেখল যে কোন ব্যাপারে এ্যালিগেশন, মিডিয়ার ট্রায়েল, কারুর কথায় কিছু আসে যায় না, এটা দেখার দায়িত্ব নগর পালিকার।
- **আপনার কি মিডিয়ার উপরে বিশ্বাস নেই ?**
- আমাকে মিডিয়া অনেক কভরেজ দেয়। অনেকে আমার বিরুদ্ধে খারাপ কভরেজও চালায়। মিডিয়ার ভেতরে ভাল লোকও আছেন। মিডিয়ার ভেতরেও জাত-পাতের ব্যাপারের নানা দিক আছে। মিডিয়ায়ও নানান জিনিস আছে। মিডিয়ার উচিৎ নিউজ দেওয়া ফিউজ নয়। বর্তমানে মিডিয়ায় বিভিন্ন জিনিসের ট্রায়েল শুরু হয়েছে। লোকে প্রত্যেকটা জিনিসের ট্রায়েল করে। আমাদের দেশে এখন এত মিডিয়া হয়ে গেছে যে, কোন নিউজই তৈরী হয় না তখন তারা ইনভেস্টিগেশন শুরু করে দেয়। এমন অনেক জিনিস আছে যেগুলিকে মিডায়ার দেখানো উচিৎ নয় কিন্তু লোকে সেগুলিকে দেখায়।
- **আপনি কি শিখলেন ? এত ওঠা নামা দেখলেন, জেলেও ছিলেন, বাইরেও। ক্ষমতায়ও ছিলেন, আবার ক্ষমতাচ্যুতও হন! এর থেকে কি শিখলেন ? এই লোকেদের আমি নিজের কাছে ঘেঁসতেও দেব না। এদের প্রত্যেকটা কথা শুনব কিন্তু এদের উপর একেবারে ভরসা রাখব না। এর থেকে আপনি কি শিক্ষা পেলেন ?**
- আমি যদি কোন দোষ করতাম তবেই না।
- **না, না কোন দোষ নয়, ভাল বা মন্দ দিনের থেকে কোন শিক্ষা ?**
- শিক্ষাও হয়েছে, ভাল মন্দকে চিন্তেও শিখেছি কে ভাল আর কে মন্দ লোক বুঝতে পারি। মানুষ যদি কোন ভূল করে তবেই তার অনুসোচনা হয়। আমার জায়গায় অন্য কোন নেতা হলে শেষ হয়ে যেত, মারা যেত।
- **আপনার কি বি.পি. বেড়ে গেছে ?**
- বি.পি. আমার নর্মল ছিল কিন্তু টেনশন বেড়ে গিয়েছিল। পাব্লিক লাইফে মানুষ এরকম ভাবেই টরচর হয়। লোকে ভাববে যে লালু পশুর চারা খেয়ে নিয়েছে। 900 কোটির ভেতরে 40 লাখের চার্জ তৈরী করে। এটা বুরোক্রেসি। তার উপরে উচ্চপদস্থ মানুষদের তীক্ষ্ণ নজর রাখা উচিত। এই কেসের সমস্ত কথাই রেকর্ডেড রয়েছে।
- ফাইলে, কাগজে। গ্রামের দিকে আমরা বলি - লিখিত জিনিসের সামনে

যে কোন মৌক্ষিক কথার কোন দাম থাকে না। যখন বিচারকের কাছে ব্যাপারটা পৌঁছায় তখন তাঁর কাছে প্রত্যেকটা জিনিস খোলশা করে বলা বা রাখা হয়।

- **বি.বি.সি.'র' একটা সাক্ষাৎকার' অনুষ্ঠানে আরও এগোনর আগে আমরা আর একটা পছন্দের গান শুনবো।**

তু হিন্দু বনেগা, না মুশলমান বনেগা
ইংসান কি আউলাদ হ্যায়, ইংসান বনেগা।

- **গ্রামের সাদা-সিধে লালু শহরে এল, ইউনিভার্সিটিতে ভরতি হল, ছাত্র সংঘের অধ্যক্ষ হল তার পরে মুখ্যমন্ত্রী হল আর এখন রেলমন্ত্রী হয়েছেন।**
- **লালুজী! এখন 'ম্যানেজমেন্ট গুরু'র নতুন মুকুট মাথায় দিয়েছেন। লোকশানে চলা ইন্ডাস্ট্রিকে আপনি 'টর্ন এ্যরাউন্ড' করে কিভাবে লাভের ব্যাবসায় পরিণত করলেন। এই কথা ভেবে কখনও আপনার হাঁসি পায় না যে এ সব আমার সঙ্গে কি ঘটে চলেছে?**
- না হাঁসি তো পায়। আগে যার 'ডিবিডেন্ট দেওয়ার' মতও ক্ষমতা ছিল না, আর তার বেসরকারিকরণ কথা হচ্ছিল সেই ইন্ডিয়ান রেলের 'ডিবেকল' হয়েছে। আমি একে জার্সি গরু আর রোজগেরে ঘোড়া আখ্যা দিই। ভারতীয় রেলের ভাড়া ক্রমাগত বাড়িয়ে চলা হচ্ছিল। আমি কর্মচারিদের ছাঁটাই বন্ধ করি আর তাদের 'জেনরেট' করেছি। সততা আর দূরদৃষ্টিতাকে ব্যাবহার করে আমি 13,000 কোটি টাকা উদ্বৃত্ত আয় করিয়েছি। এর পর আমরা 20,000 কোটি টাকা লাভ করি।
- **কিছু লোক বিশেষত যাঁদের সঙ্গে আপনার কোন সম্বন্ধ নেই তাঁরা বলেন যে আপনি আপনার রাজনৈতিক জীবনের প্রথম 20 বছরে নিজেকে সাদা সিধে গ্রামের মানুষ আর বোকা সোকা সেজে মানুষকে বশ করে নিয়ে 'আমি খুব মহান, সবার থেকে আলাদা' প্রমাণ করার চেষ্টা করেছেন। আর তারপরের 20 বছরে নিজেকে সবচাইতে বুদ্ধিমান, সবার থেকে চালাক, ম্যনেজমেন্ট গুরু বলে দেখানের চেষ্টা করছেন।**
- যাঁরা এরকম বলেন তাদের আমি 'চ্যলেঞ্জ' করে প্রমাণ করতে পারি, পঁচিশ বছর আগে তাঁরা কিভাবে আমাকে বোকা বললেন? সব দলিল দস্তাবেজ রয়েছে, এগুলি সমস্ত সামনে রয়েছে। হাওয়ার্ড, আই.আই.এম. সমস্ত জায়গা থেকে এখন লোক আসছে। সবাই এখানে এটা জানতে এসে ছিলেন যে সাধারণত যখন লোকশান হয় তখন ছাঁটাই করা হয়, আর এগুলি না করে ভারতীয় রেল বরঞ্চ লাভ করতে শুরু করেছে সেটা কিভাবে? এটা কি

করে সম্ভব, সারা বিশ্বের রেল ব্যাবস্থা যেখানে লোকশানে চলছে সেখানে ভারতীয় রেল কিভাবে লাভ করতে পারে ? আমাদের কথা শুনে লোকে বিস্মিত হন। আমি কিভাবে কি করেছি তার দস্তাবেজ মজুত রয়েছে। কোন রকম টানা পড়েন না করে আমি কি স্টেপ নিয়েছি, আমার আউটপুট কি হয়েছে এইগুলি কারুর কাছে অজাজনা নয়।

- **লালুজী! এটা বলুন আপনার পারসোনালিটি, আপনার ব্যক্তিত্ব, আপনার হাব-ভাবে মানুষ আপনার ভেতরে এমন রঙ্গিন মেজাজ দেখতে পান যে তারা আপনার কাছে হৃদয় সর্মপণ করে বসে। এর রহস্য কি ?**
- আগে ছিল 'লোকালাইজেশন' আর এখন সেটা হয়ে গেছে 'গ্লোবলাইজেশন'। হাজার, হাজার ক্রোস জুড়ে বিস্তৃত এই পৃথিবী আজ 'ভিলেজের' আকার ধারণ করেছে। আমি পাকিস্হানে গেলাম। তারা ইন্টারনেট আর ইলেকট্রনিক মিডিয়ার থেকে হয়ত আমার বিষয়ে শুনেছিল। সেখানের মানুষরা আমাকে অনেক সম্মান দিল। শুধু পাকিস্হানই বা কেন বিশ্বের সমগ্র দেশ লক্ষ্য করে চলেছেন, তাঁরা সমস্ত জানেন, তারা বলছিলেন ভাইসব দেখ! লালু প্রসাদ আর রাবড়ি দেবী'র মত সাধারণ মানুষ কেমন করে রাজনৈতিক ক্ষমতার শীর্ষে পৌঁছে গেছেন। আমরা তাঁদের ধন্যবাদ জানাই।
- **পাকিস্হানে আপনার সবচাইতে কি ভাল লেগেছে ?**
- আমি তাঁদের মধ্যে অনেক বেশি ভদ্রতা লক্ষ্য করেছি। তাদের সমাজে নিশ্চয়ই 'ফিউডালইজম' বিরাজ করছে। গরীব মানুষও আছেন যাঁরা, নিজের জায়গায় থাকেন, কিন্তু সবাই খুব ভদ্র। তাঁরা আমাকে অনেক সম্মান দেখিয়েছেন। দেশ বিভাগের সময় থেকেই আমাদের বিহারের মুশলমান ভাইরা পাকিস্হানের করাচিতে রয়েছেন। তাঁরাও আমার সঙ্গে এসে দেখা করেন।

(সম্পাদিত অংশ)

অধ্যায় চার

লালুজীর রেল

(কয়েকটি রচনা)

1. রেল লাইনে দৌড়ে চলা 'আই.টি. ক্রান্তি'

আমার ভারতীয় রেলের সেই দিনগুলোর কথা মনে পড়ছে যখন রেলে আসন সংরক্ষন করাটাকে মানুষ দুঃস্বপ্ন বলে মনে করতেন, কিন্তু বর্তমানে রেলের টিকিট কাটা একটা নতুন অভিজ্ঞতা হয়ে উঠেছে। আজ আমি ঘরে বসে নিজের কমপিউটারের সাহায্যে নিজেই আমার সফরের টিকিট কেটে নি। নিজের ঘরে যদি 'প্রিন্টার' না থাকে তাহলে একঘন্টার ভেতরে 'কুরিয়ারের' সাহায্যে টিকিটটা আনিয়ে নিতে পারেন। সার্বজনিক ক্ষেত্রে যখন এই ধরণের কোন অসাধারণ কাজ হতে শুরু করে তাহলে মানুষের কাছে তা বিস্ময়কর হয়ে ওঠে। ভবিষ্যতে গাড়ীর পোজিশন (গাড়ীটা ঐ সময়ে কোন জায়গায় রয়েছে) দেখতে পারব। এটা স্যাটেলাইটের সাহায্যে সম্ভব হবে। ইন্টারনেট শুরু হওয়ার পর আমি বলেছিলাম যে ভারতে কমপিউটার তখনই 'টেক অফ' করবে যখন তার দাম কমে দশ হাজারে গিয়ে দাঁড়াবে আর তখন আমরা কমপিউটারে, ইন্টারনেটের মাধ্যমে রেলের টিকিট সংগ্রহ করব। আমার আজ ভাল লাগছে যে দুটি ব্যাপারই সম্ভব হতে পেরেছে। আমার মনে হচ্ছে যে রেলে আই.টি.র সংগ্রাম মোবইলের থেকে আরও এগিয়ে যাবে। এখন সমস্যা হল যে আমাদের মানব বল্যাণ মন্ত্রী সমাজের এই পরিবর্তনের বিষয় অজ্ঞ রয়েছেন। তিনি এখন ভারতের সমাজকে সংরক্ষিত কোটা পাইয়ে দেওয়ার জন্য ব্যস্ত রয়েছেন। তিনি এই সত্যটাকে বিশ্বাস করতে পারছেন না যে আজকের ভারতীয় সমাজ জাতিগত ভিত্তিতে নয় বরঞ্চ শিক্ষা আর জ্ঞানের ভিত্তিতে বিভক্ত হয়েছে। তাঁদের উচিৎ জাতির ভিত্তির পরিবর্তে সবচাইতে বেশি সংখ্যাক বাচ্ছাদের

শিক্ষার আওতায় নিয়ে আসতে হবে, তাদের ইংরাজি আর কমপিউটারের সঙ্গে পরিচিত করতে হবে। সামাজিক অসমতা এইভাবে দুর হবে। রেলওয়ের ই-টিকিট প্রণালী কর্মচারিদের একটা বড় দলকে অসুন্তুস্ট করে দেন। আগে যাঁরা 'রিজার্ভেশন উইন্ডো'তে বসতেন আর যাত্রীরা লাইনে দাঁড়িয়েও টিকিট পেতেন না, আজ তাঁরা সবাই খুশি। আজ তাঁরা অনায়সে ঘরে বসে নিজের কমপিউটারের সাহায্যে টিকিট পেয়ে যান। তাদের কাছে কমপিউটার না থাকলেও তাঁরা সাইবার ক্যফেতে গিয়ে ক্রেডিট কার্ডের সাহায্যে টিকিট সংগ্রহ করে নেন। রিজার্ভেশনের নামে যে বাবুরা অতিরিক্ত উপার্জন করত আজ তারা প্রায় নিশ্চিহ্ন হয়ে গেছে, আর কতিপয় যে কজন রয়ে গেছেন তারাও শীঘ্র অদৃশ্য হয়ে যাবে।

এখন আপনাদের নিশ্চয় বুঝতে অসুবিধে হচ্ছে না যে রেলওয়ে ইউনিয়ানের তরফ থেকেই হোক না কেন ই-টিকিটের বিরোধিতা করছেন? এই ধরণের বিরোধিতা বেশি দিন চলে না কারণ মানুষ কমপিউটারের উপকারিতা সম্বন্ধে জেনে গেছেন। আজ তাঁরা এটাও জানতে পেরেছেন যে সার্বজনিক ক্ষেত্রে অপরাধকে কম করার জন্য কমপিউটারের কত বড় হাত রয়েছে। কর্নাটক আর অন্ধ্রপ্রদেশে ভূমি সংক্রান্ত রেকর্ড, জমির প্ল্যান, খসড়া ইত্যাদির কমপিউটারিকরণে কৃষকরা অনেক উপকৃত হয়েছেন। নামান্তরীকরণ করার জন্য তাদের এখন ঘুষ দিতে হয় না কারণ সমস্ত কাজকর্ম কমপিউটার দিয়ে করা হচ্ছে। আসুন মালগাড়ীর দিকটাই দেখা যাক। কয়েক বছর আগের থেকে মানুষ গত কয়েক বছর যাবৎ মালগাড়ীতে খুব কম জিনিস পাঠাতেন। কারণ, ভাড়া তো বেশি ছিলই তার সঙ্গে ছিল ভ্রস্টাচার, অরাজকতা আর তার ধীমে তেতালা চাল। কিন্তু আজ অত্যাধুনিক প্রযুক্তি আর সুনিপুণ পরিচালনার কারণে তার সমস্ত অভাব মুছে গেছে আর বেসরকারি ক্ষেত্রও তাতে সম্পূর্ণ সহায়তা করছে। বেসরকারি ক্ষেত্রে নিজস্ব ওয়াগন আর কন্টেনরের জন্য বিনিয়োগ তো করছেই তার সঙ্গে নতুন লাইন বেছানো আর মালগাড়ীর জন্য টার্মিনাল তৈরীর কাজে বিনিয়োগ করছেন। দ্রুত অগ্রসর হওয়া আমাদের দেশের অর্থব্যাবস্থা রেলওয়ের অবস্থার পরিবর্তন ঘটাতে সহায়তা করেছে। রেলওয়ের আর্থিক অবস্থার আমুল পরিবর্তন হয়েছে আর সেটা সুপরিচালনা কৌশল আর সততার দৌলতে সম্ভব হয়েছে।

আগের মত রেলওয়েতে গত কয়েক বছর ধরে আর মালগাড়ীর ভাড়ায় কোন বৃদ্ধি হচ্ছে না। ডিজেলের মুল্য বৃদ্ধি হওয়ার কারণে ট্রাকের ভাড়ায়ও বৃদ্ধি হয়েছে কিন্তু মালগাড়ীর ভাড়ায় কোন বৃদ্ধি করা হয় নি। এই কারণে বিভিন্ন সংস্হা তাদের মাল পাঠানোর জন্য মালগাড়ীকে ব্যাবহার করছেন। আর এটাই ছিল ব্যাবসায়িদের মালগাড়ীতে মাল পাঠানোর জন্য পক্ষপাতিত্বের একমাত্র কারণ। ভ্রস্টাচারের সম্ভাবনাও ক্রমশ কমে যাচ্ছে। আর আপনা

থেকেই আর্থক উন্নতির পথ প্রশস্ত হচেছ। আমরা কি এগুলির জন্য লালু প্রসাদকে কৃতিত্য দিতে পারি ? উনি যখন রেল দপ্তর হাতে নিয়েছিলেন তখন সেটা দেউলিয়া হতে চলেছিল। আর এই অবস্হায় সেটা যদি ডুবে যেত তাহলে সবাই বলত যে 'লালু ভারতীয় রেলটাকেও বিহারের মত করে দিল।'তাহলে তাঁর সাফল্যের জন্যেও তাঁকে কৃতিত্ব দেওয়া উচিৎ।

লালুর সফলতার কারণ এটা নয় যে তিনি রেলের জন্য কি কি করেছেন, বরং তাঁর প্রধান কৃতিত্ব হল যে তিনি কোন কিছুতে বাধা দেন না। তিনি তাঁর আসে-পাশে এমন লোককে রাখেন যাঁরা কেবল ভাল কাজ করেন। তিনি কর্মস্হলে ভাল পরিবেশ প্রদান করার ফলে সুযোগ্য কর্মচারিরা তাদের উৎকৃস্ট অবদান প্রদান করেন যার ফলে সমগ্র প্রণালীটা উপকৃত হয়। মার্কিন রাষ্ট্রপতি রোনাল্ড রীগানের শাসন ব্যাবস্হারও এটাই ছিল রহস্য। তিনি সব সময় বলতেন যে সুযোগ্য লোকেদের কাজ করে যেতে দিন তাদের কাজে হস্তক্ষেপ করবেন না। এমন বহু পরিচালক ছিলেন যাঁরা আড়ালে থেকেও নেতৃত্ব করে চলেছেন।

প্রতিদিন ভারতীয় রেল 48 কোটি টিকিট বিক্রি করে। আমরা একটা গতিশীল দেশের মানুষ। রেল আমাদের সামাজিক সমতা এনে দিতে সহায়ক। বিহারের শ্রমিক যখন দেশ থেকে পালিয়ে পাঞ্জাব পৌছায় তখন তাদের শ্রম শক্তিতে পাঞ্জাব আরও শক্তিশালী হয়ে ওঠে। 1980 সনের 'সবুজ বিপ্লবের' সময় বিহারি শ্রমিকরা পাঞ্জাবের কৃষি কার্যের প্রণালী শিখে সেখানে এমন ফলন দেন যে সবাই তাঁদের বাহবা দেন। আন্তরাস্ট্রীয় পালায়ন আঞ্চলিক অসমতা মেটানোর জন্য 'সেফটি ভাল্ভ' -এর কাজ শুরু করেন। আজও রেলে এটা ব্যাবহার করা হয়। আর যত দিন রেল থাকবে তত দিন পর্যন্ত আঞ্চলিক অসমতার জন্য চিন্তা করার প্রয়োজন নেই।

2. আমি ভারতকে প্রথম স্হানে দেখতে চাই

লালু প্রসাদ যাদবের অর্থনৈতিক চিন্তাধারা সম্পূর্ণ ভিন্ন ধরণের। 1991 সনে আর্থিক উন্নতি করার দাবিতে আমাদের দেশ সোচচার হয়ে উঠে ছিল। কিন্তু এর জন্য যে নীতি গ্রহণ করা হয় তা নিয়ে মানুষের মনে আশংকা দেখা দিল। এই জন্য সেই সময়ের অর্থনৈতিক নীতির ফলে দেশে ভাল রাজনীতি গঠিত হতে পারে নি। এই অর্থনৈতিক পরিবর্তনের জন্য মানুষের মনে হল যে তারা রিক্ত হয়ে যাবে আর রেশন, তেল আর গ্যাসের দাম আকাশ ছোঁয়া হয়ে যাবে।

আর্থিক পরিবর্তনের অসফলতায় যদি মনেযোগ দেওয়া হয় তাহলে দেখা যাবে যে এর ফলে আর্থিক ব্যাবস্হায় যে, গতি তো দেখা দেবে কিন্তু এই

আর্থিক ব্যাবস্হার যাঁরা কর্ণধর তারা জনপ্রিয়তাও অর্জন করতে পারেন না। অন্য দিকে দেখা গেল যে কিছু জননেতা এমন আছেন যাঁরা দেশের মাটির সঙ্গে যুক্ত হয়ে থাকায় তারা সাধারণ মানুষের মনের অনেক কাছাকাছি পৌছায়। কিন্তু আর্থিক পরিবর্তনের কর্ণধরদের নাম এদের নামের সঙ্গে জোড়ে নি। ওনাদের মধ্যে একজন ছিলেন লালু।

লালু প্রসাদ যাদব আর্থিক নীতির এত গভীরে প্রবেশ করেন যে তাঁর সমস্ত সফলতা সত্ত্যেও তিনি সাধারণ মানুষ (দেশের গরীব আর মধ্যবিত্ত চাকুরিজীবি মানুষের) -এর কাছে আর্থিক দিক দিয়ে উত্তীর্ণ হতে পারেন নি। এই জন্য তিনি আর্থিক পরিবর্তন আনা সত্ত্যেও মানুষের মনে কোন রেখাপাত করতে পারেন নি আর ভারতীয় রেলের উন্নতির ভিত্তিও দেশের গরীব আর মধ্যবিত্তকে কেন্দ্র করেই করেছেন।

এত দিন পর্যন্ত বেসরকারিকরণের অর্থ ছিল ভাড়া আর মালগাড়ী বৃদ্ধি করা। আগে এটাই ভাবা হত যে যতক্ষণ পর্যন্ত ভাড়া না বাড়ানো হচ্ছে ততক্ষণ আর্থিক উন্নতিও হবে না। কিন্তু এটা কিরকম উন্নতি যে বড় বড় সংস্হাকে বলা হচ্ছে যে খরচা বাড়াও আর রেলের বেলায় বলা হচ্ছে যে ভাড়া বাড়াও। লালুর মতে আর্থিক উন্নতির অর্থ হল খরচা কমাও আর পরিসেবার মান উন্নত কর। লালুজী আর্থিক উন্নতির ফল শুধু মুস্টিমেয় সংখ্যাক মানুষের মধ্যে সীমাবদ্ধ রাখতে চান না বরং সেটাকে সমাজের প্রত্যেকটা স্তরে সমানভাবে ভাগ করে দিতে চান। আজকে তাঁর বন্ধু হোক বা শত্রু সবাই তাঁর প্রশংসায় পঞ্চমুখ। এটা সেই একই ভারতীয় রেল যেখানে 1990 এর দশকে প্রচলিত অর্থনৈতিক নীতির ফলে রেলের 15 লক্ষ কর্মচারি দুঃখের সঙ্গে জীবন কাটাছিল আর অন্ধকার সমুদ্রে ডুবে যাচিছল। ডাঃ রাকেশ মোহন সমিতি তো ভবিষ্যৎবাণী করেছিলেন যে 2015 সন পর্যন্ত রেল 61,000 কোটি টাকার ঋণের বোঝায় ডুবে যাবে। কিন্তু সেই ভারতীয় রেলই গত দুই বছর যাবৎ একটা সফলতার উদাহরণ হয়ে গেছেএমন কি প্রধানমন্ত্রী ডাঃ মনমোহন সিংও তাঁকে শ্রদ্ধা করেন। লালু এমন একটা আর্থিক ব্যাবস্হার প্রবর্তন করেন যার ফলে ভারতীয় রেল আর সাধারণ মানুষ সবাই জয় লাভ করেছে। তাঁর এই ব্যাবস্হায় না রেল কর্মচারিরা অসন্তুস্ট হয়েছে, না এন.এস.টি. অসন্তুস্ট, না দ্বিতীয় শ্রেণীতে যারা যাত্রা করেন তারা অসন্তুস্ট আর না প্রথম শ্রেণীর বাতানুকুল কামরার যাত্রীরা অসন্তুস্ট হয়েছেন। এমন কি আমরা যাদের মাল বহন করার দায়িত্ব নিয়েছি তারাও সন্তুস্ট।

আমাদের সরবরাহকারি, কন্ট্র্যাকটর, প্যাসেঞ্জার, উপভোক্তা আর কর্মচারি সবাই খুশি হয়েছেন। যাত্রী নিজেকে রাজা বলে মনে করছেন। কর্মচারিরা কাজ করে সন্তুস্ট হচেছন। তাদের জন্য সমুদয় ভবন তৈরী হচেছ। রানিং রুমে

তাদের জন্য ভোজনের ব্যাবস্হা করা হচেছ। 'ওভার টাইমের'ও ব্যাবস্হা করা হয়েছে। এই আর্থিক উন্নতির সঙ্গে সাধারণ মানুষের সম্পর্ক পরিস্কার দেখা যাচেছ। এটা বুদ্ধিজীবিরা যত সন্তুস্ট হয়েছেন দেশের সাধারণ মানুষদেরও ততটাই সন্তুস্ট করতে পেরেছে।

লালু প্রসাদ আগের রেল মন্ত্রীদের মত চোখ বন্ধ করে রেলের ভাড়া বাড়ান নি। তিনি এই নীতিকে পরিত্যাগ করে রেলের ভাড়া না বাড়িয়ে বরং তাকে কম আর তর্ক সম্মত করেছেন। অর্থবীদরা আয় বাড়ানোর জন্যে জোর দেন কিন্তু তা বলে ভাড়া বাড়ালেই সব সময় আয় বৃদ্ধি হয় না। রেলগাড়ীর গতি বাড়িয়ে, রেল গাড়ীর দৈর্ঘ্য বাড়িয়ে, মালের ভাড়া কম করে, যাত্রী ভাড়া কম করে আর নিজস্ব ক্ষমতার সম্পূর্ণ উপযোগ করেও আয় বৃদ্ধি করা সম্ভব। অনেকের মতে অর্থনৈতিক পরিবর্তন নিয়ে আসার জন্য সোজা-সুজি বেসরকারি হস্তান্তর করা প্রয়োজন, কিন্তু লালু যাদব মনে করেন যে যেটা আমাদের নিজস্ব বুনিয়াদী আর গুরুত্বপূর্ণ দায়িত্ব আমরা সেখানে কারুকে নাক গলাতে দেবো না। আমাদের নিজস্ব ব্যাবসাকে আমরাই চালাব। বাড়ী-বাড়ী টিকিট বিক্রি করা, বাড়ী-বাড়ী পার্সেল পৌঁছে দেওয়া, লোকেদের খাওয়ানো রেলওয়ের কাজ নয়। এক, একটা হোর্ডিং বুক করা, কনটেনার ট্রেন চালানো আর বাড়ী, বাড়ী গিয়ে কাজ নিয়ে আসা যদি রেলওয়েকে করতে হয় তাহলে রেলের সঠিক পরিচালনা কে করবে ? এখান থেকেই ভারতীয় রেলের সাফল্যের কাহিনির সূত্রপাত, যাতে 'পাব্লিক-প্রাইভেট পার্টনরশিপের' দ্বারা এমন কিছু মানুষের সঙ্গে যুক্ত করা হয়, যাঁরা ভারতীয় রেলের বুনিয়াদী দায়িত্ব আর বাধার জন্য কাজ করতে পারে অথচ তার ক্ষমতা জনতার প্রতিনিধির হাতেই থেকে যায়।

ভারতীয় রেল একটা এমন গরু, যার দুধ সম্পূর্ণ দওয়া হত না, এখন তাকে সঠিকভাবে দওয়া হচেছ যার সুফল আজ ভোগ করছে সাধারণ মানুষ। আজ তাদের বাতানুকুল শ্রেণীতে সফর করার স্বপ্নও সার্থক হচেছ।

'আপগ্রেডেশন স্কীমের' দ্বারা স্লীপার শ্রেণীর যাত্রী বাতানুকুল শ্রেণীতে সফর করার সুবিধে ভোগ করছেন। অত্যাধিক ভীড়ের সময় অতিরিক্ত কোচ জুড়ে, তাদের যাত্রাকে সুবিধেজনক করা হচেছ।

রেল বিভাগ হল ভারতের বিভিন্ন সরকারি বিভাগে প্রথম এমন একটি বিভাগ যে এক বছরে 13,000 কোটি টাকা লাভ করেছে। আজ পর্যন্ত যাঁরা রিল্যায়েন্সের মত বেসরকারি সংস্হাগুলিকে বাহবা দিতেন তাঁরা আজ এই সরকারি বিভাগের সাফল্য দেখে হতভম্ব হয়ে গেছেন। এই বছরে 20,000 কোটি টাকা রোজগার করা খুব মুশ্কিল নয়। 'বিশ্ব মাঝে ভারত পাবে শ্রেস্ঠ আসন, তাকে যেন দেখতে পাই বিশ্বে প্রথম, এই হল মোর প্রার্থণা'। 'নব কলেবর প্রদানের গল্প' - এটা হল অর্থনৈতিক পরিবর্তনের এমন একটা কাহিনি, যেখানে সরকারি বিভাগের অর্থনৈতিক নীতিতে সাধারণ মানুষ থেকে

এমনকি বিশিস্ট ব্যক্তিদের পর্যন্ত বিশ্বাস রয়েছে।

কারুর কোন ভয় নেই। সবাই তাঁদের এই বিশ্বাসকে বাঁচিয়ে রাখতে সক্ষম হয়েছেন। তাঁদের বিশ্বাস যে অর্থনৈতিক পরিবর্তনের সঙ্গে যদি একটু সহানুভূতি থাকে তাহলে সেটা অন্ধকারে প্রদীপ হয়ে জ্বলবে। ঝড়ের ভেতর সমুদ্রের তট জেগে ওঠে আর হতাশ মানুষের মধ্যে জ্বেলে দেয় আশার কিরণ। এই আশা আর বিশ্বাসের সঙ্গে আমি মনে করি যে ভারত একদিন বিশ্বে প্রথম স্হান অধিকার করবে।

3. ভারতীয় রেল ঃ আমাদের লক্ষ্য দুর নয়

একজন মন্ত্রীর হাব-ভাব আর কার্যকলাপকে তাঁর নিজস্ব সচীবের থেকে ভাল করে আর কেউ চিন্তে পারবে না। আমরা এই কথার প্রমাণ পাই যখন অর্থনৈতিক বিভাগের অধ্যক্ষ বিজয়লক্ষী থেকে শুরু করে গত 10 জন কর্মকর্তা আর কর্মচারিদের অবসরপ্রাপ্তির সময়ে বুঝতে পারি।

"মনে হচ্ছে দর্শন লাল ভট্ট আর মিলখী রামজীর ভাগ্য এবার খুলতে চলেছে।" রেলমন্ত্রী লালু প্রসাদ যাদবের নিজস্ব সচীব শ্রী রজনীশ মহাজনের কথা তখন সত্য বলে প্রমাণিত হয় যখন রেলমন্ত্রী অবসরপ্রাপ্ত হচেছন এপন দুইজন কর্মচারি শ্রী দর্শন লাল, জমাদার আর শ্রী মিলখী রাম, দোপ্তুরীর মধ্যে হতাশা লক্ষ্য করে ঘোষণা করেন যে 35 বছরের বেশি কাজ করা এই দুইজন কর্মচারির প্রত্যেকের একটা সেছলে বা মেয়েকে রেল বিভাগে চাকরি দেওয়া হবে, যাতে শেষ জীবনটা তারা শান্তিতে কাটাতে পারেন।

পরের দিন রেল দপ্তরের অলিতে গলিতে ঘুরে আমি এই প্রসঙ্গেই আলোচনা শুনতে পাই, তাঁরা সবাই রেলমন্ত্রীর এই নির্ণয়ে অত্যন্ত খুশী হয়ে ছিলেন। এর আগেও রেলওয়ে বোর্ডের অধ্যক্ষের অবসরপ্রাপ্তির অনুস্ঠানে এই ধরণের ঘোষণা করে সবাইয়ের মন জয় করে ছিলেন।

আসলে রেলমন্ত্রী ভারতীয় রেলের উৎকৃস্ট অর্থনৈতিক পরিবর্তনে অত্যন্ত খুশি হয়েছেন। এক দিন আগে তাঁর অর্থনৈতিক উপদেস্টা আর মুখ্য হিসাবরক্ষক পদে অভিশিক্তদের সম্মেলনে নিজে ভাষণ দেওয়ার সময় 'অপারেটিং রেশিও'কে উন্নত করে 87 শতাংশ হওয়া আর 'ফান্ড ব্যালেন্স'কে 10,000 থেকে 12,000 কোটি টাকায় পৌঁছানোর কথা উল্লেখ করেন আর ভারতীয় রেলকে নবকলেবর প্রদান করার কাজে কর্মকর্তা আর কর্মচারিদের ভূমিকার প্রশংসা করেন আর সভায় 'কম খরচ অধিক লাভ' -এর কাজে মনোযোগ দেওয়ার কথা বলেন।

এছাড়া রেলমন্ত্রী রেল বোর্ডের সঙ্গে সমীক্ষা বৈঠকে বোর্ডকে নির্দেশ দেন

যে ভারতীয় রেলের যে কর্মকর্তা আশানুরূপ কাজ করবেন না আর রেলের এই 'সুবর্ণ সংগ্রামে' আত্মনিয়োগ করতে পারে না, তাকে সরিয়ে দিয়ে কোন সুযোগ্য আর সক্ষম অধিকারিকে নিয়োগ করতে।

' 2005 সনের জুন মাসে, রেলমন্ত্রী এই বিষয়ে প্রত্যেকটা রেল জোনকে চিঠি লিখে জানান যে রেলের সম্পূর্ণ ক্ষমতা যেখানে, যেখানে প্রয়োগ হয় না সেখানে উন্নতির প্রয়োজন আছে।

এর মধ্যে রেলমন্ত্রী একজন কুশল প্রশাসক হিসাবে উপনীত হন যিনি ফলাফল চান। ভূষাওয়াল এর সিনিয়ার ডি.সি.এম., পুণের সিনিয়ার ডি.সি.এম., মুম্বাই-এর ভূমি সংক্রান্ত ডিভিশানাল ইঞ্জিনিয়ার আর মধ্য রেলের ডি.সি.এম. কে বদলি করে দেওয়া হয়। রেলমন্ত্রী যেখানে সহৃদয়তার পরিচয় দিয়ে অভাবি কর্মচারিদের প্রতি সহানুভূতি দেখান, সেখানে রেলের উপার্জনের ব্যাপারে কোন প্রকারের গাফিলাতি একদম সহ্য করবেন না। দান করার জন্য সিন্দুক ভরা থাকা খুব প্রয়োজন। রেলের উপার্জন বৃদ্ধি পাওয়ায় রেলমন্ত্রী কর্মচারিদের 59 দিনের বোনাস দেওয়ার কথা ঘোষণা করেন। ভারতীয় রেল আজ নতুন ইতিহাস রচনা করে চলেছে, যেটা রেলমন্ত্রীর সুদক্ষ মার্গ দর্শনের পরিচয় দেয়।

ভারতীয় রেলের এই সাফল্যের দ্বারা প্রভাবিত হয়ে প্রধাণমন্ত্রী ডাঃ মনমোহন সিং 2005 সনের 6ই সেপ্টেম্বারে রেলমন্ত্রী শ্রী লালু প্রসাদ যাদবকে চিঠি লিখে ভারতীয় রেলের এই কৃতিত্বের জন্য প্রশংসা করেন। এর ভিত্তিতেই একজন সাংবাদিক বন্ধু চারিদিকে বলে বেড়ান যে ভারতের প্রধাণমন্ত্রী আর বড় অর্থনীতিবীদের এই প্রশংসা করার পর ভারতীয় রেলের সাফল্যকে মাপার মত আর কোন পরিমাপ বাকি নেই।

একথা সত্যি যে রেলমন্ত্রীর সফল নেতৃত্বে ভারতীয় রেলের 'লোকশানের রেল'র কলংককে মুছে দিয়ে তাকে 'লাভের রেল'-এর মুকুট পরিয়ে দেন। রেলমন্ত্রী শ্রী লালু প্রসাদ যাদবের অভিনব অর্থশাস্ত্র জনগনের আস্থার সঙ্গে ভারতীয় রেলকে নবকলেবরে বরণ করে চলেছে। প্রধাণমন্ত্রী নিজের চিঠিতেও একজন অভিজ্ঞ অর্থনীতিবীদের ভাষায় লিখেছেন যে 'অধিক মাল আর যাত্রী বহণ করে, খরচা কমিয়ে, 'পাব্লিক-প্রাইভেট-সেক্টর'কে প্রাধান্য দিয়ে, তার সঙ্গে গ্রাহকদের অধিক সুযোগ-সুবিধা দিয়ে ভারতীয় রেল এই সাফল্য অর্জন করেছেন। প্রধাণমন্ত্রী সেই সঙ্গে গরীবদের জন্য ভাড়া কমানোর কথাও উল্লেখ করেন।

বেশ কয়েকবার ডিজেলের মুল্য বৃদ্ধি হওয়া সত্যেও রেলমন্ত্রী ভাড়া না বাড়িয়ে বরং রেলের কার্য ক্ষমতাকে আরও বৃদ্ধি করে সাফল্য অর্জন করেন।

এটা সত্যিই প্রশংসনিয়। এর সঙ্গে রেলমন্ত্রীর নরম আর গরম দুটি স্বভাবকেই চেনার প্রয়োজন আছে। এর সহজ অর্থ হল যে কাজ করবে, তার মান-সম্মান বৃদ্ধি পাবে আর যে কাজে অবহেলা করবে তাকে ক্ষমা করা যাবে না।

ভারতীয় রেল তার বার্ষিক মাল বহণের লক্ষ্যকে 6 মাসেই পুরো করে ফেলেছে। আজ আমাদের লক্ষ্য হল রেলকে উন্নত থেকে উন্নততর করা। আরও ভাল...আরও ভাল... করার এই নীতিই ভারতীয় রেলকে আজ সাফল্যের পথে এগিয়ে নিয়ে চলেছে। রেলমন্ত্রীর স্বপ্নও ভারতীয় রেলকে এক নম্বর স্থানে পৌঁছে দেওয়া। ভারতীয় রেলের কর্মকর্তা আর কর্মচারিরা যদি ভবিষ্যতে ক্রমাগত লালু প্রসাদের মত রেলমন্ত্রীর নেতৃত্ব পান তাহলে সেই দিনটা দুরে নয় যখন ভারতীয় রেলকে তারা বিশ্বের মধ্যে প্রথম স্থানে পৌঁছে দিতে পরবে।

কথায় বলে 'ইচেছ থাকলে সব হয়', সেইজন্য তাদের এই স্বপ্নও নিশ্চয় সার্থক হবে। 'যে কোন লক্ষ্যের সন্ধানে বের হয়, সে নিশ্চয় সেখানে পৌঁছতে পারবে'। ভারতীয় রেলের লক্ষ্য হল এক নম্বর স্থানে পৌঁছান, আর সেটার বেশি দেরি নেই...।

4. লালুর রেলের ভবিষ্যৎ

মুল্যবৃদ্ধির ফলে নাজেহাল মানুষকে আজ এই রেল বাজেট স্বস্তির নিঃশ্বাস ফেলার সুযোগ করে দিয়েছে যেটার জন্য রেলমন্ত্রী লালু প্রসাদের ভূমিকা প্রশংসনিয়। যাত্রী আর মালের ভাড়ায় বৃদ্ধি না করে লালুজী জনতার মাঝে নিজের ইমেজকে আর একবার তুলে ধরার সুযোগ পেয়েছেন। তাঁর এই মানুষকে প্রলুব্ধ করা রেল বাজেটে দেখাতে চেয়েছেন যে তিনি ভারতীয় রেল নামক একটা কম্পানি চালান, যেটা আজ লাভ করে চলেছে আর সেই লাভকে গ্রাহকদের (যাত্রীদের) সঙ্গে ভাগ করে নিতে চান। এর অর্থ হল রাজনীতির রেলপথে লালুর রেলগাড়ীটা সাঁ সাঁ করে দৌড়ে চলেছে। কিন্তু এই রেল বাজেটে, রেলের ভবিষ্যৎ পরিযোজনা,তার বিস্তার,সুরক্ষা আর আধুনিকীকরণের কোন ঝলক দেখা যায় না। একাদশতম পঞ্চবার্ষিকি পরিকল্পনার এটা ছিল প্রথম বাজেট। কিন্তু আগামি পাঁচ বছরে রেলের নীতি কি হবে তা এই বাজেটে স্পস্ট করে বলা হয় নি। যখন নাকি নতুন পরিযোজনার প্রথম রেল বজেট পরিবেশন করার আগে এমন কিছু বিষয়কে পরিস্কার করা প্রয়োজন ছিল যেগুলি রেলের পরবর্তী যোজনাগুলিকে প্রদর্শিত করে। ভবিষ্যতের পরিযোজনাকে উল্লেখ করা প্রয়োজন কেন ? এখন যেহেতু অর্থনৈতিক অবস্থার উর্ধ গতি চলছে, সেই হিসাবে রেলেও লাভ বেড়ে যাবে। আজ লালুর অর্থশাস্ত্রের জন্য

রেলের কায়া পলট হয়েছে এটা ভাবা নিরার্থক বাড়াবাড়ি হবে। হ্যাঁ লালুজীর রেলমন্ত্রীত্বের কার্যকালের এর বিষয় চিন্তা করে আমার নেপোলিয়ানের একটা কথা মনে পড়ছে, তিনি বলেছেন,'সম জেনারল আর বর্ন লকি' (কিছু জেনারল জন্মের থেকেই ভাগ্যবান হন)। লালুজী সত্যিই ভাগ্যবান। তাঁর তিন বছরের শাসনকালে অর্থব্যাবস্হার উর্দ্ধগতি লাভ করেছে যার ফলে রেল বিভাগ সরাসরি উপকৃত হয়েছে আর কৃতিত্ব তিনি পেয়েছেন। কিন্তু ভবিষ্যৎকে অবহেলা করলে চলবে না কারণ তখন হয়ত পরিস্হিতি পাল্টে যেতে পারে। সেইজন্য রেলের উচিত কোন ভাল উন্নয়নমুলক পরিকল্পনা করা। যাতে 2001 সনের মত অর্থব্যাবস্হার অবনতি হলে রেলকেও সংকটে পরতে না হয়।

গত তিনটে রেল বাজেটে যাত্রী ভাড়ায় কোন বৃদ্ধি হয় নি। লালুজী ভবিষ্যৎেও হয়ত ভাড়া না বাড়াতে পারেন কিন্তু এইভাবে কতদিন চলবে ? এর ফলে যাত্রী ভাড়ায় দেওয়া সবসিডি বেড়ে চলবে। চলতি বছরে যাত্রী ভাড়া বাবদ সবসিডি 8000 কোটি টাকায় পৌঁছে গেছে। ক্রমশ মুল্যবৃদ্ধি বেড়ে চলেছে, জ্বালানির দাম বাড়ছে সেই জন্য রেলেরও খরচা বাড়ছে এই কথাটা দেশের জনগণকে মেনে নিতে হবে আর তাঁরা মেনেও নেবেন। সেইজন্য লালুজী কখনও 55 কি.মি. প্রতি ঘন্টায় গাড়ী চালিয়ে আর তাকে সুপার ফাস্ট বলে ঘোষণা করে, কখনও বা অতিরিক্ত বগি জুড়ে আবার কখনও রেলের কামরায় সীটের সংখ্যা বাড়িয়ে লালুজী ভাড়া না বাড়ানোর ফলে যে ঘাটতি হচেছ তা পুরো করছেন। কিন্তু এই উপায়ের সংখ্যা খুব সীমিত। সেইজন্য রেলওয়েকে ভাবনা চিন্তা করে দেখতে হবে যে কত দিন পর্যন্ত সে এই ভাড়া না বাড়ানোর ফলে দেওয়া সবসিডির বোঝা টানতে পারবে। সরকারের নীতি হল সবসিডি কম করে কেবলমাত্র যথার্থ অভাবি মানুষই তার সুবিধা পান কিন্তু ভারতীয় রেল আজ সবাইকে সেই সুবিধা প্রদান করছে।

'লো কস্ট এয়ারলাইনসের সঙ্গে পাল্লা দেওয়ার জন্য ভারতীয় রেলকে বাতানুকুল শ্রেণীর ভাড়া কমাতে হল। লালুজী সাধারণ ট্রেনে ডেলি প্যাসেঞ্জারদের জন্য ভাড়া একটা কমিয়ে দিয়েছেন। এটা তিনি এর আগেও করেছেন। আজকের পরিস্হিতিতে এক টাকা করে ভাড়া কম হওয়ায় সাধারণ মানুষের কোন লাভ হচেছ না বরং রাজস্বতে 300 - 400 কোটি টাকার ক্ষতি হচেছ। সেইজন্য এই ছাড় দেওয়ার ফলে রেলের ক্ষতিই হচেছ।

বাজেটে মালের ভাড়া সামান্য কম করা হয়েছে যখন নাকি এতে আরও কম করা উচিত ছিল। তাহলে সীমেন্ট, স্টীল, পেট্রোলিয়াম ইত্যাদি বহন করার কাজ আরও বেশি করে পাওয়া যেত। যদিও বাজেটে সীমেন্ট বহনে 30 শতাংশ বৃদ্ধি

করার কথা বলা হয়েছে কিন্তু এর ফলে সীমেন্ট উৎপাদনের হিসাবকে খতিয়ে দেখা হয় নি, যেটা গত এক বছরে দ্বিগুণ হয়ে গেছে। রেলে খাদ্য দ্রব্য বেশি বহন করা হয়। কিন্তু বেশির ভাগ ক্ষেত্রে তা সব্জী মন্ডির জিনিস হয় যার ভাড়া এমনিতেই খুব কম। হ্যাঁ তবে ফ্রেট করিডরের পরিকল্পনাটা খুব প্রশংসনীয়।

রেলের জন্য যাত্রী সুরক্ষার ব্যাবস্হা করাই এখন সবচাইতে গুরুত্বপূর্ণ বিষয়। এর ভেতর দুটি জিনিসের প্রয়োজন খুব বেশি। প্রথমত রেলের মানধাতার আমলের সাজ সরঞ্জমগুলির আধুনিকিকরণ করা আর দ্বিতীয়ত উগ্রবাদিদের আক্রমণ থেকে যাত্রীদের রক্ষা করা। আজও রেলের আধুনিকিকরণের প্রয়োজনীয়তা সবচাইতে বেশি হয়ে পড়েছে।

এর জন্যে কিছু দিন আগে 30,000 কোটি টাকার প্রয়োজন ছিল। বর্তমানে এই টাকার প্রয়োজনের পরিমাণটাও বেড়ে গেছে। সুতরাং একদিকে যেমন রেল 20,000 কোটি টাকা লাভ করেছে অন্য দিকে তার প্রয়োজনের পরিমাণটাও বেড়ে গেছে। এটা জানাতে চাই যে রামবিলাস পাশয়ান আর নীতিশ কুমারের কার্যকালে শুরু করা বিস্তার পরিযোজনার জন্য 20 - 25 হাজার কেটি টাকার প্রয়োজন রয়েছে। এই পরিস্হিতিতে তার বর্তমানে করা লাভের পরিমাণ যথেস্ঠ নয়। আর রেলওয়েতে উগ্রবাদী আক্রমণের থেকে সুরক্ষার জন্য রেল দপ্তরের উচিৎ গৃহ দপ্তর আর রাজ্য সরকারের সাহায্য নিয়ে একটা ভাল ব্যাবস্হা করা। শুধু আর.পী.এফ.-এর 8000 জওয়ান ভর্তি করে আর ডগ স্কোয়াডে কুকুরের সংখ্যা বৃদ্ধি করলেই সমস্যার সমাধান করলে চলবে না। বিমান বন্দরের মত রেলওয়ে স্টেশনেও কেবলমাত্র রেলের যাত্রীকেই স্টেশনে প্রবেশাধিকার দেওয়া উচিৎ। যতদিন পর্যন্ত এটা না হচেছ তত দিন অবধি সমস্ত প্রকারের সুরক্ষা ব্যাবস্হা বানচাল হয়ে যাওয়ার সম্ভাবনা রয়ে যাবে।

বাজেটে মহিলা আর বয়স্ক যাত্রীদের জন্য লোয়ার সীটটা বরাদ্দ করা প্রশংসা যোগ্য।

'পাব্লিক - প্রাইভেট - পার্টনরশীপ' (পী.পী.পী.) প্রক্রিয়াকে দ্রুত করার সংকেত দেওয়া হয়েছে, কিন্তু এশিয়ান ডেভেল্পমেন্ট ব্যাঙ্কের হালের রিপর্টে দেখা গেছে যে এশিয়ার কোন দেশেই পী.পী.পী. যোজনাটি কার্যকর হয় না। এর পর লালুজীর ভাগ্য যদি সুপ্রসন্ন হয় তাহলে অন্য কথা। কারণ এর জন্য কোন 'ফিন্যনশিয়াল' বা লিগল ফ্রেমওয়ার্ক' নেই। সুতরাং যদিও রেলওয়ের তরফ থেকে 'কন্টেনার' পরিসেবা পী.পী.পী. শুরু করিয়ে দিয়েছে কিন্তু আসলে তার অনেকটাই বেসরকারি এজেন্সির ইচছার উপর নির্ভর করে। এর কোন নির্দিস্ট কোন নিয়ম নেই, যে কত দিনে মালটা তার গন্তব্যস্হলে পৌঁছবে। দেরি

করলে তাদের জরিমানা দেওয়ার নিয়ম করতে হবে। তাহলে পী.পী.পী. কে অগ্রসর করার জন্য সবচাইতে ভাল হবে যদি বেসরকারি ক্ষেত্রের জন্য আলাদা এডমিনস্ট্রেটর নিযুক্ত করা।

এই বাজেট থেকে এইটুকু পরিস্কার বোঝা যাচেছ যে লালুজী কেবলমাত্র নিজের ইচছায় চলছেন না বরং তিনি রেলের কর্তাব্যক্তি আর পেশাদার কর্মচারিদের কথাও শুনছেন। এইজন্য তিনি মাটির ভাঁড় আর খাদির ব্যাবহারের জন্য জোড় দিচেছন না। যখনই কোন রেলমন্ত্রী কর্মচারিদের কথা শুনে চলেছেন তখনই তিনি ভাল ফল পেয়েছেন।

5. ঐক্যবদ্ধ যাত্রা

ভারতীয় রেল সম্বন্ধে এই ধরণের রচনা লেখার আগে ভেবে দেখা উচিৎ যে এটা লেখার যোগ্য কোন বিষয় কিনা। এটা করার জন্য সর্বপ্রথম রেল দপ্তর থেকে অনুমতি নেওয়ার মত একটা দুঃসাধ্য প্রক্রিয়াকে অতিক্রম করতে হবে। কারণ রেলের উচচপদস্থ কর্মচারিদের আগে সন্তুস্ট করতে হবে যে এই রচনাটা রেলের ছবিটাকে মানুষের কাছে আরও পরিস্কার করে তুলে ধরবে। আপনার কস্টকে কম করার জন্য আর ভারতীয় রেলের নতুন ছবির সঙ্গে মানুষের পরিচয় করানোর জন্য জানাই যে সেই দিন চলে গেছে যখন রেলের বিষয় কিছু বলার জন্য কোন উদ্দেশ্য থাকত। রেলের অভিজ্ঞতাকে ব্যক্ত করে অনেকে মানুষকে নিজের দিকে আকর্ষিত করতেন।

ভারতীয় রেল এই কয়েক বছরে এতটা উন্নতি করেছে যে সে আর মানুষকে তাকে নিয়ে কথা বলে আকর্ষিত করতে দিচেছ না। রেলের সাফল্যের কথা আজ মানুষের মুখে, মুখে। আজ ভারতীয় রেলের সাফল্যের কথা শুনে কোন প্রশস্তি না হয়ে বরং সত্য ঘটনা আর ভবিষ্যৎের উন্নতির একটা জ্বলজ্যান্ত উদাহরণ বলে মনে হবে।

মাল বহনের জন্য তার আকাংক্ষিত পরিযোজনা তাকে নবকলেবর প্রদান করেছে। আজ প্রত্যেকটি রেলকর্মী তাঁদের দুশ্চিন্তার থেকে মুক্ত হয়ে উৎসাহে ভরপুর হয়ে উঠেছে।

মাল বহন করার নতুন পরিযোজনার সাফল্য তাকে সমৃদ্ধির বারিধারায় রেলকে বাইরে আর ভেতর থেকে সিক্ত করে ফেলেছে। তার সামনে সাফল্যের ইপ্সিত চেহারাটা ঝক, ঝক করছে। বোঝার ভারে ঝুকে পড়া কাঁধে 153 বছরের পুরান এই সংস্থার মধ্যে এখন শক্তি আর যৌবনের নতুন ঢেউ চমক প্রকৃস্ট হয়ে উঠছে, যেটা এই রিপর্টটা লিখতে অনুপ্রাণীত করেছে। ভারতীয় রেলকে নব কলেবর প্রদান করার চরম লক্ষ্যে পৌঁছানোর জন্য অর্থনৈতিক

ব্যাবস্হা ক্রমাগত শক্তিশালী হয়ে ওঠার ফলেই সম্ভব হয়েছে। লালুজীর এই সফল নেতৃত্ব রাজনৈতিক বিরোধিদের পর্যন্ত তাঁর প্রশংসা করতে বাধ্য করেছে। নব কলেবর প্রদান করার এই পুরো কাহিনি শোনানোর সময় লালুজীর ও.এস.ডি.র মুখে হাল্কা গান ভেসে আসছিল। শ্রী সুধীর কুমার মহাশয়ের ভাষায় স্বপ্নময় এই লক্ষ্যে পৌছানোর জন্য সফর শুরু করার প্রথম পদক্ষেপ ছিল - মানুষের দৃষ্টিভঙ্গি আর চিন্তাধারায় পরিবর্তন নিয়ে আসা - আর এটাই ছিল ভারতীয় রেলকে নবকলেবর প্রদান করার ভিত্তি। রেলের একপ্রান্ত থেকে আর একপ্রান্ত পর্যন্ত মানুষের মনে নৈরাশ্য ছিল, তাঁরা মনে করতেন যে এর আর কোন গতি নেই, একে আর বাঁচানো যাবে না। রেলমন্ত্রীর নেতৃত্বে আমাদের সর্বপ্রথম মানুষের এই নৈরাশ্যপূর্ণ চিন্তাধারার সঙ্গে যুঝে আমরা সাফল্য অর্জন করি। লোকশানে চলা রেলের এই সার্বজনিক ব্যাবস্হাকে উপার্জনের সবচাইতে বড় স্রোতে পরিবর্তীত করাই ছিল আমাদের রণনীতি। আর সেটা করার জন্য আমাদের লক্ষ্য ছিল বড় আকারে ব্যাবসা করে প্রতি এককে খরচা কম করা আর লাভ্যাংশে উপভোক্তাকে ভাগিদার করে উপভোক্তা/যাত্রীদের সবচাইতে কম দামে উৎকৃস্ট পরিসেবা দেওয়া। মাল বহনে বৃদ্ধি করে মাল বহনের ভাড়ার নীতিকে পরিবর্তীত করা হয় আর বাজারের বর্তমান অবস্হার অনুরূপ করা হয়। উপভোক্তাদের নিজের দিকে আকর্ষন করার জন্য রেল তার মাল বহনের অতিরিক্ত ক্ষমতাকে কাজে লাগায়। যে সংবেদনশীল বস্তুর মাল বহন করার ভাড়ায় কম করে লৌহ আকরের মত খনিজ পদাথকে উপভোক্তার গন্তব্যস্হলে পৌঁছানো হয় তার ভাড়াকে যথা সম্ভব ন্যায় সংগত করা হয়েছে। যাত্রী ভাড়ার ক্ষেত্রেও এই একই রণনীতি গ্রহণ করা হয়েছে। রেলে সফর করা মানুষের সংখ্যায় বৃদ্ধি করে রেলের ভাড়া কম করা হয়েছে। রেল যাত্রীদের সংখ্যাকে বৃদ্ধি করার সঙ্গে, সঙ্গে তাঁদের এর সঙ্গে যুক্ত রাখার জন্য অনেকগুলি প্রকল্প নেওয়া হয়েছে। এর ফলে ভাল লাভ পাওয়া যায়। যেখানে বাজারের ওঠা নামা, তার হাব-ভাবকে আগে লক্ষ্য করার জন্য রেল কোন প্রচেস্টাই করত না সেখানে সে আজ বাজারের গতিকে খুব ভাল করে লক্ষ্য করে নিজের নীতি স্হির করে। যার ফলে ভারতীয় রেল যেখান থেকে কোন লাভ পাওয়ার আশাই ছেড়ে দিয়ে ছিলো আজ সেখান থেকেও লাভ পাচ্ছে। খবরের কাগজেও রেলের ক্ষমতার সীমা সম্বন্ধে অনেক কথা বলা হয়েছে। রেলের ক্ষমতাকে তুলে ধরার সময় তার দূর্বলতাও প্রকট হয়ে ওঠে। রেলওয়ে স্টেশন আর তার আস-পাশের জায়গার পরিবেশ, যাত্রীদের জন্য দেওয়া সুযোগ-সুবিধা, খারাপ আবহাওয়া বা দূর্ঘটনার সময় রেলের পুরো

পরিবহন ব্যাবস্থার তছ-নছ হয়ে যাওয়া প্রভৃতি তার দূর্বলতাকে তুলে ধরে। কিন্তু পৃথিবীর একটি বৃহত্তম রেল ব্যাবস্থা এই ভারতীয় রেলে বর্তমানে পাওয়া তার এই শক্তির দ্বারা এই দূর্বলতা আর বাধাকে অতিক্রম করে এগিয়ে যাবে।

রেলে একটার পর একটা পরিবর্তন যেভাবে হচ্ছে তাতে আমরা তাকে সাগরের স্রোতের সঙ্গে তুলনা করতে পারি। আমরা যদি বাজার আর বর্তমান অর্থনৈতিক পরিস্থিতির থেকে নিচে নেমে বিচার করি তাহলে আমরা দুইপ্রকারের পরিবর্তনকে স্পস্ট দেখতে পাব। যদিও পরিবর্তনের এই ঢেউ এখন তার প্রারম্ভিক অবস্থায় রয়েছে। তবুও রেল তার দূরদৃস্টির সাহায্যে দীর্ঘকালীন উন্নতির রণনীতি প্রস্তুত করেছে। দ্বিতীয়ত রেলের এই পরিবর্তন বাজারে বা দেশে যেরকম হুলুস্হুলু শুরু করে দিয়েছে সেটা খুবই শুভ সংকেত করছে। বিনিয়োগকারি ব্যাঙ্ক বা কর্পরেটগুলির কাছে ভারতীয় রেল একটা আলোচ্য বিষয় হয়ে উঠেছে। সবাই রেলে বিনিয়োগ করার সুযোগের অপেক্ষা করছে। আজ রেল যেভাবে নিজের লক্ষ্য স্হির করেছে, আর এই লক্ষ্যে পৌঁছানোর জন্য যে চ্যলেঞ্জগুলির সম্মুখীন তাকে হতে হবে সেগুলির জন্য উদ্দম আর বিনিয়োগকারিদের যথেস্ঠ সুযোগ দেবে। এর শক্তিশালী অর্থনৈতিক অবস্হাকে ব্যক্ত করার জন্য এর থেকে ভাল উদাহরণ আর কি হতে পারে যে রেলের অর্থনৈতিক উন্নতি আজ বার্ষিক 8 শতাংশ হারে হচ্ছে আর সে বার্ষিক খচরা কমিয়ে 20,000 কোটি টাকা আয় করছে। এই বিষয়ে কোন পর্যালোচনা করার সময় এটা মনে রাখতে হবে যে 50,000 কোটি টাকার এই সাম্রাজ্য চালানোর জন্য তার 14,20,000 কোটি জন কর্মচারির প্রয়োজন আছে।

সমৃদ্ধি আর সংশোধনে ভরা এই সংস্হায় বড় আকারে তথ্য, পরিসংখ্যান আর খবর নিত্য নৈমিত্তিক গতিবিধির অংশ। যেগুলিকে নাড়াচাড়া করে গুরুত্বপূর্ণ নির্ণয় নেওয়া হয়। রেলের বিশালতার চিন্তা করলে দেখা যাবে যে এর সঙ্গে অন্য কোন সংস্হা পাল্লা দিতে পারবে না। এই অবস্হায় কোন স্হায়ি পরিবর্তন অথবা নবকলেবর প্রদান করার সাথে প্রচেস্টা আর সংকল্পের কথা যুক্ত থাকে। বিভিন্ন দিক থেকে উৎপন্ন চাপ আর প্রতিদ্বন্দ্বিতা সত্যেও ভারতীয় রেল আজ অর্থনৈতিক সুদৃঢ়তার বুনিয়াদের উপর দাঁড়িয়ে রয়েছে। এগুলি দীর্ঘ সময় চলা পরিবর্তনের পরিণাম। অল্প দিন আগে লালু রেলের খরচা আরও কম করার জন্য বলেছেন। তাঁর কার্যকালে প্রতি এক টাকায় খরচা 90 থেকে 83 পয়সায় নেমে আসে। আপনি যদি প্রশ্ন করেন যে রেলমন্ত্রী কি নিজের কথায় অটল থাকবেন নাকি এই কথাগুলি কেবলমাত্র মানুষকে প্রভাবিত করার জন্য বলছেন ? আপনি যদি 90 এর দশকে এই প্রশ্ন করতেন তাহলে আমিও হয়ত আপনাদের মতই চিন্তা করতাম। □□□

অধ্যায় ঃ পাঁচ

লালুজীর বাজেটের জাদু

1. রেল মন্ত্রীর বাজেট ভাষণ (2007-2008)

1. চলতি বছরে নিস্পন্ন
2. মাল বহন ব্যবস্থায় লম্বা পাড়ি
3. স্টীল এবং সীমেন্ট বহনে -লক্ষ্য 200 মিলিয়ন টন
4. কন্টেনার পরিসেবা - লক্ষ্য 100 মিলিয়ন টন
5. তিন থাক বিশিস্ট কন্টেনার ট্রেন
6. দীর্ঘকালীন সার্ভিস লেভেল এ্যাগ্রিমেন্ট
7. কয়লার জন্য 'মৈরী গো-রাউণ্ড' সিস্টেম
8. ফ্রেস্ট টার্মিনল্স-এর বিকাশ
9. এন.টি.'র এম.জি.টি.কে এম অনুপাতে সংস্কার
10. হায়ার একসল লোডের মালগাড়ী
11. উৎকৃস্ট কে-লোড টেয়রওয়েট অনুপাত বিশিস্ট ওয়াগান
12. নির্মাতাদের দ্বারা নতুন ডিজ্ইনের ওয়াগান নির্মাণ
13. রোলিং স্টক রক্ষণাবেক্ষণের ব্যাবস্হা
14. থ্রুপুট বর্দ্ধিতকরণের কাজ
15. সঙ্গে-সঙ্গে অভিযোগের নিস্পত্তি বরার ব্যাবস্হা
16. বাজার পর্যবেক্ষণ
17. যাত্রী পর্যবেক্ষণ

18. অসংরক্ষিত সেকেণ্ড ক্লাস যাত্রী বগিতে গদিযুক্ত কুশনওয়ালা সীটের ব্যাবস্থা
19. সাধারণ শ্রেণীর অতিরিক্ত বগির ব্যাবস্থা
20. বৃদ্ধ আর মহিলা যাত্রীদের জন্য লোয়ার বার্থ সংরক্ষিত করা
21. ছাত্র-ছাত্রিদের জন্য বিশেষ ছাড়
22. বিকলাঙ্গ যাত্রীদের জন্য বিশেষ কোচের ব্যাবস্থা
23. ভেণ্ডারর্স কোচের ব্যাবস্থা
24. ট্রেন এনকুয়ারি কল সেন্টারের সূচনা
25. টি.টি.ই.-র হ্যাণ্ড হেল্ড কমপ্যুটার টার্মিনল এর ব্যাবস্থা
26,. সংরসিত টিকেট-বিতরণ
27. অসংরক্ষিত টিকিট-বিতরণ
28. যাত্রী বগির ক্ষমতা বৃদ্ধি করা
29. স্টেণ্ডার্ড কম্পোজীশান-এর রেক
30 স্টেশানে যাত্রীদের সুযোগ-সুবিধা
31. পরিচ্ছন্নতা বর্ষ 2007
32. রেলের নতুন ছবি-একাদশ পঞ্চ বার্ষিকি পরিযোজনা
33. ডেডীকেটেড ফ্রেট করিডোরের নির্মাণ
34. আমূল পরিবর্তন
35. হাইস্পিড প্যাসেঞ্জার কারিডোরের নির্মাণ
36. শহরতলীর পরিসেবা
37. ক্ষমতা বিস্তার
38. রেল পরিসেবায় আই.টি.-র উপযোগিতা
39. রেল বিদ্যুতিকরণ
40. সার্বজনিক-ব্যক্তিগত অংশিদারি পরিযোজনা
41. রেলের রক্ষণাবেক্ষণ
42. রেলওয়ে প্রতিরক্ষা
43. খেলাধুলোয় রেলের অভিজ্ঞতা
44. আর্ন্তজাতিক সহযোগিতা
45. কর্মচারিদের কল্যাণ

46. সংগঠনমুলক আর মানব কল্যাণের বিকাশ
47. আই.আই.এম.,আমেদাবাদে রেলওয়ের চেয়ার স্হাপন
48. অনুসুচিত জাতি - জনজাতি ভর্তি অভিযান
49. অনগ্রসর জাতির প্রার্থীদের ভর্তির ব্যবস্হা।
50. সার্বজনিক ক্ষেত্রের গঠন
51. আর.বি.এন.এন.
52. যাত্রী পরিসেবা
53. বার্ষিক পরিযোজনা (2007-2008)
54. চলতি পরিযোজনা
55. নতুন লাইন বসানো
56. আমূল পরিবর্তন
57. দ্বৈতকরণ
58. নতুন পরিযোজনা
59. নিরীক্ষণ
60. মধেপুরাতে নতুন বিদ্যুৎচালিত ইঞ্জিন তৈরী কারখানা স্হাপন
61. সিগনাল ব্যবস্হার আধুনিকরণ
62. কেরল সরকারের সঙ্গে যৌথ উদ্যোগ
63. ডালমিয়া নগরে ওয়াগান-বোগী কমপ্লেক্স স্হাপন
64 শহরতলী পরিসেবা
65. 2007-08'র আনুমানিক বাজেট
66. ডায়নামিক প্রাইসিং এবং কমার্শিয়াল পলিসি
67 যাত্রী পরিসেবা
68. পার্সেল এবং লাগেজ পরিসেবা
69. মাল-বহনের ব্যাবসা
70. টু-লেগ ফ্রেট ডিসকাউন্ট স্কীম
72. নন-পীক সীজনে ইনক্রিমেন্টাল ফ্রেট ডিসকাউন্ট স্কীম
73. বস্তু ভিত্তিক ফ্রেট পলিসি
74. ডায়নেমিক কমার্শিয়াল পলিসি
75. ডায়নেমিক বার ফেজ রেট

76. ডায়নেমিক ডেমারেজ রেঞ্জ

77. ট্র্যাফিক রুট ভিত্তিক ট্যরিফ পলিসি

78. ওয়াগন ইনভেস্টমেন্ট স্কীমে উদারিকরণ

79. উপসংহার

(ক) রেলমন্ত্রীর বাজেট ভাষণ (2007-2008)

মহাশয়, আমি চতুর্থ রেল বাজেট প্রস্তুত করতে গিয়ে নিজেকে খুবই কৃতজ্ঞ এবং গৌরবান্বিত মনে করছি। আমার গর্ব হচেছ যে সাধারণ মানুষের ওপর কোনরকম বোঝা না চাপিয়েও রেলওয়ে গত বছরের 14.700 কোটি টাকার তুলনায় এই বছরে 20.000 কোটি টাকা লার্ভ এবং ক্যাশ সারপ্লাস অর্জন করার এক নতুন ইতিহাস সৃষ্টি করতে চলেছে। এটা সেই রেলওয়ে যে 2001 সনে ডিবিডেন্ট দিতে পারে নি এবং যার 'ফাণ্ড ব্যালেন্স' 359 কোটি টাকায় গিয়ে দাঁড়িয়ে ছিল। আমি আন্তরিকভাবে সেই 14 লক্ষ রেল কর্মীদের কাছে কৃতজ্ঞ যারা প্রচণ্ড উৎসাহ-উদ্দীপনার সঙ্গে এবং ঐক্যবদ্ধভাবে এই কঠিন প্রতিযোগীতার মোকাবেলা করেছেন। মহাশয়,যখন ভগবান শ্রী কৃষ্ণ, সংকটের সময় গোবর্ধন পর্বত আঙ্গুলে তুলে নিয়ে ছিলেন তখন তাঁকে 'গিরিধর' বলা হয়, কিন্তু পর্বত তুলতে লক্ষ-লক্ষ গ্রামের মানুষ লাঠি দিয়ে তাঁকে সাহায্য করে ছিলেন। আজ যদিও রেলওয়ের আমূল পবির্তনের কৃতিত্ব আমাকে দেওয়া হচেছ, কিন্তু আমি বিনর্মতার সাথে সম্মানিত সভাসদকে বলতে চাই যে এই কর্তব্যনিষ্ঠ 14 লক্ষ রেলকর্মীদের অশেষ পরিশ্রম এবং দেশবাসীদের অগাধ স্নেহ আর সমর্থনের কারণেই সফল হতে পেরেছি। মহাশয়, আমি শুধু এইটুকুই বলতে চাই যে-

"আমরা যাত্রী ভাড়া না বাড়িয়ে এবং ঐতিহাসিক সারপ্লাস অর্জন করে এই বধ্যমুল ধারণাকে ভেঙ্গেছি যে রেলওয়ে নিজের সামাজিক দায়বদ্ধতার কারণে আর্থিক সংকট জজরিত হচিছল। আসলে আমাদের আমূল পরিবর্তনের রণনীতি, ব্যাবসায়িক জ্ঞান এবং সাধারণ মানুষের প্রতি সংবেদনশীলতায় এমন প্রতীত হয়েছে যেটা ভারতীয় রেলকে দেশ-বিদেশের আকর্যণের কেন্দ্র হিসাবে তুলে ধরেছে–'

(1) চলতি বছরের প্রদর্শন

চলতি বছরের প্রথম নয় মাসে রেলের রেকর্ড ছাড়া উপার্জন হয়েছে। প্রথম নয় মাসে আমাদের যাত্রী আয়ে শতকরা 14% এবং কোচিং আয়ে শতকরা 48% বৃদ্ধি লিপিবদ্ধ হয়েছে। এখন পর্যন্ত পরিলিখিত বৃদ্ধিকে মনে রেখে যাত্রী, অন্যান্য কোচিং, মাল এবং সমস্ত যাতায়াত আয়ের সংশোধিত অনুমান হিসাবে ক্রমসঃ 17.400, 1.726, 42.299 এবং 63.120 কোটি টাকা নির্ধারিত করা হয়েছে। সমস্ত যাত্রাযাত আয় গত বছরের তুলনায় শতকরা 16% এবং আনুমানিক বাজেটের তুলনায় শতকরা 55% বৃদ্ধির সম্ভাবনা আছে।

ডীজেলের মূল্য এবং বৃদ্ধি পাওয়া দামের ওপর বোনারসে পরিচালনার জন্য খরচা সত্ত্বেও খরচায় মিতবয়্যিতা করে সাধারণ প্রক্রিয়ার মাধ্যমে সামরিক দৃস্টিতে গুরুত্বপূর্ণ লাইনের পরিচালনা বাবদ খরচের জন্য অর্থ দপ্তর থেকে পাওয়া অর্থকে সাধারণ পরিচালন ব্যয় থেকে কমানোর পর দেখানো হয়েছে। সেই অনুযাই সংশোধিত অনুমানে তাকে 64 কোটি থেকে বাড়িয়ে 38 হাজার 91 কোটি টাকায় নির্ধারিত করা হয়েছে। সংশোধিত অনুমান ডী.আর.এফ এবং পেন্সন ফাণ্ডের জন্য ক্রমসঃ 4 হাজার 108 এবং 7 হাজার 516 কোটি টাকার ব্যাবস্হা করার পর মোট পরিচালন ব্যয় 49 হাজার 615 কোটি টাকা হবার সম্ভাবনা আছে। ফাণ্ড ব্যালেন্স-এর ওপর পাওয়া সুদকেও আনুসঙ্গিক আয়ের ভেতরে অর্ন্তভূক্ত করা হয়েছে। এভাবে লাভাংশকে পরিশোধ করার ফলে রেলের 'ক্যাশ সারপ্লাস' 20 হাজার 63 কোটি টাকা, শুদ্ধ রাজস্ব 14 হাজার 870 কোটি টাকা এবং 3 হাজার 579 কোটি টাকা, চলতি বছরের লাভাংশ হয় এবং 663 কোটি টাকার বকেয়া লাভাংশ পরিশোধ করার পর শুদ্ধ সারপ্লাস 10 হাজার 627 কোটি টাকা হবার সম্ভাবনা আছে। 2006-07 ভারতীয় রেলের 'আপারেটিং বেশিয়ো' শতকরা 78.7% হবার সম্ভাবনা আছে। মহাশয়, রেলের 150 বছরের অধিক গরিমাপূর্ণ ইতিহাসে হয়তো এটা প্রথম বছর, যখন আমাদের 'ফাণ্ড ব্যালেন্স' বৃদ্ধি হয়ে 16 হাজার কোটি এবং বিনিয়োগ করা মুলধনের ওপর একশো ভাগ রিটার্ন হচেছ অর্থাৎ বিনিয়োগ কার মুলধনের উপরে শুদ্ধ রাজস্বের অনুপাত শতকরা 20% এর ঐতিহাসিক স্তরে পৌঁছে যাবে। ভারতীয় রেলের নাম এবার বিশ্বের সেই সব উৎকৃস্ট রেলওয়ের সঙ্গে পরিগণিত হবে যাদের 'অপারেটিং রেশিয়ো' শতকরা 80% থেকেও কম। কিন্তু আমদের এই অভিজ্ঞতার পর সন্তুস্ট হলে চলবে না।

বস্তুতঃ নতুন উৎসাহ এবং উদ্দিপনায় ভরা রেলকর্মীরা এবার বিকাশের

এক নতুন কাহিনী লেখার জন্য উদগ্রীব হয়ে আছেন–

এখন পর্যন্ত যা দেখেছো
এটা তো সবে শুরু।
খেল-তামাসা এবার দেখ,
উদার হৃদয় সওদাগরের।

(2) মাল বহন ব্যবস্থায় লম্বা পাড়ি

মাল-পরিবহনে লাগাতার তৃতীয় বছরে আমাদের প্রদর্শন খুবই ভাল ছিল এবং এই বছর প্রায়ঃ 60 মিলিয়ন টন অতিরিক্ত লোডিং হবার সম্ভাবনা রয়েছে। এই ভাবে ইউ.পি.এ. সরকারের তিন বছরে প্রায়ঃ 170 মিলিয়ন টন অতিরিক্ত লোডিং হবে, যা 90 সনের পুরো দশকে হওয়া অতিরিক্ত লোডিং এর শতকরা 120% থেকেও বেশি। এই গতির হারকে ধরে রাখার জন্য আমরা যেখানে এক দিকে যেমন গাড়ীগুলিকে গ্রহণযোগ্য করার জন্য নানান পদক্ষেপ নিয়েছি, অন্যদিকে বাজার এবং গ্রাহকদের প্রয়োজনের অনুযায়ী নিজের নীতিগুলিকে ঢেলে সাজিয়েছি।

(3) স্টীল আর সিমেন্ট পরিবহনে লক্ষ্য - 200 মিলিয়ান টন

মহাশয়, 1991 সনে নতুন আর্থিক নীতি লাগু হবার পর থেকে রেলওয়ে লাগাতার সীমেন্ট এবং স্টীল পরিবহনে নিজের অংশিদারি হারিয়ে এসেছে। ফলে এই সমস্ত জিনিসের পরিবহনে আমাদের অংশ 1991 সনে দুই-তৃতীয়াংশের তুলনায় কমে গিয়ে–এক তৃতীয়াংশের মত হয়েছে। সদনকে জানাতে গিয়ে আমি খুবই আনন্দ অনুভব করছি যে আমরা এই বছরের প্রথম নয় মাসে সীমেন্ট এবং স্টীল পরিবহনে নিজের অংশ শতকরা পাঁচ থেকে সাত ভাগ পর্যন্ত বৃদ্ধি করেছি। এই বছর সীমেন্ট ও স্টীল শিল্প যেখানে শতকরা 10% পর্যন্ত বৃদ্ধি করেছে, সেখানে আমাদের সীমেন্ট ও স্টীল ট্রেফিকে শতকরা 20% থেকে 30% পর্যন্ত বৃদ্ধি হয়েছে। এটা বাজার তথা গ্রাহক-মুখী নীতিগুলিরই ফলাফল। এখন আমরা 'লক্ষ্য 200 মিলিয়ন টন'-এর ওপর নিজের দৃস্টি নিবদ্ধ করেছি। আমরা আশা করছি যে 2011-12 সন পর্যন্ত সীমেন্ট এবং স্টীল এই দুটি বস্তুর ফলে রেলের ট্রেফিক বৃদ্ধি পেয়ে 200 মিলিয়ন টনে গিয়ে দাড়াবে।

(4) কনটেনার পরিবহণে লক্ষ্য - 100 মিলিয়ন টন

মহাশয়, গত দুই বছরে কন্টেনার ট্রেন চালানোর জন্য 15 টি লাইসেন্স পাস করা হয়েছে। আমাদের লক্ষ্য 100 মিলিয়ন টন। আমরা 2011-12 সন পর্যন্ত

'কন্টেনার ট্রেফিক 20 মিলিয়ন টন' থেকে বাড়িয়ে 100 মিলিয়ন টন করার যথা সম্ভব চেস্টা করব। আমাদের বিশ্বাস যে আগামী পাঁচ বছরে কয়েক হাজার কোটি টাকা কন্টেনার ওয়াগান টর্মিনল, এবং এর সাথে যুক্ত অন্যান্য রেল-সরঞ্জমের উন্নয়নে বিনিয়োগ করা যাবে।

আমাদের এই দুই লক্ষ্যকে সফল করার জন্য আমরা একটা উচ্চ ক্ষমতা সম্পন্ন কার্যকারি দল গঠিত করা হয়েছে, যারা লাগাতার সীমেন্ট, স্টীল শিল্প উদ্দোগ এবং কন্টেনার অপারেটরদের সাথে কথাবার্তা চালিয়ে যাবে আর তাদের প্রয়োজন অনুযায়ী বিশেষ পেকেজ তৈরী করে আমাদের এই লক্ষ্যে পৌঁছনাকে সার্থক করবে।

(5) ট্রিপল স্ট্যাক কনটেনর ট্রেন

মহাশয়, আমরা ডীজেল রুটে ডাবল স্ট্যাক কন্টেনর ট্রেন চালানোয় সফল হয়েছি এবং বর্তমানে পিন্নাও থেকে জয়পুর ডাবল স্ট্যাক-কন্টেনার চলছে। 2007-08 সনে পাইলট বেসিসে কম উচ্চতা সম্পন্ন কন্টেনারের সাথে ডীজেল রুটে তিন তলা (স্ট্যাক) কন্টেনার ট্রেন এবং বৈদ্যুতিকরণ সম্পন্ন রুটে ডাবল স্টাক কন্টেনার ট্রেন চালানোর প্রয়াস করা হবে। এই ধরণের কন্টেনার বিভিন্ন বাহনের বোঝাই করার কাজে খুবই উপযোগী হবে।

(6) দীর্ঘকালীন সার্ভিস লেভেল এ্যগ্রিমেন্ট

কিছু দিন আগে আমরা কয়লার পরিবহনের জন্য 30 বছরের দীর্ঘ মেয়াদী 'সার্ভিস লেভেল এগ্রিমেন্ট' অর্থাৎ এস.এল.ও. সাক্ষর করেছি। দেশে বহু নতুন সিমেন্ট, স্টীল এবং মেগা পাওয়ার প্লান্ট স্হাপন হচেছ। আমরা তাদের কারখানা পর্যন্ত নতুন রেল লাইন পাতা অথবা লাইনের ক্ষমতা বিস্তার করা, তাদের প্রয়োজন অনুযায়ী নতুন ডিজাইনের ওয়াগান জোগান দেওয়া, মুল্য-নীতি তৈরী করা এবং লোডিং-আনলোডিং টার্মিনাল বিকশিত করতে তাদের পূর্ণ সহযোগিতা এবং সমর্থন দেব। আমরা সমস্ত শিল্প উদ্দোগীদের রেলওয়ের সাথে দীর্ঘমেয়াদী এস.এল.এ. সাক্ষরিত করার জন্য আমন্ত্রিত করছি।

(7) কয়লার জন্য মেরি গো রাউন্ড সিস্টাম

এন.টি.পি.সি সহ কয়েকটি কোম্পানি নিজেরাই এস.জি.আর. সিস্টেমকে অপারেট করছে। নতুন পাওয়ার প্লান্ট ও এম.জি.আর সিস্টেম তৈরী করার পরিকল্পনা নিয়েছে। রেলের এই ধরণরে প্রণালী, অধিক কার্য কুশলতা এবং কম খরচে চালানোর দক্ষতা আছে। সুতরাং আমরা এই ধরণের সমস্ত নতুন ও পুরানো কোম্পানিকে এম.জি.আর চালানোর জন্য রেলের সাথে এস.এল.আর.

করার জন্য আমন্ত্রিত করছি। আমরা তাদের আশ্বস্ত করতে চাই যে রেলওয়ে তার বর্তমান পরিবহনের খরচ থেকে কম খরচে কয়লা পরিবহন করবে।

(8) ফ্রেস্ট টারমিনালের বিকাশ সাধন

ব্যাঙ্গালোরের গুড্স শেডে ওয়ের হাউস -কম্পলেক্স তৈরী হবার পর রেলওয়ে ট্রেফিকে উল্লেখযোগ্য বৃদ্ধি দেখা দিয়েছে। তাই আমরা সিদ্ধান্ত নিয়েছি যে এক মাসে 15 টির বেশি রেক হেন্ডেল করব। ফ্রেট টার্মিনাল্সে সমস্ত প্রধান সুবিধাকে বিকশিত করার কাজকে আগামী তিন বছরে সম্পূর্ণ করা হবে। এই কাজের জন্য যাতে অর্থের কোন ঘাটতি না হয়, তাই আমরা ফ্রেট টার্মিনাল্সের বিকাশ ও উন্নয়ন এবং রক্ষনাবেক্ষনের জন্য একটি নতুন অতিরিক্ত পরিকল্পনা সংযোজন করার সিদ্ধান্ত নিয়েছি। এই ধরণের পরিকল্পনাকে কার্যকর করার জন্য ইরকাঁন কে.আর.সি.এল. এবং সার্বজনিক বেসরকারি অংশীদারী সহ সমস্ত বিকল্পের বিষয় চিন্তা করা হবে।

(9) এন.টি.কে.এম.জী.টি.কে.এম. অনুপাতে উন্নতি

মহাশয়, ভারতীয় রেলকে এক টন রাজস্ব উপার্জন করতে মাল বহন করার জন্য এক টন থেকে কিছুটা কম টেয়ার ওয়েট অর্থাৎ বোঝা বহন করতে হবে। সেই অনুপাতে শতকরা এক ভাগ সংস্কার হলে রেলের বার্ষিক 1 হাজার 500 কোটি টাকা অতিরিক্ত আয় হবে। সুতরাং 'আগামী কয়েক বছরে' এই অনুপাতে শতকরা পাঁচ ভাগ সংস্কার করার জন্য গাড়ীর পে-লোড বৃদ্ধি করা, টেয়ার ওয়েট কমানো, গাড়ীকে দুই দিক দিয়েই লোড করা, রক্ষনাবেক্ষণ এবং পরীক্ষার জন্য গাড়ীকে যতটা কম খালি অবস্থায় চালানো যায়, এরকম অনেক উপায় এক সাথে করতে হবে। সমস্ত ধরনের ভ্যাকুম ব্রেক আর রোলিং স্টাককে দুই কিস্তিতে ফেজ আউট করা হবে। গাড়ীর রক্ষনাবেক্ষন এবং পরীক্ষায় 'এম্টি রনিং' কে কম করার জন্য ওয়াগানকে সারাই এবং পরীক্ষা করার কেন্দ্রবিন্দুকে এমন ভাবে পূর্ণব্যবস্থিত করা হবে যাতে এম্পটি রনিং যতটা সম্ভব কম হয়। বহু গাড়ীতে কিছু এমন ওয়াগান থাকে, যা দুই তরফেই খালি যাতায়াত করে। এফ.ও.আই.এস. পুরো হয়ে যাওয়ার পর এই ধরণের ওয়গানের সংখ্যা এবং স্থানের খোঁজ করে তাকে গাড়ী থেকে বের করে কাছাকাছি ডিপোতে রিপেয়ার করার ব্যাবস্থা করা হবে।

(10) হাইয়ার এ্যক্সেল লোডের মালগাড়ি

সদনকে এটা জানাতে পেরে আমি খুবই খুশি যে পাইলট বেসিসের ওপর 22.3 এবং 22.9 টন এক্সেল লোড লাগু করার ভাল পরিণাম এসেছে।

হালেই পায়লট বেসিসের উপরে 25 টন এক্সেল লোডের গাড়ী চালানো হয়েছে। 2007-08 সনে বহু রুটে 22.9 টন এক্সেল ওয়ালাগাড়ী এবং আরো কিছু রুটে 25 টন এক্সেল লোডের গাড়ী চালানো হবে।

(11) উন্নত মানের পে-লোড টেয়ার ওয়েট অনুপাতের ওয়াগন

মহাশয়, ওয়াগান হচেছ রেলের উপার্জনকারী ঘোড়া। ওয়াগান উৎপাদনে শতকরা 10% বৃদ্ধি ঘটলে বছরে রেলওয়ের আয় 4 হাজার কোটি টাকা বৃদ্ধি পায়। টর্ন রাউণ্ড টাইম কমিয়ে এবং পে-লোড বাড়িয়ে আমরা কয়েক হাজার কোটি টাকা উপার্জন করেছি। আর.ডি.এস.ও. দ্বারা 22.9 টন এক্সেল লোডের জন্য উপযুক্ত খোলা এবং কভার্ড ওয়াগানের নতুন ডিজাইন তৈরী করা হয়েছে, যার পে-লোড টেয়ারওয়েট রেশিয়ো 3 থেকে বেশি। এই ধরনে তৈরী খোলা এবং কভার্ড মাল গাড়ীর বহন ক্ষমতাও বর্তমানের গাড়ীর তুলনায় যথাক্রমেঃ 5, 10 এবগ 30% বেশি। সুতরাং আমরা সিদ্ধান্ত নিয়েছি যে রেলের দ্বারা 2007-08 সনে ডাকা টেণ্ডারে 203 টন এক্সেল লোডের পুরানো ডিজাইনের খোলা এবং কভার্ড ওয়াগানের উৎপাদন শুরু করা হবে। এই ভাবে 22.9 এক্সেল লোডে স্টীল এবং পেট্রোলিয়াম পদার্থের বহনে ব্যাবহারের উপযোগী ওয়াগানও তৈরী করা হবে।

(12) নির্মাতাদের দিয়ে নতুন ডিজাইনের ওয়াগন তৈরী করান

রেলের আর.ডি.এস.ও.'র দেওয়া ডিজাইন অনুযায়ী ওয়াগানের নির্মাণ করা। আমরা এই সমগ্র পদ্ধতিতে আমুল পরিবর্তন করার সিদ্ধান্ত নিয়েছি। এখন ওয়াগান নির্মাতা আর.ডি.এস.ও দ্বারা অনুমোদিত বগি, কপলার, ড্রাফ্ট এবং ব্রেক গিয়ারের ব্যাবহার করার সাথে নিজের ডিজাইন অনুযায়ী ওয়গান তৈরী করতে পারবে। আর.ডি.এস.ও. দ্বারা নতুন ডিজাইনের ওয়গানকে সংরক্ষনের দৃষ্টিতে অধিকতম নয় মাসের মধ্যে প্রমাণিত এবং অনুমোদিত করা হবে।

মহাশয়, অধিক, পে-লোড এবং কম টেয়ার ওয়েট যুক্ত নতুন প্রযুক্তির ওয়গান পুরানো ওয়াগানের তুলনায় দামি হবে। সুতরাং নুতন প্রযুক্তির ওয়াগানের বিকাশ এবং উৎপাদন করার জন্য মাল ভাড়ায় 'ডিস্কাউন্ট' দেওয়ার নীতি এই ভাবে তৈরী করা হবে যাতে নতুন প্রযুক্তির লাভ রেলওয়ে এবং বিনিয়োগকারী দুজনেই পায়। এ সম্পর্কে বিষদ বিবরণ সহ সিদ্ধান্ত শীঘ্রই প্রকাশ করা হবে।

(13) রোলিং স্টকের রক্ষণাবেক্ষণের ব্যাবস্হা

মহাশয়, আমরা নিজের রোলিং স্টককে ভালভার্বে ব্যাবহার করে তার থেকে পাওয়া সংস্হান দিয়েই অধিক মাল বহন করেছি। ইঞ্জিন ও ড্রাইভারের লিংকসের যুক্তিকরণ করে আমরা গত দুই বছরে মোট 250 থেকেও বেশি ইঞ্জনের রক্ষণাবেক্ষণ করে তাকে দিয়ে অন্যান্য ট্রেনকে চালানোর জন্য ব্যাবহার করেছি।

প্রত্যেক দিন পাঁচটার থেকে বেশি মালগাড়ীর পরীক্ষা করার জন্য ইয়ার্ডগুলিকে অপগ্রেড করে সেটাকে বিশ্ব মানের সুবিধাযুক্ত করা হবে। 2007-08 সনের অধিকাংশ এয়ার ব্রেক যুক্ত গাড়ীর পরীক্ষা প্রীমিয়াম, সি.সি.টি.ভি. প্রীমিয়াম এবং এ্যাণ্ড টু এ্যাণ্ড পরীক্ষা করার পদ্ধতি অনুযায়ী করার লক্ষ্যে পৌঁছতে হবে। আমরা সমস্ত ধরনের রোলিং স্টক, ইউনিট একচেঞ্জ মেন্টেনেন্স-এর ব্যাবস্হা লাগু করার সিদ্ধান্ত নিয়েছি। এই ব্যাবস্হায় রোলিং স্টকের সংস্হানে উল্লেখযোগ্য উন্নতি হবে।

(14) থ্রুপুট এ্যান্যহন্সমেন্ট কাজ

মহাশয়, বর্তমান উন্নতির হার বজায় রাখার জন্য 20 হাজার কি.মি. দীর্ঘ ডেন্সিটি নেটওয়ার্কের উপরে তীব্রতার সাথে বিস্তার করা নিতান্ত প্রয়োজন। এই রুটে বিনিযোগের দ্বারা সম্পূর্ণ লাভ করার জন্য রুট ওয়াইজ কার্য পরিকল্পনা তৈরী করে বিভিন্ন কাজকে সমানভাবে কার্যকরী করা হবে। এই নেটওয়ার্কে 23 টন এবং মিনরল রুটকে 25 টন এক্সেল লোডের গাড়ী চালানোর উপযুক্ত করা হবে। এই সমস্ত রুটের লাইনে ক্ষমতা বিস্তারের জন্য প্রয়োজন অনুযায়ী দ্বিতীয়, তৃতীয় অথবা চতুর্থ লাইনের নির্মাণ করা হবে। লাইনের ক্ষমতা বৃদ্ধি করার জন্য দুই সেক্সনের মধ্যে দূরত্বকে আই.বি.এস. লাগিয়ে কমানো হবে এবং কর্মব্যস্ত জংশানের দুইদিকে অটোমেটিক সিগনলিং-এর ব্যাবস্হা করা হবে। বাধাবিঘ্ন রহিত এবং দ্রুত গতি সম্পন্ন পরিবহন সুনিশ্চিত করার জন্য কর্মব্যস্ত জংশানে ফ্লাই ওভার, বাই পাস ইত্যাদি নির্মাণ করা হবে এবং ইয়ার্ড ডিজাইনে পরিবর্তন করে গাড়ীগুলিকে ক্রস মুভমেন্ট থেকে রক্ষা করা যাবে।

এসব রুটের ওপর 30 কি.মি. প্রতি ঘন্টার হাই স্পীড যুক্ত টর্ন-আউট লাগানো হবে। 2007-08 সনে দুই শত করে ডীজেল এবং ইলেক্ট্রীক ইঞ্জিন আর 11 হাজার ওয়াগান উৎপাদন করা হবে। থ্রুপুট-এন্হেন্সমেন্ট কাজের জন্য অর্থের কোন ঘাটতি হবে না।

(15) সঙ্গে-সঙ্গে অভিযোগের নিষ্পত্তি বরার ব্যাবস্হা

মহাশয়, অধিকাংশ রেল উপভোক্তাদের ট্যরিফ থেকে নয়, বরং পরিসেবার উৎকর্ষতার মতো কেন্দ্রবিন্দুগুলির থেকে আমাদের প্রতি অভিযোগ আসে। তাই আমরা সিদ্ধান্ত নিয়েছি যে প্রত্যেক জোনাল রেলের উপভোক্তাদের সমস্যাগুলি শোনার জন্য এস.এ.জি. গ্রেডের অফিসার নিযুক্ত করা হবে এবং তাকে নির্দেশ দেওয়া হবে যে তিন মাসের মধ্যে সেই গ্রাহকদের সমস্ত সমস্যার সমাধান করতে হবে। আমি নিজের স্তরেও সমস্ত মালের উপভোক্তাদের জন্য একটি মাল-উপভোক্তা সমন্বয় উপদেস্টা সমিতি গঠন করেছি।

(16) বাজার নিরীক্ষণ

রেলের শতকরা 90% থেকে অধিক মালের বাবদ আয় কয়েকটি বস্তুর পরিবহনে পাওয়া যায়। আমরা এই আয়ের স্রোতকে ব্যাপক ভিত্তি প্রদান করে উন্নতির হারকে স্হায়িত্ব দেবার জন্য রেলের দ্বারা পরিবহন করা বস্তুর পরিধি এবং সংখ্যায় বৈচিত্র্য প্রদান করতে চাই। ট্রেফিকের নতুন সম্ভাবনাগুলির খোঁজ করার জন্য জোনাল রেলওয়ের দ্বারা একটি স্বতন্ত্র মার্কেটিং এজেন্সীকে নিযুক্ত করা হবে।

(17) যাত্রী ব্যাবসা

মহাশয়, যাত্রী ভাড়া বাড়ালে প্রতি যাত্রী আয় তো বৃদ্ধি পেতেই পারে, কিন্তু জরুরী নয় যে, এতে রেলের আমদানী ও বৃদ্ধি পাবে। আমরা চলতি বছরে জনপ্রিয় গাড়ীগুলিতে সাতশো অতিরিক্ত বগি জুড়ে না কেবল মানুষের অত্যাবশ্যক যাত্রার প্রয়োজন পুরণ করেছি, তার সঙ্গে রেলের আয় ও বাড়িয়েছি। খোলা টেণ্ডারের মাধ্যমে, পার্সেল এবং কেটারিং লাইসেন্স দেওয়ার আমাদের নীতিও জনপ্রিয়তা অর্জন করেছে। 2007-08 সনে অন্যান্য কোচিং-এর দরুণ শতকরা 48% এবং কেটারিং লাইসেন্স ফী থেকে আয় 120 কোটি টাকা হবার সম্ভাবনা রয়েছে। মহাশয়, আমরা দেখিয়ে দিয়েছি যে সাধারণ মানুষের সেবা করেও ভল্যুম গেম খেলে উপার্জন করা যেতে পারে। 2007-08 সনেও এই খেলাকে অব্যাহত রেখে জনপ্রিয় গাড়ীগুলিতে 800 অতিরিক্ত বগি দেওয়া হবে।

(18) অসংরক্ষিত সেকেন্ড ক্লাস যাত্রী কামরায় গদিওয়ালা সিটের ব্যাবস্হা

মহাশয়, আমি অসংরক্ষিত সেকেণ্ড ক্লাসের বগিতে যাত্রীদের কস্ট এবং অসুবিধার সঙ্গে ভালোভাবে পরিচিত। বর্তমানে বেশিরভাগ মেল-এক্সপ্রেস এবং

সাধারণ প্যাসেঞ্জার গাড়ীগুলিতে অসংরক্ষিত দ্বিতীয় শ্রেণীর যাত্রী বগিতে কুশন ছাড়া কাঠের পাটা দেওয়া সীট লাগানো আছে। এতে যাত্রীদের বসতে অসুবিধা হয়। সুতরাং আমরা সিদ্ধান্ত নিয়েছি যে 2007-08 সনে কাঠের পাটা দেওয়া সীটের উৎপাদন বন্ধ করে দেওয়া হবে। ভবিষ্যতে অসংরক্ষিত দ্বিতীয় শ্রেণীর বগির জন্যও স্লীপার কোচের মত গদিযুক্ত কুশন আঁটা সীটের উৎপাদন করা হবে। মহাশয়,

কথা আমি কাজের করি।
দেশের লাভের জন্য করি।।
'যেভাবে বৃক্ষ ছায়া দেয়,
সেইভাবে প্রত্যেক যাত্রীকে মনে করি।।

(19) সাধারণ শ্রেণীর অতিরিক্ত কামরার ব্যাবস্হা

সাধারণ শ্রেণীর বগির ঘাটতির কারণে সাধারণ জনগণকে বিশাল ভিড়ে যাত্রা করতে হয়। সুতরাং আমরা সিদ্ধান্ত নিয়েছি যে এই বছরে শুরু হওয়া প্রত্যেক নতুন রেলগাড়ীতে অসংরক্ষিত দ্বিতীয় শ্রেণীর 4টি'র পরিবর্তে ছয়টি বগি দেওয়া হবে। তার সাথেই পূর্ণ রূপে এ.সি.এবং জনশতাব্দী গাড়ীগুলি ছাড়া বাকী গাড়ীগুলিতেও যথা সম্ভব অসংরক্ষিত দ্বিতীয় শ্রেণীর বগির সংখ্যা বাড়ানোর চেস্টা করা হবে।

(20) বৃদ্ধ আর মহিলা যাত্রীদের জন্য লোয়ার বার্থ সংরক্ষিত করা

বয়স্ক নাগরিক এবং মহিলাদের, ওপরে অথবা মাঝের বার্থে যাত্রা করতে যথেস্ট অসুবিধা হয়। তাই আমরা সিদ্ধান্ত গ্রহণ করেছি যে একলা যাত্রা করা বয়স্ক নাগরিক এবং 45 বছরের অধিক বয়সের মহিলাদের জন্য এ.সি. এবং দ্বিতীয় শ্রেণীর স্লীপারে পর্যাপ্ত লোয়ার বার্থের কোটা রাখা হবে।

(21) ছাত্র-ছাত্রিদের জন্য বিশেষ ছাড়

মহাশয়, আমি 2004-05 সন এবং 2005-06 সনের বাজেট প্রস্তুত করতে গিয়ে ক্রমশঃ কেন্দ্রীয় সরকার এবং রাজ্য সরকারের পরিসেবায় বাছাই-এ সাক্ষাৎকারের জন্য যাত্রা করা বেকারদের দ্বিতীয় শ্রেণীর যাত্রী ভাড়ায় ছাড় দেওয়ার ঘোষণা করে ছিলাম। আগামী বছর থেকে কেন্দ্রীয় কর্মচারী বাছাই কমিশন এবং সংঘ লোক সেবা কমিশন দ্বারা আয়োজিত লিখিত প্রধান পরীক্ষাগুলিতে অংশ গ্রহণের জন্য বিদ্যার্থীদের দ্বিতীয় শ্রেণীর ভাড়ায় 50% ছাড় দেওয়ার কথা আছে।

(22) বিকলাঙ্গ যাত্রীদের জন্য বিশেষ কোচের ব্যাবস্থা

বিকলাঙ্গ যাত্রীদের সুবিধার জন্য আমরা এস.এল.আর.ডি. এবং এস.আর.ডি. যাত্রী বগির নির্মাণ করেছি। এই বগিতে বিশেষভাবে ডিজাইন করা কম্পার্টমেন্টে প্রসস্ত দ্বরজা, কুশন দেওয়া চওড়া সীট, সীটের মধ্যে অধিক ব্যাবধান এবং বিশেষভাবে নির্মিত বাথরুম আছে, যেখানে 'হুইল চেয়ারে' বসে ঢোকা যেতে পারে। এখন পর্যন্ত আমরা এই ধরণের এক হাজার দুই শত পশ্চাস বগির নির্মাণ করেছি এবং আগামী দুই বছরে সমস্ত মেল এবং এক্সপ্রেস গাড়ীগুলিতে এধরণের কোচ-লাগানোর পরিকল্পনা রয়েছে।

(23) ভেন্ডার্স কোচের ব্যাবস্থা

সব্জী বিক্রেতা, দুধওয়ালা এবং অন্যান্য খুচরো ব্যবসায়ী ফল, সব্জী এবং দুধ পরিবহনের জন্য রেলগাড়ী ব্যাবহার করেন। এর জন্য যাত্রী গাড়ীগুলিতে কোন জায়গা নির্ধারিত থাকে না,যার ফলে তারা দুধের জায়গা, ঝুড়ি ইত্যাদি জানলায় ঝুলিয়ে নিয়ে যান। এই রকম ক্ষেত্রে যাতে সুস্হভাবে যাত্রীগাড়ীতে এই জিনিসগুলি পরিবহন করা হয় তার জন্য যাত্রী গাড়ীতে 'ভেণ্ডার্স কোচ' দেওয়া হবে।

(24) ট্রেনের এনকোয়ারির জন্য পৃথক কল সেন্টারের ব্যাবস্হা

2007 সনের জুন থেকে সেপ্টেম্বর, দেশের সমস্ত চারটি অঞ্চলে ট্রেন ইনকোয়ারী কল সেন্টার কাজ করা শুরু করবে। যাত্রীরা 139 টেলিফোন নম্বর ডায়াল করে স্হানীয় কলের দামে দেশের যে কোন অংশে গাড়ীগুলির আগমন ও প্রস্হান, সীট পাওয়া ইত্যাদি সম্পর্কে অনুসন্ধান করতে পারনে। মহাশয়, কল সেন্টারে এস.এম.এস. এলার্টের মত বিশ্ব পর্যায়ের পরিসেবাগুলি দেওয়া হবে। ভবিষ্যৎে কল সেন্টার থেকে ফোনে রেলে টিকিট, ট্যাক্সী বুকিং, হোটেল বুকিং এর মত অনেক সুবিধা পাওয়া যাবে।

(25) টি.টি.আই. এর জন্য হ্যান্ড হেল্ড কমপিউটারের ব্যাবস্হা

বর্তমান পি.আর.এস. প্রণালীর অর্ন্তভুক্ত গাড়ী ছাড়ার কয়েক ঘন্টা আগেই রিজার্ভেশান চার্ট বের করা হয়। অনেক সময়েই দেখা যায় যে নানান কারণে যাত্রীদের রিজার্ভেশন থাকা সত্যেও তারা যাত্রা করতে পারেন না। ফলে বহু বার্থ খালী পড়ে থাকে। যেহেতু এই তথ্য পি.আর.এস. সিস্টেমে ফিড থাকে না সেই জন্য ট্রেনে ওঠা অথবা সামনের স্টেশনে ওয়েট লিস্টেড যাত্রীরা

এই সম্পর্কে কিছু জানতে পারেন না। তাই আমরা সংরক্ষিত কামরায় টি.টি.ই. কে হ্যাণ্ড হেল্ড কম্প্যুটার টার্মিনাল দেওয়ার পরিকল্পনা নিয়েছি। ট্রেন ছাড়ার পর টি.টি.ই চেকিং করার সময়েই কোচ ভিত্তিক এবং বার্থ ভিত্তিক সংরক্ষণের তৎকালীন অবস্থা হেণ্ড হেল্ড কম্প্যুটার টার্মিনালে ফিড করে দিতে পারবেন। এই টার্মিনাল সরাসরি পি.আর.এস. সিস্টেমের সঙ্গে যুক্ত থাকবে এবং এর মধ্যে কোচের বার্থের সংরক্ষণের বস্তুগত অবস্থা চলন্ত ট্রেন থেকে সরাসরি পি.আর.এস. প্রণালীতে লোড করে দেওয়া হবে। এই তথ্যের ভিত্তিতে খালী পড়ে থাকা বার্থকে পি.আর.এস. প্রণালী দ্বারা ট্রেনে এবং সামনের স্টেশনের তালিকায় যাত্রীদের দিয়ে দেওয়া হবে। আগামী বছরে পাইলট প্রোজেক্টের ভিত্তিতে 4 জোড়া ট্রেনের মধ্যে টি.টি.ই.কে হ্যাণ্ড হেল্ড টার্মিনাল দেওয়া হবে। সেগুলির মধ্যে নতুন-দিল্লী অমৃতসর, নতুন-দিল্লী দেহরাদুন, এবং নতুন-দিল্লী আজমেরের মধ্যে চলা তিনটে শতাব্দী গাড়ী ও রয়েছে।

(26) সংরক্ষিত টিকিট বিতরণ

প্রতিদিন পাঁচ লক্ষ থেকে বেশি সংরক্ষিত টিকিট কার্যালয়ে তিন হাজার থেকে বেশি পি. আর এস কাউন্টারে বিতরণ করা হয়ে থাকে। আগামী দুই বছরে ডি-শ্রেণীর সমস্ত স্টেশনে এবং ই-শ্রেণীর কিছু স্টেশানে পি.আর.এস. কাউন্টার খুলে দেওয়া হবে। এ ছাড়া পোস্ট অফিস এবং ডিফেন্স কার্যালয়ে ও তাদের দ্বারা পরিচালিত পি.আর.এস. কাউন্টার খোলা হবে। ইন্টারনেটের মাধ্যমেও সংরক্ষিত রেল টিকিট বিতরণ করাও জনপ্রিয় হয়েছে। দেশের প্রত্যেক অংশে রেলের সংরক্ষণ সহজ করে দেওয়ার উদ্দেশ্যে রাজ্য সরকারের ই-পরিসেবা, ডাকঘর, পেট্রল পাম্প, ব্যাঙ্ক-এবং এ.টি.এম ইত্যাদির মাধ্যমে ই-টিকিট বিতরণ করা হবে।

(27) অসংরক্ষিত টিকিট বিতরণ

সম্প্রতি সরা দেশে প্রায়ঃ 2 হাজার 200 টি কম্প্যুটার চালিত ইউ.টি.এস. কাউন্টার রয়েছে। আগামী দুই বছরে এ ধরনের কাউন্টারের সংখ্যা বাড়িয়ে 8 হাজার করে দেওয়া হবে। আগামী দুই বছরে বড় শহরে 6 হাজার অটোমেটিক টিকিট ভেন্ডিং মেশিন লাগানো হবে এবং একে ইউ.টি.এস. টার্মিনলের সঙ্গে যুক্ত করা হবে। স্মার্ট কার্ড অথবা ধাতু নির্মিত কয়েন ব্যাবহার করে বোতামে চাপ দিলেই টিকিট পাওয়া যাবে। মুম্বই-এ শহরতলীর যাত্রীদের জন্য টিকিট বিতরণ-এর কুপন প্রণালী জনপ্রিয় হয়েছে। একে আমরা কোলকাতা এবং চেন্নাইতেও শুরু করার চেস্টা করব। ইন্টারনেটে এম.এস.টি. নবীকরণ পরিকল্পনা

জনপ্রিয় করার জন্য আমরা এই সুবিধা বিনামূল্যে দেওয়ার সিদ্ধান্ত নিয়েছি। আগামী বছরে সেন্ট্রাল রেলওয়ে দ্বারা মুম্বাই-এ নানান উদ্দেশ্যে স্মার্ট কার্ড ভিত্তিক টিকিট বিতরণের একটি পাইলট পরিকল্পনা শুরু করা হবে। এই পরিকল্পনার অধীনে একটি স্মার্ট কার্ড গ্রাহকদের এম.এস. বেরিয়ে আসবে এবং এই কার্ডে দৈনিক টিকিট ও লোড হয়ে যাবে। এই কার্ডকে শহরের বিভিন্ন জায়গায় কেনা ও রীচার্য করানো যাবে। টি.টি.ই-র হ্যাণ্ড হেল্ড টার্মিনাল এই কার্ডকে রাখলেই টিকিট এবং এম.এস.টি.-র চেকিং হয়ে যাবে। পাইলট সফল হলে এর বিস্তার ঘটানোর চিন্তা করা যাবে।

আগামী দুই বছরে এই সমস্ত উপায়ে টিকিট কাউন্টারে দীর্ঘ লাইনের সমস্যার অনেকটা সমাধান হয়ে যাবে।

(28) যাত্রী কামরার ক্ষমতা বৃদ্ধি

মহাশয়, 'ইনোভেশান'-এর অর্থ 'ইন্ভেশন' অথবা 'ডিস্কভরী' হয় না। বস্তুত এর দৈনন্দিন গতি-বিধির নতুন পদ্ধতি গ্রহণ করা ও 'ইনোভেশন' হয়। আমরা বিভিন্ন শ্রেণীর যাত্রী বগির নতুন 'লে-আউট' তৈরী করেছি, যার ক্ষমতা আগের ডিজাইন থেকে অনেক বেশি। স্লীপার কোচের ক্ষমতা বৃদ্ধি পেয়ে 72 থেকে 84, এ.সি. চেয়ার কার-এর 67 থেকে 102 এ.সি. থ্রী-র 64 থেকে 81, এ.সি.টু 46 থেকে 48 এবং এ.সি. ফাস্ট এর 18 থেকে 22 হয়ে যাবে। আমি নিজে রেল কোচ ফেক্টি, কপুরথলায় গিয়ে এই নতুন ডিজাইন-এর বগিকে দেখেছি। এই বগি যাত্রীদের জন্য সুবিধাজনক ও আরামদায়ক হবে। তাই আমরা সিদ্ধান্ত নিয়েছি যে 2007-08 সনে নতুন ডিজাইনের কোচ-এর নির্মাণ শুরু করা হবে।

(29) স্ট্যান্ডার্ড কম্পোজিশনের রেক

যাত্রী গাড়ীগুলি স্ট্যাণ্ডার্ড কম্পোজীশন না থাকার কারণে বহু গাড়ী সকালে পৌঁছে রাত পর্যন্ত দাঁড়িয়ে থাকে। বগির সর্বাত্মিক উপযোগ করার উদ্দেশ্যে আমরা সিদ্ধান্ত নিয়েছি যে স্ট্যাণ্ডার্ড রেক কম্পোজীশন-এর বেশি গাড়ী তৈরী করা হবে। গত বছর আমরা গাড়ীগুলির রক্ষণাবেক্ষন পদ্ধতিতে পরিবর্তন করে 2 হাজার পাঁচ শত কি.মি. পর্যন্ত বি.পি.সি.-র পরিবর্তে পাইলট বেসিসে 3 হাজার 500 কি.মি. পর্যন্ত বি.পি.সি. দেওয়া শুরু করে ছিলাম। 2007-08 সনে এই প্রণালীর আরো অধিক বিস্তার করা হবে। এই দুই সিদ্ধান্তের ফলস্বরূপ বগির আরও উপযোগ করা হবে।

(30) যাত্রীদের জন্য প্রত্যেকটি স্টেশনে সুবিধা

মহাশয়, আমি গত বছর ঘোষণা করে ছিলাম যে আগামী দুই বছরে সমস্ত প্রধান স্টেশানের গেট-আপ এবং সুবিধার উন্নতি করব, জনগণ যে পার্থক্যগুলিকে অনুভব করবেন। এই ঘোষণা অনুযায়ী আমরা প্রত্যেক ডিভিশানে পাঁচটি রেলওয়ে স্টেশানকে মাডর্ন স্টেশান রূপে বিকশিত করার কাজ শুরু করে ছিলাম। আনন্দের সঙ্গে সদনকে জানাচ্ছি যে মার্চ 2007 পর্যন্ত এরকম 225 টি স্টেশানে এই কাজ সম্পন্ন হয়ে যাবে। এই কার্যক্রমকে অব্যাহত রেখে এই বছরেও আরও 300 টি স্টেশানকে এইভাবে বিকশিত করা হবে।

(31) পরিচ্ছন্নতা বর্ষ 2007

মহাশয়, আমরা 2006 সনকে ' আনন্দের সাথে উপভোক্তা পরিসেবা' বছর হিসাবে পালন করে স্টেশানে যাত্রী সুবিধা দেওয়ার চেস্টা করেছিলাম। 2007-08 সনকে 'পরিচ্ছন্নতা বর্ষ' হিসাবে পালন করা হবে। এই বছরে স্টেশান পরিসর, যাত্রী-গাড়ী, রেলওয়ে লাইন, প্রতীক্ষালয় ইত্যাদি জায়গায় একটি অভিযান চালিয়ে পরিস্কার পরিচ্ছন্নতা সুনিশ্চিত করা হবে।

(32) রেলের নতুন ছবি-একাদশ পঞ্চ বার্ষিকি পরিযোজনা

2007-08 সনে 11 তম পঞ্চ বার্ষিকি শুভ আরম্ভ হচেছ। মহাশয়–

যদি অনুমতি হয় তো মনের কথা বলি।
আমি রেলের বিষয় একটা স্বপ্ন সাজিয়ে রেখেছি।।

11 তম পঞ্চ বার্ষিকি পরিকল্পনার শেষে রেলের ফ্রেট লোডিং 1 হাজার 100 মিলিয়ন টন এবং যাত্রীদের সংখ্যা বৃদ্ধি করে 840 কোটি করার লক্ষ্য স্থির করা হয়েছে। এই অভূতপূর্ব উন্নতিকে রূপায়িত করার জন্য আগামী কয়েক বছরে রেলের পরিবহন ক্ষমতার বিস্তার দ্বিগুণ করতে হবে, ভাল্যুম গেম খেলে প্রতি ইউনিটি বিনিয়োগ লাগাতার কমিয়ে আনা এবং উপভোক্তাদের বিশ্ব মানের পরিসেবা দেওয়া নিতান্ত জরুরী । এই লক্ষ্যে পৌঁছানোর জন্য আমাদের বিনিয়োগ, মূল্য এবং ব্যবসায়িক নীতিগুলির প্রতি সমস্টিগত দৃস্টিভঙ্গি গ্রহণ করতে হবে।

11 তম পঞ্চবার্ষিকী পরিকল্পনায় আমাদের পূর্বের পরিকল্পনার তুলনায় কয়েক গুণ বেশি বিনিয়োগ করা হবে। রেলের মতো বিশালাকায় সিস্টেমের জন্য কোন রেডিমেড বিনিয়োগ নীতি কার্যকরি হতে পারে না। অল্প মেয়াদী এবং দীর্ঘ মেয়াদী নীতির সুন্দর সমন্বয় দ্বারাই ট্র্যাফিক-বৃদ্ধির দাবীকে মেটানো

যেতে পারে। কম বিনিয়োগ এবং উচ্চ রিটান-এর পরিকল্পনার বিনিয়োগ আমাদের অল্প মেয়াদী নীতির নেটওয়ার্ক-এর বাধাগুলিকে দুর করতে এবং রোলিং স্টক-এর প্রভাবশালী উপযোগ সুনিশ্চিত করতে যথেস্ট কার্যকরী প্রমাণিত হয়েছে। এটা পরেও অব্যাহত রাখা হবে। এর সাথে মাঝারি এবং দীর্ঘ মেয়াদী বিনিয়োগের রণনীতির অধীনে আধুনিকীকরণ এবং প্রযুক্তি বিকাশ দ্বারা ক্ষমতা বিস্তার করার সাথে-সাথে নেটওয়ার্ক এবং রোলিং স্টকের বিস্তার করে ক্ষমতাকে বৃদ্ধি করা হবে।

(33) ডেডিকেটেড ফ্রেট করিডরের নির্মাণ

পূর্ব এবং পশ্চিম ডেডিকেটেড ফ্রেট করিডর-এর নির্মাণ কাজ 2007-08 সনে শুরু করা হবে। এতে প্রায়ঃ 30.000 কোটির বিনিয়োগে 11 তম-পঞ্চবার্ষিকী পরিকল্পনায় সম্পন্ন করা হবে, স্বর্ণময় চতুর্ভূজ এবং তার ত্রিকোণ পথের রেল নেটওয়ার্ক-এর মাত্র 16% ভাগের সমান, কিন্তু অর্দ্ধেক থেকেও বেশি ট্রেফিক এই পথেই চলে। এই পথটা অত্যাধিক ব্যস্ত হয়ে যাওয়ায়, আমাদের পূর্ব-পশ্চিম, পূর্ব-দক্ষিণ, উত্তর-দক্ষিণ এবং দক্ষিণ-দক্ষিণ করিডর-এর নির্মাণ করার জন্য 'ফ্রী ফিজিবিলিটী সার্ভে' করানোর নির্দেশ দিতে হয়েছে। আমাদের স্বপ্ন এই রুটের নির্মাণ, এমনভাবে করতে হবে, যাতে দীর্ঘ, ভারী এবং দ্রুত গতির গাড়ীগুলি কম খরচে এবং উৎকৃস্ট ট্রাংক রুট হিসাবে বিকশিত হতে পারে। 'ফ্রেট' করিডর তৈরী হবার পর আলাদা-আলাদা স্পীডের যাত্রী এবং মালগাড়ীর একটি নেটওয়ার্কে চলার সমস্যার সমাধান হয়ে যাবে এবং অধিকাংশ লেভেল ক্রসিং ও আর.ও.বি.তে পরিবর্তন হয়ে যাবে। এই পথের ওপর চলা সাধারণ প্যাসেঞ্জার গাড়ীগুলিকে যথা সম্ভব মেমু এবং ডেমুতে পরিবর্তন করা যাবে। এতে যাত্রী গাড়ীর স্পীড ও বৃদ্ধি পাবে।

(34) আমুল পরিবর্তন

মহাশয়, অনেক রুটে অর্দ্ধ-সমাপ্ত আমূল পরিবর্তন হওয়ার কারণে বাদ-বাকী মিটার এবং ছোট লাইনগুলি দ্বীপের মতো হয়ে গেছে। প্রমুখ নেটওয়ার্ক থেকে বিচিছন্ন থাকার কারণে এই লাইনগুলি থেকে বার্ষিক 1%থেকে কম 'ফ্রেট ট্র্যাফিক' প্রাপ্ত হয়, যেখানে তা মোট নেটওয়ার্কের 20% থেকে ও বেশি। ফল স্বরূপ রেলওয়ের হাজার-হাজার কোটি টাকা বার্ষিক লোকসান হচেছ। এমন কি এই লাইনগুলির ওপর মাল পরিবহনে তখনই লোকসান হয়েছে। তাই 11 তম পঞ্চ বার্ষিকী পরিকল্পনার শেষে অধিকাংশ মিটার লাইনকে বড় লাইনে

পাল্টানোর কাজ সম্পন্ন করার আমরা যথা সম্ভব চেস্টা করব। এধরণের পরিকল্পনাকে, স্বীকৃতি এবং কার্যকরী করতে প্রাথমিকতা দেওয়া হবে, যা ব্যস্ত নেটওয়ার্ক-এর বিকল্প রুট হবে, যার মধ্যে উল্লেখযোগ্য উদয়পুর-আমেদাবাদ, লখনৌ-সীতাপুর–পীলীভীত, শাহজহাঁপুর–ঢাসা–জেতলসর, জয়পুর–সীকর–চুরু ঝুনঝনু রতলাম, খণ্ডওয়া আকোলা, ছিন্দওয়াড়া, নৈ ননপুর, আমেদাবাদ বোতাড়। এই ধরণের পরিকল্পনাকে প্রাথমিকতার ভিত্তিতে স্বীকৃতি কার্যকরী করা হবে, যাতে বিনিয়োগের পঞ্চাশ পারসেন্ট খরচ রাজ্য সরকারগুলি বহন করতে তৈরী। আমূল-পরিবর্তনে সুদূরবর্তী অঞ্চলকে দেশের মুখ্য ধারায় যুক্ত করতে সহায়ক হবে। একটি কেন্দ্রীয় নেটওয়ার্কের অংশ হলো ট্রাফিক-এ বৃদ্ধি এবং প্রতি ইউনিটে বিনিয়োগ কম হলে এই রুটের থেকে হওয়া লোকসান কমানো যাবে।

(35) হাইস্পীড প্যাসেঞ্জার করিডর নির্মাণ

মহাশয়, আজ বিশ্বে ভারত একটি নব উদ্ভাশিত শক্তি হিসাবে দেখা হচ্ছে। অর্থব্যাবস্থায় তীব্রতার সাথে ঘটে চলা বিকাশ, ক্রমবর্দ্ধমান শিল্পায়ন এবং নগরোন্নায়ান আর দুই শহরের মধ্যে যাত্রী যাতায়াতে অপ্রত্যাশিত বৃদ্ধির দিকে নজর রেখে হাই স্পীড প্যাসেঞ্জার করিডোর-এর সম্ভাবনা আছে। মাননীয় প্রধানমন্ত্রীও পশ্চিম ফ্রেট করিডোর-এর ভিত্তি স্থাপনের সময় ভারতের বিশ্বমানের প্যাসেঞ্জার সিস্টেম বিকশিত করার আশা ব্যক্ত করে ছিলেন। তাই আমরা তিন শত থেকে সাড়ে তিন শত কি.মি. প্রতি ঘন্টার গতিতে চলার পথে আধুনিক সিগনালিং এবং ট্রেন কন্ট্রোল সিস্টেমে সজ্জিত দেশের উত্তর পশ্চিম, পূর্ব এবং দক্ষিণ অঞ্চলে একটি হাই স্পীড প্যাসেঞ্জার করিডোর তৈরী করার জন্য 'ফ্রী ফিজিবিলিটি স্টাডী' করানোর সিদ্ধান্ত নিয়েছি। এই রেলগাড়ী গুলি 600 কি.মি. পর্যন্ত দূরত্বকে তিন ঘন্টায় পুরো করতে পারবে। সার্বজনিক ব্যক্তি অংশীদারী সহ কার্যকরী করতে সমস্ত বিকল্পের ওপর চিন্তা করা হবে। আজ বিশ্ব পরিবর্তনশীল আবহাওয়ার জন্য চিন্তিত। শক্তির দৃষ্টিতে মিতব্যয়ী পরিবেশের অনুকূলে এই প্রণালী বিকশিত হলে, এইসব চিন্তাগুলির অনেকটা নিরাকরণ হবে।

(36) শহরতলির পরিসেবা

শহরতলী পরিসেবা আমাদের দেশের কমর্শিয়াল ক্যাপিটল মুম্বাই-এর লাইফ। মুম্বাই-এর ট্রেনগুলিতে ভীড়কে হাল্কা করার জন্য 11 তম পঞ্চ বার্ষিকী পরিকল্পনায় আমাদের এই পরিসেবার ক্ষমতা বৃদ্ধি করতে হবে। এই

পরিকল্পনার সময়ে এম.ইউ.টি.পি. ফেজ কে সম্পন্ন করা হবে। পাঁচ হাজার কোটি টাকা বিনিয়োগে ফেজ-2 এর অর্থ জোগান, রেলওয়ে, রাজ্য সরকার এবং বহু আর্থিক সংস্থার সহযোগিতা করার চেস্টা করা হবে। এই দুই স্তরের পরিকল্পনাকে যথা সময়ে সম্পূর্ণ করার যথা সম্ভব চেস্টা করা হবে, যাতে শহরের গাড়ীগুলকে দীর্ঘ দূরত্বের গাড়ী থেকে সম্পূর্ণ আলাদা করা যাবে। এতে এর ক্ষমতা 56% থেকেও বেশি বৃদ্ধি পাবে। কোলকাতা এবং চেন্নাই শহরতলী পরিসেবাতেও চলতে থাকা কাজগুলিকে প্রাথমিকতার ভিত্তিতে সম্পন্ন করা হবে। 11 তম পঞ্চ বার্ষিকী পরিকল্পনা চেন্নাই, কোলকাতা এবং মুম্বাই-এ শীততাপ নিয়ন্ত্রিত পরিসেবা শহরতলীর গাড়ীতেও দেওয়ার এবং প্রমুখ স্টেশানে এস্কেলেটর্স লাগানোর চেস্টা করা হবে।

(37) রোলিং স্টক এর আধুনিকীকরণ এবং ক্ষমতা বিস্তার

ট্রাফিক বৃদ্ধির দাবীকে মেটানোর জন্য নেট ওয়ার্ক-এর বিস্তারের সাথে সাথে সেলিং স্টক পাওয়ার জন্য রোলিং স্টকের প্রভাবশালী ব্যাবহার, প্রযুক্তি উন্নয়ন এবং আধুনিকীকরণ এবং নতুন উৎপাদন ইউনিটের লাগাতার বৃদ্ধি করা হবে। 11 তম পঞ্চ বার্ষকী পরিকল্পনায় পূর্বের পরিকল্পনার দ্বিগুণ থেকে বেশি রোলিং-এর উৎপাদন করা হবে।

রেলের কোচ এবং লোকো উৎপাদন ইউনিটের ক্ষমতা বিস্তার করে উৎপাদন বৃদ্ধি করা হবে এবং অধিক 'হর্স পাওয়ার' সম্পন্ন এবং কম শক্তি ক্ষয়ের নতুন প্রযুক্তির দ্বারা লোকোর উৎপাদন বৃদ্ধি করা হবে। এই পরিকল্পনায় মেমু, ডেমু এবং ই.এম.ইউ. কোচের উৎপাদন বৃদ্ধি করা হবে। এর সঙ্গে একটি নতুন রেলকোচ, ডীজেল এবং ইলেকট্রিক লোকো এবং হুইল ফেক্ট্রী তৈরী হবে। এই নতুন ইউনিটগুলিতে তৈরী আধুনিক প্রযুক্তির লোকো দীর্ঘ, ভারী এবং হাই এক্সেল লোডের গাড়ী চালানোর জন্য উপযুক্ত হবে। নতুন রেল কোচ ফেক্ট্রীতে হাই ক্যাপাসিটি যুক্ত আরামদায়ক এবং আধুনিক কোচের নির্মাণ করা হবে। এই ভাবে নতনু ফ্রেট করিডোর-এর জন্য 32 টন এক্সেল লোড-এর বেশি লোড কম টেয়র ওয়েট এবং ট্র্যাক ফ্রেন্ডলী ওয়াগানের নির্মাণ শুরু করা হবে।

(38) রেল সেবায় আই.টি.'র প্রয়োগ

ভারতীয় রেলের স্বার্থে আই.টি. ব্যাবহারের বিরাট সম্ভাবনাকে কাজে লাগানোর উদ্দেশ্যে 11 তম পঞ্চ বার্ষিকী পরিকল্পনার সময়ে আই.টি. পরিকল্পনা বিনিয়োগ কয়েক গুণ বৃদ্ধি করে, কয়েক হাজার কোটি টাকা বৃদ্ধি

করা হবে। এর ব্যাবহার মাল এবং যাত্রী ব্যাবসায় আয় বৃদ্ধি, উপভোক্তার দৃস্টিতে রেলের ছবিকে স্বচছতা নিয়ে আসা, অপারেটিং বিনিয়োগ কমানো, মানব এবং ভৌতিক সম্পদের উপযুক্ত ব্যাবহার সুনিশ্চিত করা এবং শীর্ষ নেতৃত্বকে দীর্ঘমেয়াদী নীতির সিদ্ধান্ত নেওয়ার প্রক্রিয়ায় সহযোগিতার জন্য এম.আই.এস. এবং এল.আর.ডি.এস.এস. বিকশিত করা হবে। আয়ের ব্যাবস্হার জন্য বিশেষ করে খালি গাড়ীগুলিতে মাল ট্রেফিক আকর্ষিত করা এবং খালি পড়ে থাকা সীট ভরার জন্য কমার্শিয়াল পোর্টেল, আগামী, তিন বছরে শুরু করা হবে। রোলিং স্টক রক্ষণা-বেক্ষণ এবং পরীক্ষা আর রাজস্ব বন্টন সম্পর্কে মডেল সহ এফ.ও.আই.এস. ক্রু-মেনেজমেন্ট, কন্ট্রোল চটিং, সি.ও.আই.এস ইত্যাদি সমস্ত সফ্টওয়েরকে একীকৃত করে কার্যকরী করার কাজকে কালবদ্ধ করে 2010 পর্যন্ত সম্পন্ন করা হবে। এর সঙ্গে ই.আর.পি. প্যাকেজ ওয়ার্কশপ-উৎপাদন ইউনিট এবং কিছু জোনাল রেলওয়েতে লাগু করা হবে। রেলওয়েতে চলতে থাকা পঞ্চাশ থেকে অধিক ওয়েবসাইয়টকে মিলিয়ে একটি সম্মিলিত ওয়েবসাইট, ই-পেমেন্ট এবং ই-টেণ্ডারিং ইত্যাদি সুবিধা সহ বিকশিত করা হবে। রেলওয়েতে চলতে থাকা আই.টি. সম্পর্কে সমস্ত কাজগুলিকে 'ক্রিস' এর মাধ্যমে পরিচালিত করা হবে, যেটা রেলওয়ের বিভিন্ন পরিসেবার কর্মচারি নিযুক্ত করা যেতে পারে। ভারতের আই.টি. কোম্পানিরা সমগ্র বিশ্বে তাদের জয়ের ধ্বজা উৎত্তোলন করেছে। আমরা এই কোম্পানীদের রেলওয়ের সঙ্গে সার্বজনিক ব্যক্তি অংশীদারীর অধানে রেলের বিভিন্ন আই.টি. কার্যক্রমে অংশ নেওয়ার জন্য আমন্ত্রিত করছি।

(39) রেলের বৈদ্যুতিকরণ

বিদ্যুতীকৃত রেল নেটওয়ার্ক এর বিস্তার সম্পূর্ণ স্বর্ণময় এবং তার বিকীরণের সঙ্গে কাশ্মীর থেকে কন্যাকুমারী এবং গৌহটি থেকে অমৃতসর পর্যন্ত চার প্রান্তে 11 তম্ পঞ্চ বার্ষিকী পরিকলপনার শেষে সম্পূর্ণ করে দেওয়া হবে। তিরুবন্ত্রপুরম–কন্যাকুমারী, ত্রিচুর, গুরুবায়ুর, তিরুচিরাপল্লী–মাদুরাই, বারাবাংকী – গোরখপুর –বরৌনী–কটিহার–গৌহটী এবং জালান্ধর থেকে বারামুলার বিদ্যুতীকরণ 11 তম পঞ্চ বার্ষিকী পরিকল্পনায় করা হবে। প্রথম ক্ষেপে 2007-08সনে জালন্ধর থেকে জম্মু, বারাবঙ্কী–গোরখপর–বরৌনী এবং তিরুচিয়াপল্লী–মাদুরাই -এর বিদ্যুতীকরণ 2007-08 সনে শুরু করার প্রস্তাব রয়েছে। এই ভাবে পুনা-ওয়াডী–গুটাকল খণ্ডের দুই দিকের সঙ্গে বিদ্যুতীকরণ এবং দৈতারী, বাসপানী – হরিদাসপুর–পারাদ্বীপ নতুন লাইনের ও বিদ্যুতীকরণ ভারতীয় রেলের উপক্রম আর.বি.এন.এল. দ্বারা আগামী বছরে করা হবে।

(40) সার্বজনিক-ব্যক্তিগত অংশিদারি পরিযোজনা

উপরে আলোচিত নেটওয়ার্ক এবং ক্ষমতা-বিস্তার কাজের জন্য 10 তম পঞ্চ বার্ষিকী পরিকল্পনার তুলনায় কয়েক গুণ অধিক অর্থের প্রয়োজন হবে। কয়েক লক্ষ কোটি টাকার এই পরিকল্পনার অর্থ সংগ্রহ মুখ্য রূপে আভ্যন্তরীন রক্ষণাবেক্ষণ, বাজারের ঋণ সার্বজনিক-ব্যক্তি অংশীদারীর পরিকল্পনা এবং বাজেট সংক্রান্ত সাহায্য-এর মাধ্যমে করা হবে। রেলের আমূল অর্থনৈতিক পরিবর্তনের দিকে তাকিয়ে এই পরিকল্পনার একটি বড় অংশ আভ্যন্তরীন এবং বাজেটের মাধ্যমে অর্থ জোগাড় করা হবে। আমি রেলের অন্ধভাবে বেসরকারিকরণের বিরুদ্ধে। আমাদের জন্য 'পি.পি.পি.' না কোন বাধ্যতা আর না কোন ফ্যাশন। আমরা প্রাইভেট ক্ষেত্রের সঙ্গে অংশীদারি নিজের শর্তে রেলওয়ে এবং উপভোক্তাদের ব্যাপক স্বার্থে করতে চাই। উদাহরণ স্বরূপ, আমরা ক্যাটারিং, পার্সেল ইত্যাদি পরিসেবাকে লীজে দিয়ে এই পরিসেবায় কয়েক হাজার কোটি টাকার লোকসানকে কম করেছি। ওয়াগান বিনিয়োগ পরিকল্পনা, সাইডিং, উদারীকরণ ইত্যাদি পরিকল্পনাগুলির মাধ্যমে আমরা বেসরকারি বিনিয়োগকে আকর্ষিত করে ক্ষমতা বৃদ্ধি করেছি। এই ভাবে কন্টেনার ট্রেন চালানোর জন্য বেসরকারি পক্ষকে লাইসেন্স দিয়ে আমরা পরিচালনের প্রধান কাজকে নিজেরে কাছে রেখেছি। তবুও ওয়াগান পাওয়া আর টার্মিনালের নির্মাণের হাজার-হাজার কোটি টাকার বিনিয়োগ রেলওয়েত আগামী কয়েক বছরে হওয়ার সম্ভাবনা রয়েছে। এই পরিকল্পনার মতই আমরা এরকম অন্য পি.পি.পি. পরিকল্পনা চাইছি, যাতে এক আর এক মিলে দুই নয় এগারো হয়ে যায়। এই ভাবে মেট্রো এবং মিনী মেট্রো স্টেশানের আধুনিকীকরণ এবং তাতে বিশ্ব মানের যাত্রী সুবিধার ব্যাবস্হা, এগ্রো-রীটেল আউটলেট এবং সাপ্লাই চেনের বিকাশ, মাল্টী মডেল লাজিস্টিক্স পার্ক এবং ওয়ের-হাউস নির্মাণ, বাজেট হোটেলের নির্মাণ, নেটওয়ার্ক এবং উৎপাদন ক্ষমতা বিস্তারের সম্ভাবনাকে সার্বজনিক বেসরকারি অংশীদারী পরিকল্পনার মাধ্যমে খোজা হবে। আমরা বেসরকারি বিনিয়োগকে আকর্ষিত করার জন্য 'পি.পি.পি. সেল'-এর গঠন করেছি যা বিনিয়োগকারীকে বৈশম্যহীনভাবে 'লেভেল প্লেইস্ক ফীল্ড' দেওয়ার জন্য নীতিগত কাঠামো তৈরী করবে এবং ব্যাঙ্ক কেবল কাগজপত্র তৈরী করে খোলা টেণ্ডারে যৌথভাবে অবার্ড করার প্রক্রিয়া নির্ধারিত করবে।

(41) রেল সংরক্ষণ

রেল হচ্ছে আমাদের সর্বোচ্চ প্রাথমিকতা, আনন্দের সঙ্গে সদনকে জানাতে চাই যে এবার রেলওয়েতে পরিসম্পত্তি যখনই অকেজো হবে, তক্ষুনি তাকে

পরিবর্তন করার জন্য অর্থের ব্যাবস্হা করে দেওয়া হয়। মহাশয়, আমরা রেলের সংরক্ষণের কাজকে সর্বোচ্চ প্রাথমিকতা দিতে গিয়েই আর.এফ. কোযে 2001-2002 সনে দেওয়া 2 হাজার 1 শত কোটি টাকার অর্থের তুলনায় 2007-08 সনে তা বৃদ্ধি করে 5 হাজার 5 শত কোটি টাকা করে দিয়েছি। এর সরাসরি প্রভাব রেল সংরক্ষণ রেকর্ডের ওপর পড়েছে। সকল যাতায়াত ভাল্যুম যা 2001 সনে 724 মিলিয়ন টন কি.মি. ছিল, সেটা 2005-06 সনে 825 মিলিটন ট্রেন কি.মি. হয়ে যায়। তা সত্ত্বেও 2001 সনে 473 টি রেল দুর্ঘটনার তুলনায় 2007-08 সনে রেল দুর্ঘটনাার সংখ্যা 200 থেকেও কম হওয়ার সম্ভাবনা রয়েছে।

রেল সংরক্ষণ কোষের অর্ন্তভুক্ত 17 হাজার কোটি টাকা বিনিয়োগ করে গতিময় ট্রেন, ব্রীজ, ট্র্যাক সরকিটিং এবং রোলিং স্টক-এর রিন্যুয়াল-এর অধিকাংশ কাজ মার্চ, 2007 সন পর্যন্ত সম্পন্ন করে দেওয়া হবে, এবং মার্চ, 2008 পর্যন্ত সমস্ত বকেয়া কাজকে সম্পন্ন করে দেওয়া হবে। মহাশয়, করপোরেট সংরক্ষণ প্ল্যান অনুযায়ী 'এন্টীকোলজন ডিভায়স' এর পরীক্ষাও পূর্বোত্তর সীমান্ত রেলওয়েতে অন্তিম পর্যায়ি রয়েছে এবং মার্চ, 2007 পর্যন্ত একে সম্পন্ন করার সম্ভাবনা আছে। এছাড়া রেল গেটে দুর্ঘটনা কমিয়ে আনতে জোনাল রেলের জেনারল ম্যনেজারদের সয়ংক্রিয় রেল গেটে সাবওয়ে নির্মাণের পঞ্চাশ লক্ষ্য টাকা পর্যন্ত কাজের স্বীকৃতি দেওয়ার অধিকার দিয়ে দেওয়া হয়েছে। উত্তম ক্রেশবর্দী বগির নির্মাণ শুরু হয়ে গেছে। ভবিষ্যৎে যাত্রীদের সংরক্ষণ সুনিশ্চিত করার জন্য এধরণের বগির সংখ্যা বৃদ্ধি করা হবে।

(42) রেলওয়ে নিরাপত্তা

18ই ফেব্রুয়ারী পানিপতের কাছে গাড়ী সংখ্যা 4001 দিল্লী-অটারী লিংক একসপ্রেস এবং জুলাই, 2006 সনে মুম্বাই শহরতলীর রেল-পরিসেবার অন্তর্ভুক্ত মারাত্মক বোমা বিস্ফোরণের ঘটনার পরিপ্রক্ষিতে নিরাপত্তা-ব্যাবস্হাকে মজবুত এবং আধুনিকীকরণ করার জন্য নানান পদক্ষেপ নেওয়া হয়েছে। রেল সংরক্ষণের কাজগুলির জন্য আবশ্যক উপকরণ এবং অন্য উপকরণ দেওয়ার জন্য অর্থের, যাত্রী সুবিধা এবং মেশিন এবং প্ল্যান্ট পরিকল্পনা শীর্ষে প্রয়োজন অনুযায়ী করানো হচেছ। এই কাজের বরাদ্দ বৃদ্ধি করা হবে এবং আমি সদনকে আস্বস্ত করতে চাই যে এই কাজের জন্য অর্থের অভাব হবে না। বর্তমানে ডগ্ স্কবায়ড-এর প্রত্যেক টীমে প্রশিক্ষিত ডগের সংখ্যা বৃদ্ধি ছাড়া দেশে বহু উপদ্রুত এলাকায় রেলগাড়ীতে আর যাত্রীদের উত্তম নিরাপত্তা প্রদান করার জন্য বিস্ফোরকের সন্ধান করার মেশিন ডোর–ফ্রেম এবং হ্যাণ্ড হেন্ড ডিটেকটর

লাগানো হচেছ। এছাড়া উপদ্রুত এলাকায় স্টেশানে সি.সি.টি.ভি. এবং স্মার্ট ভীডিও ক্যামেরার মতো উপকরণ লাগানো হয়েছে। নিরাপত্তা বিশেযজ্ঞদের থেকে পরামর্শ নিয়ে মুম্বাই শহরতলীর পরিসেবার জন্য উচ্চ মানের নিরাপত্তা উপকরণে সজ্জিত একটি নিরাপত্তা দলকে নিরাপত্তা আর নজর রাখার কাজে মোতায়ন করা হবে। রেলওয়ে নিরাপত্তা রক্ষী প্রতিদিন 1 হাজার 450 থেকে অধিক ট্রেনেকে এস্কোর্ট করছে। রেলওয়ে নিরাপত্তা বিশেষ রক্ষী দলে প্রায় 8 হাজার শুন্য পদকে অখিল ভারতীয় স্তরে খুব শীঘ্রই ভর্ত্তি করা হবে। আর পি.এফ.-এর ব্যাবসায়িক দক্ষতা এবং কার্যকুশলতা বৃদ্ধি করার জন্য তাদের প্রশিক্ষণ দেওয়া হচেছ। হালেই লখনৌতে জগজীবন রাম রেলওয়ে নিরাপত্তা রক্ষী একাডেমীকে কেন্দ্রীয় প্রশিক্ষণ সংস্থার পর্যায়ে গড়ে তোলা হয়েছে।

(43) খেলাধুলোয় রেলের অভিজ্ঞতা

প্রত্যেক বছরের মতো এই বছরেও রেলওয়ে রাষ্ট্রীয় এবং আর্ন্তজাতিক স্তরে গুরুত্বপূর্ণ অভিজ্ঞতা অর্জন করেছি। মেলবোর্ন-এ আয়োজিত রাষ্ট্রীয় স্তরের খেলায় ভারতীয় রেলের খেলোয়াড় 2 টি স্বর্ণ 6 টি রজত পদক লাভ করেন। দোহায় আয়োজিত এশিয়ার খেলায় ভারতীয় রেলের খেলোয়াড়রা 2 টি স্বর্ণ, 2 টি রজত এবং 9 টি ব্রোঞ্জ পদক ভারতের তরফ থেকে লাভ করেছেন। 2006-07 সনে এখনো পর্যন্ত ভারতীয় রেলওয়ের এর টীমগুলি 33 টি প্রতিযোগিতায় চ্যাম্পিয়নশিপে জয় লাভ করেছেন। প্রাক্তন রাষ্ট্রীয় ব্যাডমিন্টন চ্যাম্পিয়ন কুমারি মধুমিতা বিস্টকে খেলাধূলার ক্ষেত্রে বিশেষ অবদানের জন্য পদ্মশ্রী আর ভারতীয় রেলের তিন খেলোয়াড় কুমারি দোলা ব্যানার্জ্জীকে তীর নিক্ষেপ, শ্রী অখিল কুমারকে বক্সিং ও শ্রী সুশীল কুমারকে কুস্তীর জন্য অর্জুন পুরস্কার দেওয়া হয়।

(44) আন্তরাষ্ট্রয় সহযোগীতা

ভারতীয় রেল নিজেদের মধ্যে সহযোগিতা বৃদ্ধির জন্য ইটালী, জার্মানী, রুস এবং দক্ষিণ আফ্রীকার রেলের সঙ্গে সম্মতি জ্ঞাপনের জন্য সাক্ষর করেছে। ভারতীয় রেল সরকারের 'লুক ইস্ট পলিসী'কে উৎসাহিত করার জন্য বিশিস্ঠ ভূমিকা পালন করছে। 'বিমেস্টক' এবং 'মীকাস্ক' গঙ্গার রেশে কর্মচারিদের ভারতীয় রেলওয়ে দ্বারা প্রশিক্ষিণ দেওয়ার কাজকর্মকে খুবই প্রশংসা করা হয়। এই চেনকে এগিয়ে নিয়ে যেতে ভারতীয় রেল আফ্রীকার রেল কর্মীদের জন্য চলতি আর্থিক বছর থেকে নিঃশুল্ক প্রশিক্ষণের ব্যাবস্হা করেছে। অধ্যক্ষ, রেলওয়ে বোর্ড এশিয়ান রেলওয়ে এসোসিয়েশনের প্রথম

চেয়ারম্যান নির্বাচিত হন। ভারতীয় রেলের আর্ন্তজাতিক সংগঠন ইউ.আই.সী.-র কাজে গুরুত্বপূর্ণ ভূমিকা পালন করছে। অধ্যক্ষ, রেলওয়ে বোর্ড, ইউ.আই.সি.-র প্রথম অ-ইউরোপীয় অধ্যক্ষও নির্বাচিত হন।

45) কর্মচারিদের কল্যাণ

মহাশয়, 14 লক্ষ কর্মচারীরা তুলনাহীন–উৎসাহ এবং দায়বদ্ধতার পরিচয় দিতে গিয়ে রেলোর আর্থিক আমূল পরিবর্তন করেছে। আমরাও রেল কর্মীদের 59 দিনের পরিবর্তে 65 দিনের বেতনের সমান বোনাস পরিশোধ করে তাদের মনোবলকে বৃদ্ধি করেছি।

যারা পৌঁছায় শিখরে তাদের সম্মান দাও।
কঠিন পরিশ্রম করে সবাই তাদের করো সম্মান।।

স্টক বেনিফিট ফাণ্ডে রেলের অংশিদারিকে প্রতি ব্যক্তি 30 টাকা থেকে বাড়িয়ে বার্ষিক 35 টাকা করার প্রস্তাব আছে। এই অতিরিক্ত অংশিদারি থেকে তিন টাকা প্রাকৃতিক সংকটের সময়ে তৎক্ষনাৎ ত্রান প্রদান করার জন্য, এবং দুটাকা রেলের কর্মচারীদের শারিরীক দৃষ্টিতে বিকলাঙ্গ বাচচাদের বিশেষ করে বালিকাদের শিক্ষা প্রদান করার এবং হাতের কাজ শেখানোর জন্য ব্যাবহার করা হবে।

স্টাফ কলোনিগুলির অবস্হায় আমুল উন্নতি করার জন্য, এগুলির উন্নয়ণে এবং রক্ষনাবেক্ষনের জন্য, সবরকম উপায়ে রক্ষণাবেক্ষণ সহ সার্বজনিক অংশীদারী অথবা সার্বজনিক বেসরকারি অংশীদারীর সমস্ত বিকল্পগুলির ওপর চিন্তা করা হবে। এই বিষয়ে আবশ্যক সিদ্ধান্ত হল জনসাধারণের সম্মতি আদায় করা এবং কর্মচারী ফেডারেশনের আস্হা অর্জন করা হবে। মহানগরে অবস্হিত বড় হাসপাতালে ভর্তি রুগীর আত্মীয়দের থাকার ব্যাবস্হা করার উদ্দেশ্যে চারটি বড় শহরে অর্থাৎ দিল্লী, মুম্বাই, কোলকাতা এবং চেন্নাইতে হাসপাতালের কাছে 50 কামরার রেস্ট হাউস তৈরী করা হবে। এতে রেল কর্মীদের নামমাত্র খরচায় ঘর দেওয়া হবে।

উপভোক্তাদের সর্ব সময়ে যোগাযোগ রাখা, বাছাই করা স্টেশানের উচচপদস্হ কর্মচারীদের রাজার এবং গ্রাহক মুখী মনোভাব বিকশিত করার জন্য একটি ব্যাপক প্রশিক্ষণ কার্যক্রম চালানো হবে। সফল হলে এই কার্যক্রমকে সারা দেশে লাগু করা হবে।

গ্রুপ ডি-র কর্মচারীদের প্রমোশনের সম্ভাবনাকে উন্নত করার জন্য একটি সমিতি তৈরী করা হয়েছে, যা সমস্ত সম্পর্ক বিষয়ের ওপর নিবীড় অধ্যয়ন করে ছয় মাসের মধ্যে নিজের রিপোর্ট প্রস্তুত করতে হবে।

আমরা সিদ্ধান্ত নিয়েছি যে রেলে ভর্তি হওয়া প্রাক্তন সৈনিক এবং কেন্দ্রীয় কর্মচারীদের আগের কার্যকালের অর্দ্ধেক সময়কে রেলের সমগ্র কার্যকাল হিসাবে ধরে তাদের পাসের সুবিধা প্রদান করা হবে।

(46) সংগঠনমুলক আর মানব কল্যাণের বিকাশ করা

সামনের দিনগুলিতে প্রতিযোগী বাজারের জটিল অবস্হা'র মুখোমুখী হতে এবং উপভোক্তাদের বর্দ্ধিত আকাঙ্ক্ষাকে মেটানোর জন্য রেলের একটি শক্তিশালী টীম বিকশিত করতে হবে। একটি এমন টীম, যেটার খেলোয়াড়রা শুধু নিজের জন্য নয় বরং টীমের সাফল্যের জন খেলবে। এই বিষয়ে এখনও পর্যন্ত গঠিত বিভিন্ন বিশেযজ্ঞ দলের প্রতিবেদনকে সামনে রেখে এবং সমস্ত পরিসেবায় প্রতিনিধির আস্হা অর্জন করে আর সাধারণ ঐক্যের ভিত্তিতে, ডিসেম্বর, 2007 সনের শেযে উপযুক্ত সিদ্ধান্ত নেওয়া হবে। ডি.আর.এম.কে বিজনেস ইউনিট, সি.এ.ও (নির্মাণ) কে প্রোজেক্ট ইউনিট এবং জি.এম.-এর সংস্হাকে প্রোফিট সেন্টার হিসাবে বিকশিত করার জন্য অধিকার সম্পন্ন তৈরী করা হবে।

মহাশয়, আর্থিক এবং প্রতিযোগী পরিবেশে তীব্রতার সঙ্গে হওয়া পরিবর্তনের আলোকে রেলকর্মীদের এবং কর্মচারিদের নিয়মিত প্রশিক্ষণ জরুরী। তাই আমরা সিদ্ধান্ত নিয়েছি যে রেল কর্মচারিদের পাঁচ বছর অন্তর অন্তত একবার দেশের নামি সংস্হানে এবং অধিকতম দশ বছর অন্তর বিদেশে প্রশিক্ষণের জন্য পাঠানো হবে। জে.এ.এস.এ. এবং এইচ.এ গ্রেডে পদোন্নতি থেকে পূর্ণ নির্ধারিত প্রশিক্ষণ কার্যক্রমে অংশ নেওয়া অনিবার্য হবে।

প্রশিদ্ধ বাস্তুকারের সাহায্যে রেলের স্টাফ কলেজ, বরোদার অট্টালিকার সংস্কার এমনভাবে করা হবে, যাতে এর পুরান ঐতিহ্য এবং সৌন্দর্য বজায় রেখেও সমস্ত আধুনিক সুবিধায় সজ্জিত করা যেতে পারে। রেল ভবনকেও সম্পূর্ণ শীততাপ নিয়ন্ত্রিত করে সমস্ত আধুনিক সুবিধায় সুসজ্জিত করা হবে।

(47) আই.আই.এম. আমেদাবাদ -এ রেলের চেয়ার স্হাপন

রেলের মূল কাঠামো ও ব্যাবস্হা সম্পর্কে গবেষণা বৃদ্ধি করার জন্য আমরা আই.আই.এম. আমেদাবাদে একটি চেয়ার স্হাপন করার সিদ্ধান্ত নিয়েছি।

(48) অনুসুচিত জাতি - জনজাতি ভর্তি অভিযান

একটি বিশেষ অভিযান চালিয়ে অনুসূচিত জাতি এবং জনজাতির জন্য সংরক্ষিত রিক্ত স্হানের মধ্যে 95% রিক্ত স্হানকে ভরা হয়েছে। এই ভাবে

পদোন্নতির কোটায় রিক্ত স্থানকে ভরার ক্রমে আমরা 75% থেকে বেশি 'ব্যাক-লগ' অপসরণ করতে সফল হয়েছি।

(49) অনঅগ্রসর জাতির প্রার্থীদের ভর্তির ব্যবস্থা

সমস্ত জোনাল রেলওয়েতে অনঅগ্রসর জাতির প্রার্থীদের ভর্তির জন্য নির্ধারিত 27% সংরক্ষণ কোটার বিরুদ্ধে ভর্তির কাজকর্ম করা হচ্ছে।

(50 সার্বজনিক ক্ষেত্রের ক্রম

2005-06 সনের সময়ে রেলের 9টি সার্বজনিক ক্রমে ভালো অভিজ্ঞতা করার সঙ্গে মোট 7 হাজার 34 কোটি টাকা আয় করে এবং 818 কোটি টাকা শুদ্ধ লাভ করেছে। এর দ্বারা 2005-06 সনে 274 কোটি টাকার লাভাংশ রেলকে শোধ দেওয়া হয়েছে। কন্টেনার কারপোরেশন কোম্পানি লিমিটেড 2 হাজার 489 কোটি টাকার কারবারে 526 কোটি টাকার শুদ্ধ লাভ অর্জন করেছে। আই.আর.এফ.সি. দ্বারা 2 হাজার 20 কোটি টাকার আয় এবং 334 কোটি টাকার শুদ্ধ মুনাফা উপার্জন করেছে। ইরকান ইন্টার নেশন্যাল লিমিটেড 2005-06 সনে এখনও পর্যন্ত সর্বাধিক 1 হাজার 113 কোটি টাকার ব্যাবসা করেছে এবং 81 হাজার কোটি টাকার শুদ্ধ লাভ উপার্জন করেছে। এই কোম্পানীর উত্তম কার্য-সম্পাদনের কথা মনে রেখে একে শিড্যুল 'এ' শ্রেণী দেওয়া হয়েছে। রাইটস 2005-06 সনে 426 কোটি টাকার ব্যাবসা করে 99 কোটি টাকার শুদ্ধ লাভ উপার্জন করেছে।

(51) আর.বি.এন.এল.

অধিক ট্রাফিকের রেল পথের ক্ষমতা বিস্তার করার জন্য আর.বি.এন.এল.পায় 12.000 কোটি টাকার বিনিযোগে 46 টি পরিকল্পনাকে কার্যকরী করছে। 2006-007 সনের শেষে নেওয়া 14 টি পরিকল্পনা সম্পন্ন হয়ে যাবে। 2007-08 সনে 544 কি.মি. দীর্ঘ লাইনের কাজ সম্পন্ন হয়ে যাবে। বাদ-বাকী 24 টি পরিকল্পনার মধ্যে 16 টি পরিকল্পনার 2008-09 সনে এবং বাকী 2009-10 সনে সম্পন্ন হয়ে যাবে। আর.বি.এন.এল.কে পূর্বে পরিকল্পিত যোজনা ছাড়াও নতুন পরিকল্পনাকে কার্যকরী করার জন্য দেওয়া হবে। বর্তমান পদ্ধতি অনুসারে সার্বজনিক পবেসরকারি অংশীদারীর নেটওয়ার্ক এর বিস্তার সম্পর্কে পরিকল্পনাগুলি এম.এ.ইউ.র ভিত্তিতে এস.পি.বি. গঠিত করে কার্যকরী করা হয়।

আমরা সিদ্ধান্ত নিয়েছি যে ভবিষ্যতে সার্বজনিক বেসরকারি অংশীদারী

পরিক্‌পনাগুলিকে খোলা টেণ্ডারের মাধ্যমে অবার্ড করা হয়। বিভিন্ন বিক্‌পের কথা চিন্তা করা হবে। এ ধরণের পরিক্‌পনাগুলি যে কোন পোর্ট অথবা ফ্যাক্টরীর জন্য জরুরী, তাতে নির্ধারিত কংনসেশন অবধি এমনভাবে নির্ধারিত করা হবে যাতে এস.পি.বি.কে নিজের বিনিয়োগে একটি যোগ্য রিটার্ন পায়।

(52) যাত্রী পরিসেবা

আমরা প্রতিদিন নয় হাজারের বেশি যাত্রী গাড়ী চালাই। যাত্রীদের বাড়তি দাবীকে মনে রেখে আমি 2007-08 সনে নিম্নলিখিত পরিসেবাগুলি দেওয়ার কথা চিন্তা করছি।

নতুন গাড়ীগুলি

1. শ্রী ছত্রপতি সাহু মহারাজ টার্মিনল্স, কোল্হাপুর আমেদাবাদ এক্সপ্রেস (সাপ্তাহিক)
2. হাওড়া-রামপুরহাট এক্সপ্রেস (দৈনিক)
3. ঝাঁসী-কানপুর এক্সপ্রেস (সাপ্তাহিক)
4. পুনে–গোরখপুর এক্সপ্রেস (সাপ্তাহিক)
5. দিল্লী–শামলী ডেমু (দৈনিক)
6. বাপুধাম মোতীহারী–বেনারস এক্সপ্রেস (সপ্তাহে তিন দিন)
7. বিকানের –জৈসলমের এক্সপ্রেস ভায়া কোলারত (প্রতিদিন দুই জোড়া)
8. মুম্বই–ঔরঙ্গাবাদ জন-শতাব্দী এক্সপ্রেস (সপ্তাহে 6 দিন)
9. ভাগলপুর–নতুন দিল্লী এক্সপ্রেস (সাপ্তাহিক)
10. বিজাপুর বাগলকোঠ এক্সপ্রেস (সপ্তাহে 6 দিন)
11. সাহাবাদ – মথুরা এক্সপ্রেস (দৈনিক)
12. নাসিক পুণে এক্সপ্রেস (দৈনিক)
13. কোয়াম্বাতুর–নাগরকৈাইল এক্সপ্রেস ভায়া মাদুরাই (দৈনিক)
14. ভুবনেশ্বর–রামেশ্বরম এক্সপ্রেস (সাপ্তাহিক –আমূল পরিবর্তনের পর)
15. গোরখপুর–যশবন্তপুর এক্সপ্রেস (সাপ্তাহিক)
16. যশবন্তপুর–চেন্নাই এক্সপ্রেস (সাপ্তাহিক)
17. ফারুখাবাদ–কাসগঞ্জ এক্সপ্রেস (প্রতিদিন দুই জাড়া আমূল পরিবর্তনের পর)
18. ইন্দোর–অমৃতসর এক্সপ্রেস (সাপ্তাহিক)
19. চেন্নাই এগ্মোর–নাগৌর এক্সপ্রেস (প্রতিদিন–আমূল পরিবর্তনের পর)
20. রিওয়া–জবলপুর ইন্টারসিটি এক্সপ্রেস (দৈনিক)
21. নতুন দিল্লী–সাহিবাদ ই.এম.ইউ. (দৈনিক)
22. বাংকা–ভাগলপুর প্যাসেঞ্জার (সপ্তাহে 6 দিন)

23. চেন্নাই এগ্মোর–রামেশ্বরম্ এক্সপ্রেস (সপ্তাহে 6 দিন আমূল পবির্তনের পর)

24. ছাপড়া–ছত্রপতি শিবাজ টার্মিনাল্স (মুম্বাই) জনসাধারণ এক্সপ্রেস ভায়া সিউয়ান, গোরখপুর (সাপ্তাহিক)

25. মুম্বাই–আজমের - উদয়পুর এক্সপ্রেস (সপ্তাহে 3 দিন আমূল পরিবর্তনের পর)

26. সোলাপুর–বাগাল কোট এক্সপ্রেস (সপ্তাহে 6 দিন)

27. আজমের–রতলাম এক্সপ্রেস (প্রতিদিন দুই জোড়া–আমূল পরিবর্তনের পর)

28. বারোদরা ভীলাড এক্সপ্রেস (দৈনিক)

29. পাটনা–ডেহরী-আঁন-সোন ইন্টারসিটী এক্সপ্রেস (দৈনিক)

30. গান্ধীধাম–পালমপুর এক্সপ্রেস (দৈনিক)

31. লখনৌ জংশান–সাহারানপুর এক্সপ্রেস (দৈনিক) (লখনৌ-সাহারানপুর লিংক এক্সপ্রেসের পরিবর্তে)

32. জবলপুর–দিল্লী ভায়া ইটারসী (সপ্তাহে দুই দিন)

গত বছর গরীব রথ চালানোর ঘোষণার সময়ে আমি বলেছিলাম যে সামনের বছরগুলিতে সমস্ত রাজ্যের রাজধানীকে গরীব রথের মাধ্যমে যুক্ত করা হবে। এই ক্রমে আমি নিম্নলিখিত নতুন গরীব রথ পরিসেবার আরম্ভ করার কথা চিন্তা করছি–

গরীব রথ

1. সিকন্দ্রাবাদ–যশবন্তপুর গরীব রথ এক্সপ্রেস (সপ্তাহে তিন দিন)
2. জয়পুর–বান্দ্রা টার্মিনস ভায়া আমেদাবাদ গরীব রথ এক্সপ্রেস–সপ্তাহে 3 দিন)
3. কোলকাতা–পাটনা গরীব রথ এক্সপ্রেস (সপ্তাহে 3 দিন)
4. ভুবনেশ্বর–রাঁচী গরীব রথ এক্সপ্রেস (সপ্তাহে 3 দিন)
5. তিরুবন্তপুরম–লোকমান্য তিলক টর্মিনস গরীব রথ এক্সপ্রেস (সপ্তাহে 2 দিন)
6. কোলকাতা–গৌহাটি গরীব রথ এক্সপ্রেস (সপ্তাহে 2 দিন)
7. নতুন দিল্লী-দেহরাদুন গরীব রথ
8. রায়পুর–লখনৌ জংশন গরীব রথ এক্সপ্রেস (সপ্তাহে 2 দিন)

নিম্নলিখিত পরিসেবায় পথের দূরত্ব বিস্তার করার ঘোষণা করতে গিয়ে আমি খুবই আনন্দ অনুভব করছি–

1. 4517/4518 এলাহাবাদ আম্বালা ক্যান্ট, উচচাহার এক্সপ্রেস–চণ্ডীগড় পর্যন্ত।
2. 207/208 তিরুপতি গুটকল প্যাসেঞ্জার হুবলী পর্যন্ত।

3. 2315/2316 সিয়ালদহ–আজমের অনন্যা এক্সপ্রেস উদয়পুর পর্যন্ত।
4. 2105/2106 মুম্বাই–নাগপুর বির্দভ এক্সপ্রেস গোদিরা পযন্ত
5. 1103/1104 আগরা ক্যেন্ট নিজাম্মুদ্দীন ইটারসি এক্সপ্রেস নতুন দিল্লী পর্যন্ত।
6. 9165/9166 আমেদাবাদ–ফৈজাবাদ সাবরমতী এক্সপ্রেস বেনারস পর্যন্ত
7. 4649/4650 অমৃতসর–দরভঙ্গা সরজু-যমুনা এক্সপ্রেস জয়নগর পর্যন্ত (আমূল পরিবর্তনের পর)
8. 2705/2706 বিকেন্দ্রাবাদ–বিজয়ওয়াড়া এক্সপ্রেস গুন্টুর পর্যন্ত
9. শিকোহাবাদ–ফারুখাবাদ প্যাসেঞ্জার কাসগঞ্জ পর্যন্ত (আপাত পরিবর্তনের পর)
10. 3185/3186 সিয়ালদহ–দরভঙ্গা গঙ্গাসাগর এক্সপ্রেস জয়নগর পর্যন্ত (আমূল পবির্তনের পর)
11. 364 কোট্টায়ম–তিরুবন্তপুরম প্যাসেঞ্জার নাগর কৌইল পর্যন্ত
12 571/572 মণ্ডুয়াডীহ–মাউ প্যাসেঞ্জার আজমগড় পর্যন্ত
13. 209/210 হাওড়া–দরভঙ্গা প্যাসেঞ্জার জয়নগর পর্যন্ত (আমূল–পরিবর্তনের পর)
14. 5037/5038 কানপুর–ফারুখাবাদ এক্সপ্রেস কাসগঞ্জ পর্যন্ত (আমূল পরিবর্তনের পর)
15. 6509/6510 আজমের–ব্যঙ্গালোর এক্সপ্রেস মুসৌরী পর্যন্ত
16. 4673/4674 অমৃতসর–দরভঙ্গা শহীদ এক্সপ্রেস জয়নগর পর্যন্ত (আমূল পরিবর্তনের পর)
17. 531A/532A পরলী–লাটুর প্যাসেঞ্জার উস্মানাবাদ পর্যন্ত (আমূল পরিবর্তনের পর)
18. 2413/2414 জম্মুতবী–জয়পুর এক্সপ্রেস আজমের পর্যন্ত
19. 5107-5108 লখনৌ–কানপুর উৎসর্গ এক্সপ্রেস কানপুর আনোয়ার গঞ্জ পর্যন্ত
20. 469/470 লখনৌ–ফারুখাবাদ প্যাসেঞ্জোর কাসগঞ্জ পর্যন্ত (আমূল-পরিবর্তনের পর)
21. 5309/5310 এশবাগ–বরেলি রোহলখণ্ড এক্সপ্রেস–কাসগঞ্জ পর্যন্ত
23. গয়া–কিউল প্যাসেঞ্জার ঝাঁঝা পর্যন্ত (এক জোড়া)

মাননীয় সংসদ সদস্য এটা জেনে খুশী হবেন যে নিম্নলিখিত গাড়ীগুলির পরিক্রমা বৃদ্ধি করার প্রস্তাব আছে–

পরিক্রমায় বৃদ্ধি

1. 9311?9312 ইন্দোর–পূণে এক্সপ্রেস (সপ্তাহে 2 দিন থেকে বেড়ে 3 দিন),
2. 1561/1562 পিরজ–বেলগাঁও প্যাসেঞ্জার (সপ্তাহে 6 দিন থেকে বাড়িয়ে–দৈনিক)

3. 2149/2150দ পুণা-পাটনা এক্সপ্রেস (সপ্তাহে 2 দিন থেকে বেড়ে 4 দিন)
4. 2843/2844 পুরী–আমেদাবাদ এক্সপ্রেস (সপ্তাহে 3 দিন থেকে বেড়ে 4 দিন)
5. 2345/2346 হাওড়া-গৌহাটি সরায়ঘাট এক্সপ্রেস (সপ্তাহে 5 দিন) থেকে বেড়ে প্রতিদিন।
6. 1563/1564 মিরাজ-বেলগাঁও প্যাসেঞ্জার (সপ্তাহে 6 দিন থেকে বেড়ে প্রতিদিন)
7. 2309/2310 নতুন দিল্লী–পাটনা রাজধানী এক্সপ্রেস (সপ্তাহে 2 দিন থেকে বেড়ে প্রতিদিন)
8. 6603/6604 তিরুবন্তপুরম–ম্যাঙ্গালোর এক্সপ্রেস (সপ্তাহে 3 দিন থেকে বেড়ে প্রতিদিন)
9. 2835/2836 হটিয়া–যশবন্তপুর এক্সপ্রেস (সপ্তাহে 1 দিন থেকে বেড়ে 2 দিন)
10. 209/210 মছলীপটনম–তিরুপতি প্যাসেঞ্জার (সপ্তাহে 3 দিন থেকে বেড়ে প্রতিদিন)
11. 6595/6596 পাটনা–ব্যঙ্গালোর এক্সপ্রেস (সপ্তাহে 2 দিন থেকে বেড়ে 6 দিন)
12. 2419/2420 নতুন দিল্লী–লখনৌ গোমতি এক্সপ্রেস (সপ্তাহে 6 দিন থেকে বেড়ে প্রতিদিন)
13. 6527/6528 যশবন্তপুর–কুন্নুর এক্সপ্রেস (সপ্তাহে 1 দিন থেকে বেড়ে 3 দিন)
14. 6315/6316 ব্যঙ্গালোর–কোচুভেলি এক্সপ্রেস (সপ্তাহে 1 দিন থেকে বেড়ে 3 দিন)

(53) বার্ষিক পরিযোজমা 2007-08

মহাশয়, 2007-08 সনের জন্য বার্ষিক পরিযোজনায়-এর জন্য 31 হাজার কোটি টাকা ব্যায় করার প্রস্তাব দেওয়া হয়েছে। এটা এখনও পর্যন্ত সবচেয়ে বড় বার্ষিক পরিযোজনা এবং চলতি বছরের পরিযোজনায়-ব্যয়ের থেকে 32% বেশি। গত তিন বছরে রেলওয়ের বার্ষিক পরিযোজনার ব্যায়ে প্রায় আড়াই গুণ বেড়েছে। আরো গৌরবের বিষয় যে মোট ব্যায়ের তিন-চতুর্থাংশ আভ্যন্তরীন এবং বাজেট পরবর্তি রক্ষণাবেক্ষণ বাবদ থেকে এবং শতকরা 56% কেবলমাত্র আভ্যন্তরীন রক্ষণাবেক্ষণ থেকে নেওয়া হবে, যা গত বছরের তুলনায় 61% বেশি। বাজেট পরবর্তী সংসাধনগুলির মাধ্যমে 5

হাজার কোটি টাকা আই.আর.এফ.সি.-র মাধ্যমে রোলিং স্টক লীজের ওপর, 240 কোটি টাকা আর বি.এন.এল. দ্বারা ঋণ নিয়ে এবং 500 কোটি টাকা ওয়াগান ইন্ভেস্টমেন্ট স্কীমের মাধ্যমে জোগাড় করা হবে। সামান্য রাজস্ব থেকে পাওয়া মোট অর্থ 7 হাজার 611 কোটি টাকায় রেল সংরক্ষণের বিশেষ কোষের জন্য। হাজার 165 কোটি টাকা, কেন্দ্রীয় পথ কোষ থেকে 725 কোটি টাকা এবং বাকি পরিকল্পনার জন্য 5 হাজার 721 কোটি টাকা রাখা হয়েছে।

পরিকল্পনার মুখ্য উদ্দেশ্য হচ্ছে ট্রফিকের বৃদ্ধি দরকে সবচাইতে উপরে ধরে রাখার জন্য উচ্চ ট্রেফিকের ভিড় রুটের ওপর থ্রুপুট সংবর্দ্ধন, ট্রফিক ফেসিলিটি নেটওয়ার্কের বিকাশ এবং বিস্তার সম্পর্কে কাজকে দ্রুততার সঙ্গে সম্পূর্ণ করা।

এই বছর যাতায়াত সুবিধা পরিযোজনায় শীর্ষে 30% বৃদ্ধি করে, ব্যায় 800 কোটি টাকা করা হয়েছে। মালবহনের ওয়াগনের উত্তম সঞ্চালন এবং উত্তম টর্ন রাউণ্ডের পথে আসা বাধাকে দূর করা, গুড্স শেড উন্নয়ণ এবং বিকাশ, ফ্লাই ওভার/বাইপাসের নির্মাণ আই.বি.এস. ইত্যাদি ট্র্যাফিক ফেসিলিটির কাজকে সর্বোচ্চ প্রাথমিকতায় আনা হয়েছে। এই বার দুই দিকের পরিযোজনাকে দ্রুততার সঙ্গে কার্যকরি করার জন্য দুই হাজার কোটি টাকার পরিচয় প্রস্তাব করা হয়েছে, যা গত বছরের ব্যায়ের প্রায় দ্বিগুণ। এছাড়া, আর.বি.এন.এল. পরিযোজনার ওপর তার দ্বারা 1 হাজার 358 কোটি টাকা খরচ করা হবে।

'ডেডীকেটেড ফ্রেট কবিডোর' নির্মাণের জন্য 1 হাজার 330 কোটি টাকা বন্টন করা হয়েছে।

চারটে অন্য মুখ্য পরিকল্পনার জন্য ব্যায় 5 হাজার 36 কোটি টাকা রাখা হয়েছে। নতুন লাইনের জন্য 1 হাজার 610 কোটি টাকা, আমূল পরিবর্তনের জন্য 2 হাজার 404 কোটি টাকা, বৈদ্যুতিকরণের জন্য 300 কোটি টাকা, এবং মহানগর পরিবহন পরিকল্পনার জন্য ব্যায় 722 কোটি টাকা রাখা হয়েছে। সংরক্ষণ সম্পর্কে পরিকল্পনার ওপর ব্যয়ে রেলপথ নবীকরণের জন্য 3 হাজার 360 কোটি টাকা, ব্রীজ সংক্রান্ত কাজের জন্য 597 কোটি টাকা এবং সিগনাল এবং দুরসঞ্চার কাজের জন্য 1 হাজার 597 কোটি টাকা ফ্লাইওয়ে/সবওয়ে এবং ব্রীজ নির্মাণের জন্য 551 কোটি টাকা আর মানব রহিত রেল ফাটককে মনুষ্যচালিত রেলফটকের জন্য 500 কোটি টাকা ধরা হয়েছে। জম্মু-কাশ্মীর আর পূর্বত্তর সীমান্ত অঞ্চলের জাতীয় পরিকল্পনা অর্থাৎ উধমপুর – শ্রীনগর বারামুলা, জীরীবাম-ইম্ফল রোড এবং কুমার ঘাট-আগরতলা নতুন

লাইন আর লামডিং শিলচর জীরীবাম আমূল পরিবর্তন পরিয়োজনার জন্য অর্থদপ্তর থেকে 2 হাজার 725 কোটি টাকা অতিরিক্ত অর্থের দাবী করা হয়েছে।

(54) চলতি পরিয়োজনা

চলতি বছরে প্রায় দুই হাজার কি.মী. বড় লাইনের কার্য সম্পূর্ণ হবার সম্ভাবনা আছে। এটা রেলওয়েকে আর্থিক নব কলেবর প্রদান করা এবং ফীল্ড ইউনিটদের শক্তির বিকেন্দ্রীকরণ করার কারণেই সম্ভব হয়েছে। রেলওয়ে জম্মু এবং কাশ্মীর আর পূর্বোত্তর অঞ্চলে খুবই গভীরতার সঙ্গে জাতীয় পরিকল্পনাকে কার্যকরি করছে। কাশ্মীরে কাকাপোর থেকে বড়গাম পর্যন্ত নতুন লাইনের নির্মাণের কাজ প্রায় সম্পূর্ণ হয়ে গেছে এবং এটাকে খুব শীঘ্রই যাত্রী যাতায়াতের জন্য খুলে দেওয়া হবে। ব্রহ্মপুত্র নদীর ওপর নির্মাণাধীন বোগীবীল ব্রীজ, রঙ্গিয়া–মুরকাংসেলক আমূল পরিবর্তন, অজরা-বরনীহাট এবং দীমাপুর–কোহিমা পরিকল্পনাকে 'জাতীয় পরিকল্পনা' হিসাবে ঘোষণা করার জন্য আমি মাননীয় প্রধানমন্ত্রীর প্রতি নিজের শ্রদ্ধা জ্ঞাপন করছি।

(55) নতুন লাইন বসান

আমার এটা উল্লেখ করতে আনন্দ হচেছ যে কোলায়ত থেকে ফলোদী, দৈফতারী–বাসপানী এবং গান্ধীনগর – কল্লোল নতুন লাইনের নির্মাণ কাজ সম্পন্ন করা হয়েছে। পেডাপল্লী–করীমনগর–নিজামাবাদের করীম নগর জার্গতবাল অংশের কাজ ও সম্পূর্ণতার পথে।

2007-08 সনে প্রায় 500 কি.মী. নতুন লাইনের নির্মাণের লক্ষ্য রাখা হয়েছে। এই অংশে অন্তর্ভুক্ত রয়েছে–

1. পুতম্বা – শিরডী
2. মহোবা – খজুরাহো
3. কাজীগুড – কাকাপোর এবং বড়গ্রাম-বারমুলা
4. জগয়াপেট – মল্লাচেরভু
5. কোট্টুর – হরপনহল্লী

এই অংশগুলি সম্পূর্ণ হয়ে গেলে পুতম্বা শিরডী এবং জগয়াপেট-মল্লাকেরডু নতুন লাইন পরিকল্পনার কাজ সম্পন্ন হয়ে যাবে।

(56) আমূল পরিবর্তন

নীমচ রতলাম, গান্ধীধাম-পালনপুরের সামাখ্যালী –গান্ধীধাম, মিরাজ-লাতুরের লাতুর–উস্মানবাদ, ত্রিচি, মান মাদুরাই ত্রিচি–পুডডুকোটাই-খগড়ি-

সমস্তিপুরের ঘগড়িয়া-হসনপুর, আরিলা বা মুদখেড়া কিনবত-মুদখেড এবং শেলাহুর-গড় বসবন্না বাগেবাড়ী-বগলকোটের আমূল-পরিবর্তন পরিকল্পনাগুলি সম্পূর্ণ হয়ে গেছে।

এ ছাড়া আজমের–চিতৌরগড়, ত্রিচী, মান-মাদুরাই-এর পুড্ডুকোটাই – করাইকুণ্ডী, কুড্ডালোর – সেলমের বৃদ্ধাচলম – সেলম, মান - মাদুরাই রামেশ্বরম, বাঁকুড়া–দামোদর রেলওয়ে লাইনের সোনামুখী–রায়নগর এবং হাসানপুর–সমস্তিপুর–এ আমূল পরিবর্তনের কাজ ও শীঘ্র সম্পন্ন হবার সম্ভাবনা আছে।

এই অংশে আমূল-পরিবর্তন সম্পন্ন হলে নীমচ– বতলাম, গান্ধীধাম - পালামপুর, আজমের–চিতৌরগড় উদয়পুর, খগড়িয়া–সমস্তিপুর, আদিলাবাদ–মুদখেড়, কুড্ডালোর–সেলম এবং মাদুরাই–রামেশ্বরম পরিকল্পনাগুলি সম্পন্ন হয়ে যাবে। 2007-08 সনে প্রায় 1 হাজার 800 কি.মী. পথের আমূল পরিবর্তনের নিচের কাজ সম্পন্ন করার লক্ষ্য স্হির করা হয়েছে।

2007-08 সনের সময় সীমায় আমূল-পরিবর্তনের কাজ।

1. মিরাজ-লাতুরের উস্মানাবাদ-কুরদুবাডী
2. মানসী–সহরসা–পূর্ণিয়ার সহরসা–পুর্নিয়ার সহরসা–দৌরাম–মধেপুরা
3. আজমের–রীগস–রেওয়াড়ীর ফুলেরা রেওয়াড়ী
4. পীপাড় রোড–বিলাডা
5. জয়নগর–দরভঙ্গা–নরকটিয়াগঞ্জ-এর দরভঙ্গা–সীতামড়ী
6. অকোলা পুনা
7. প্রতাপ নগর–ছোট উদয়পুরের প্রতাপ নগর–বোদেলী
8. ধর্মাভরম–পকালার পকালা–মদনপল্লী
9. কপ্তানগঞ্জ–থাবে ছাপড়ার কপ্তানগঞ্জ–থাবে
10. শোলাপুর–গডগ-এর বগলকোট গডগ
11. কানপুর–কাসগঞ্জ–মথুরার কাসগঞ্জ–মথুরা
12. কাটিহার–জোগবনী
13. গুন্টুর–গুতকল কলুরুর গুতকল–কলুরু
14. বিল্লুপুরম–কাটপাড়ীর বেল্লোর–তিরুবন্নামলাই
15. ত্রিচী–মানমাদুরাইর করায় কুড়ী–মান মাদুরাই
16. মেহমানা–পাটনা
17. শিমোগা–তালগুপ্পার শিমোগা–আনন্দপুরম

এই অঞ্চলগুলি সম্পূর্ণ হলে ত্রিচী–মানমাদুরাই কাটিহার জোগবনী, অকোলা-পূর্ণা, শোলাপুর–গডগ, পীপাড়রোড–বিলাড়া, গুন্টুর–গুতকল–কলরা পরিকল্পনাগুলি সম্পন্ন হয়ে যাবে। সকরী থেকে নির্মলী এবং ঝঝারপুর–লৌকহা বাজারের আমূল

পরিবর্তনকে 2008-09 সনে সম্পন্ন করার লক্ষ্য নির্ধারিত করা হয়েছে।

(57) দ্বৈতকরণ

2006-07 সনে প্রায় 450 কি.মি. রেলপথের দ্বৈতকরণের কাজ সম্পন্ন হবার সম্ভাবনা আছে, যেখানে 2007-08 সনের জন্য প্রায় 700 কি. মি. পর্যন্ত লক্ষ্য নির্ধারিত করা হয়েছে।

(58) নতুন পরিযোজনা

সদনকে সানন্দে জানাতে চাই যে বর্দ্ধমান, কাটোয়া সাদুলপুর–বিকানের এবং রতনগড়–ডেগানা, মইলাদুতুরৈ–করাইকুডী বেং তিরুভরম পুণ্ডী–অগস্তরাপল্লীর আমূল পরিবর্তন করার কথা বাজেটে অর্ন্তভুক্ত করা হয়েছে। দাহোদ ইন্দোর ভায়া ঝবুয়া এবং দেবকন্দ (মুজফ্‌রপুর)–রুড়কী নতুন লাইন নির্মাণের কাজ বাজেটে অন্তর্ভুক্ত করা হয়েছে। পেন–রোহা, মরু–ইন্দারা, কুকরানা, পানিপত, বিমলাগড়–দূমিত্রা (পার্ট), রাজবকী, বুঢওয়াল ন্যু গৌহাটি–ডীগারু, অলবর, হরসোলী, সামলকোট–কাকোনাড়া, কলমনা–নাগপুর, বারবীল–বড়াজামদা, আদ্রা, জয়চন্ডী পাহাড়, কুরুপনতারা–চিগাবনম, রামানগ্রম মুসৌরী অমলাপুজা–হরীপদ, অরসীকেরে–বীরুর, টিটিলাগড়–রায়পুর, গোকুলপুর–মিদনাপুর এবং মালদা এবং পুরানো মালদার মধ্যে মহানন্দা ব্রীজের উভয় দিকে সংস্কারের কাজকে স্বীকৃতি দেওয়া হয়েছে। ভোজীপুরা–পীলীভীত টনকপুরে আমূল পরিবর্তন আর ছোট উদয়পুর–ধারা, বিহটা, ঔরঙ্গাবাদ, রায়দুর্গ–তুমকুর, বরিয়াপুর, মননপুর, চণ্ডীগঢ়–বন্দী এবং সুল্তানগঞ্জ কটোরিয়া নতুন লাইনের নির্মাণের সিদ্ধান্তকে স্বীকৃতি প্রদান করা হয়েছে। পুনা-শুটকলের মধ্যে অবশিষ্টাংশ দ্বৈতকরণের স্বীকৃতি প্রদান করা হয়েছে। পুনা-শুটকলের মধ্যে অবশিষ্টাংশ দ্বৈতকরণের কাজে যেখানে বিগবান মহোল-অর্ন্তভুক্ত আছে, তাকে স্বীকৃতি প্রদানের কাজ চলছে। বার্ধা–নান্দেড ভায়া যবতমাল, পুসদ নতুন লাইনের নির্মাণ কাজের ওপর মহারাষ্ট্র রাজ্য সরকারের সাথে যৌথ অনুমতি পাওয়া গেলে শীঘ্র কাজ এগিয়ে যাবে। সমরঘ-রেওয়াঘাট ভায়া তৈরো–অমনোর দমোহ থেকে কুণ্ডলবুর এবং অরবিয়া–সুকৌল নতুন লাইন নির্মাণ এবং মুজফ্‌ফরপুর বেতিয়া–নরকটিয়াগঞ্জ বাল্মীকি নগরের উভয় কয়েকটি পরিকল্পনার জন্য উত্তরাখণ্ড, কর্নাটক এবং পশ্চিম বঙ্গের রাজ্য সরকারগুলি মোট বিনিয়োগের একটি অংশ বহন করতে সহমতি দিয়েছে। অন্ধ্র প্রদেশের রাজ্য সরকার কুড়ড়প্পা–বেঙ্গালোর নতুন লাইনের নির্মাণ অর্দ্ধেক-অর্দ্ধেক বিনিয়োগের ওপর যৌথ ভাবে করার অনুরোধ করেছে। এই ধরণের সমস্ত প্রস্তাবগুলিকে উচ্চ প্রাথমিকতার ভিত্তিতে স্বীকৃতির জন্য অন্তিম কার্যকরণ করা হবে। আমি সমস্ত রাজ্য সরকারের কাছে আরো একবার

অনুরোধ করতে চাই যে চলতি পরিকল্পনাগুলি এবং নতুন পরিকল্পনার জন্য অর্ধেক-অর্ধেক বিনিয়োগ করে যৌথভাবে পরিকল্পনাকে সম্পূর্ণ করতে নির্মাণ কার্যে আমাদের সহযোগিতা করুন।

(59) নিরীক্ষণ

মাননীয় সদস্যদের দাবীর ভিত্তিতে নিম্নলিখিত নিরীক্ষণ শুরু করার প্রস্তাব আছে–

নতুন লাইন

1. করাড–চিপলুন
2. আলীগড়–কাসগঞ্জ
3. রূপই–পরশুরামকুণ্ড
4. গুড়ুর–দুর্গারাজাপতন
5. শ্রী সত্য সাই প্রশান্ত–নিলয়ম–কাদিরী ভাড়া নল্লরামাড়ী
6. মোরাপ্পুর–ধর্মাপুরী
7. দূরৈ–করইকুণ্ডী
8. গয়া–নটেসর
9. নীডমঙ্গলম–পুদ্দুকোটাই
10. নজনগুড়–নিলাম্বর
11. তল্লচেরী–মসুরী
12. দীণ্ডীগল–কুমুলী ভায়া বোর্ডিনযক্কনুর
13. টুমকুর–দাবনগের
14. ধারওয়াড়–বায়লাহোগল–বেলগাম
15. রতলাম–বাসওয়াড়া
16. মরকাপুর–শ্রী সেলম
17. চকিয়া–বরগনিয়া ভাড়া মধুবনী, ফেনহরা, পিপরাহী
18. কিনবত–মহুর

আমূল পরিবর্তন

1. ছিন্দওয়াড়া–তৈতপুর
2. হিম্মতনগর–খেড়, ব্রহ্মা, আবুরোড পর্যন্ত বিস্তার সহ
3. ইন্দারা–দোহরীঘাট

দ্বৈতকরণের

1. রাজখরমুবা–আদিত্যপুর তৃতীয় লাইন
2. সম্বলপুর–তালচের
3. মুদখেড়–পরভনী

4. সিকেন্দ্রাবাদ–ভোগিরি তৃতীয় লাইন
5. জিরত–কটোয়া
6. আদ্রা–গর্ধুরেশ্বর
7. খুর্দা রোড–পুরী

রেল ফ্লাই ওভার

1. ডোঙ্গাপোসী
2. দমদম
3. ইটারসী
4. কটনী

(60) মধেপুরাতে নতুন বিদ্যুৎচালিত ইঞ্জিন তৈরী কারখানা স্থাপন

রেল যাতায়াতের বাড়তি চাহিদাকে মেটানোর জন্য চিত্তরঞ্জন রেল ইঞ্জিন কারখানার উৎপাদন ক্ষমতায় 150 থেকে 200 ইঞ্জিন প্রতিবছর বৃদ্ধি সত্ত্বেও আরো একটি নতুন বৈদ্যুতিক কারখানা স্থাপন করা অপরিহার্য্য। সুতরাং প্রায় 1 হাজার 300 কোটি টাকা বিনিযোগে মধেপুরায় একটি নতুন বৈদ্যুতিক ইঞ্জিন তৈরী কারখানা স্থাপন করা হবে। এতে পুর্বোত্তর ক্ষেত্রে এবং উত্তর বিহারের অনঅগ্রসর অঞ্চলের সর্বাঙ্গীন বিকাশে সাহায্য হবে।

(61) সিগনাল ব্যবস্থার আধুনিকরণ

এ.বি. এবং সি রুটে 96% থেকে অধিক স্থানে ট্রেক সরকিটিং, এ এবং সি রুটে মাল্টি এস্পেক্ট কালার লাইন সিগনল প্রণালী এবং বিশেষ রেল সংরক্ষা কোষ থেকে নেওয়া অন্য উন্নয়ণ কাজ এখন পর্যন্ত 1 হাজার 36 টি স্টেশানে সম্পন্ন করা হয়েছে। এই কোষ থেকে নেওয়া বাদ-বাকি সমস্ত কাজকে মার্চ-2008 সাল পর্যন্ত সম্পন্ন করার লক্ষ্য নির্ধারিত আছে। সিগনাল প্রণালীতে বিশ্বাসনীয়তার গুণগত মান আনার উদ্দেশ্যে 2007-8 সনে একটি পরিকল্পনা তৈরী করে কার্যকরি করা হবে। মহাশয়, এখন পর্যন্ত সিগনালিং প্রধানত রেল সংরক্ষার জন্য ব্যাবহার হয়ে এসেছে, যদিও আধুনিক সিগনাল প্রণালীর দ্বারা লাইন ক্ষমতায় সংস্কার করার যথেস্ট সম্ভাবনা বিদ্যামান রয়েছে। আমরা সিদ্ধান্ত নিয়েছি যে হাই ডেন্সিটি নেটওয়ার্কে আই.বি.এম. প্রণালী ব্যাবহার করে দুটি ব্লকের খণ্ডে গড়পড়তা দূরত্ব 12 কিলোমিটার থেকে কমিয়ে 8 কি.মি. করা হবে। অধিক ব্যস্ত কিছু জংশান স্টেশানের এপ্রোচ পর্থে অটোমেটিক ব্লক সিগনাল প্রণালী সরবরাহ করা হবে।

(62) কেরল সরকারের সঙ্গে যৌথ উদ্যোগ

মহাশয়, তীব্রতার সঙ্গে বেড়ে চলা যাত্রী ব্যাবসার জন্য ভবিষ্যতে

অতিরিক্ত যাত্রী কোচের প্রয়োজন হবে। বর্তমানে রেলওয়ে দ্বারা আই.সি.এফ. ডিজাইনের যাত্রী কোচ তৈরী করার জন্যে ফেব্রীকেটেড বগি তৈরী করার ক্ষমতা সীমিত। এই ঘাটতিকে রেলওয়ে কেরল সরকারের সার্বজনিক 'স্টীল ইণ্ডাস্ট্রিজ, কেরল লি. এল্যাম্পী'র সঙ্গে একটি যৌথ উদ্দ্যোগ গঠন করে পূর্ণ করার চেস্টা চালাবে।

(63) ডালমিয়া নগরে ওয়াগান - বেগী কমপ্লেক্স স্থাপন

নতুন ডেডীকেটেড ফ্রেট করিডরের নির্মাণ 32.5 টনের এক্সেল লোডের মালগাড়ী এবং ডাবল স্ট্যাক কন্টেনার ট্রেন চালানোর জন্য চেস্টা করা হচেছ। দেশে এখনও পর্যন্ত 22.9 টনের এক্সেল লোডের ওয়াগানই তৈরী হয়। বেশি ড্রাফ্ট গিয়ারের নির্মাণ করার জন্য ডালমিয়া নগরে একটি শিল্প কমপ্লেক্স-এর বিকাশ করা হবে। এই লক্ষ্যে্য পৌঁছানোর জন্য সার্বজনিক ব্যক্তিগত অংশিদারিতে কার্যকরী করার সমস্ত বিকল্পের ওপর চিন্তা করা হবে।

(64) শহরতলী পরিসেবা

মুম্বাই শহরতলী পরিসেবার জন্য গত বাজেটে করা ঘোষণা অনুযায়ী পশ্চিম রেলের জন্য তিনটি অতিরিক্ত রেক দেওয়া হয়েছে এবং চতুর্থ রেক মার্চ 2007 পর্যন্ত পাওয়া যাবে। মধ্য রেলের জন্য একটি অতিরিক্ত রেক থানের পূর্ব অঞ্চলে দেওয়া হয়েছে এবং আরো একটি রেক মার্চ 2007 পর্যন্ত পাওয়া যাবে। আমি সদন কে সানন্দে জানাতে চাই যে কসারা থেকে টিটওয়ালা খণ্ডের ডি.সি. থেকে এ.সি.-তে পরিবর্তনের কাজ সম্পন্ন হয়ে গেছে। বোরিভলী থেকে বিরারকে চৌগুণ করার কাজ খুব শীঘ্রই সমাপ্ত হবে এবং এম.আর.বি.সি.-র মাধ্যমে নতুন রেক এর সংযোজন ও খুব শীঘ্র শুরু হতে চলেছে। সময় সীমাকে অপেক্ষিত পরিবর্তন করে পশ্চিম রেল এবং মধ্যে রেলে এইসব নতুন রেকের দ্বারা এই বছরে 150 টি নতুন শহরতলীর গাড়ী চালানোর প্রস্তাব আছে। আশা করা যায় এই সব প্রচেস্টার মাধ্যমে রেল পরিসেবায় যথেস্ট উন্নতি হবে।

কোলকাতার জন্য চলতি বছরে চারটে অতরিক্তি ই.এম.ইউ. রেক প্রদান করা হয়েছে, যার ফলে শহরতীলীর পরিসেবা 1 হাজার 39থেকে বেড়ে 1 হাজার 50 হয়ে গেছে। আগামী কয়েক মাসে আরো 5 টি রেক বাড়ানো হবে। চেন্নাইতে চলতি বছরে পাঁচটি অতিরিক্ত ই.এম.ইউ. রেক দেওয়া হয়েছে, যাতে শহরতলীব পরিসেবা 30 থেকে বৃদ্ধির সাথে, সাথে 27, রেক 8 টি বগি থেকে 6 টি বগীর করে দেওয়া হয়েছে। আগামী কয়েক মাসে 6 টি রেক বৃদ্ধি করা হবে, যার ফলে এস.আর.টি.এস. আর অন্য পরিসেবায় বৃদ্ধির প্রয়োজনীয়তা সম্পূর্ণ হবে।

(65) 2007-08 'র আনুমানিক বাজেট

মহাশয়, এবার আমি 2007-08 সনের আনুমানিক বাজেট সম্বন্ধে আলোচনা করব। 2007-08 সনের 'ফ্রেট লোডিং'-এর লক্ষ্যমাত্রা 785 মিলিয়ন টন এবং ফ্রেট আউটপুটের 516 মিলিয়ন টন কিলোমিটার ধরা হয়েছে। ডাবল ডিজিট উন্নতির মানকে বজায় রেখে মাল, যাত্রী এবং অন্য কোচিং আমদানীর অনুমানিক বাজেট ক্রমশ 46 হাজার 934, 20 হাজার 75 এবং 2 হাজার 200 কোটি রাখা ধরা হয়েছে। সমস্ত-ট্রেফিক বাবদ আমদানি 71 হাজার 218 কোটি টাকা ধরা হয়েছে। যা চলতি আর্থিক বছরের সংশোধিত অনুমান থেকে 7 হাজার 248 কোটি টাকা বেশি।

মহাশয় 2007-08 সনের জন্য সাধারণ পরিচালনা বাবদ ব্যয়ের 42 হাজার 687 কোটি টাকা বরাদ্দ করা হয়েছে যা 2007-08 সনোর সংশোধিত অনুমানের তুলনায় শতকরা 12% অধিক। মূল্য হ্রাস সংরক্ষণ কোষে 5 হাজার 496 কোটি টাকা এবং পেন্সান কোষে 8 হাজার 683 কোটি টাকা ধরা হয়েছে, এই ভাবে মোট পরিচালন ব্যয় 56 হাজার 687 কোটি টাকা হবে, যার মধ্যে মোট আয়ের পরিমাণ 14 হাজার 631 কোটি টাকা হবে। রেলওয়ের লাভাংশ আগের ক্যাশ সারপ্লস 21 হাজার 578 কোটি টাকা এবং অপারেটিং রেশিয়ো-শতকরা 79.6% হওয়ার আশা আছে। আগামী বছরের শেষে ফাণ্ড-বেলেন্স 16 হাজার 170 কোটি টাকার পর্যায়ে থাকবে বলে অনুমান করা হয়েছে। 2007-08 সনের জন্য সামান্য রাজকোষকে দেয়ো লাভাংশের দরে একটি জ্ঞাপন রেল কনভেশন সমিতির বিচারাধীন রয়েছে। 2006-07 এর জন্য অনুশসিত লাভাংশ দরের ভিত্তিতে 2007-08 সনে লাভাংশ-দেনদারী 3 হাজার 909 কোটি টাকার মত দাড়াছে। 2007-08 সনে না কেবল এই দেনদারীর অস্হগিত লাভাংশের বাকী 664 কোটি টাকাও পুরো মিটিয়ে দেওয়া হবে। আগামী বছরের পরিকল্পনা বাবদ ব্যয় এর জন্য 17 হাজার 323 কোটি টাকার ব্যাবস্হা আভ্যন্তরীন সংসোধনের মাধ্যমে করা হবে।

(66) ডায়নামিক প্রাইসিং এবং কমার্শিয়াল পলিসি

2006-07 সনে মাল পরিবহনে লাগু করা 'ডায়নামিক প্রাইসিং পলিসী'র উৎসাহজনক পরিণাম দেখা গেছে। সুতরাং এই বছর আমরা এ.সি. প্রথম এবং এ.সি.টু টায়ার শ্রেণীর সমস্ত যাত্রী পরিসেবায় এবং নতুন ডিজাইনের এ.সি.র থ্রী টায়ার এ.সি. চেয়ারকারের বগিতে 'পীক' এবং 'নান পীক পিরিয়ড', জনপ্রিয় এবং কম জনপ্রিয় যাত্রা গাড়ীগুলিতে আলাদা-আলাদা

দরে ভাড়া কমানোর নীতি তৈরী করেছি। এইভাবে মাল পরিবহনের জন্য কমর্শিয়াল পলিসীকেও ডায়নামিক করার সাথে ব্যস্ততম এবং অ-ব্যস্ত গুডস টর্মিনল–'পরী ওয়ারফেজ রেট' আলাদা-আলাদা নির্ধারিণ করা হয়েছে।

(67) যাত্রী পরিসেবা

আমি আগস্ট 2005 সনে দ্বিতীয় শ্রেণীর ভাড়া 1 টাকা কমিয়েছি যার ফলে আয়ে শতকরা 14% বৃদ্ধি হয়েছে। সাধারণ মানুষের অগাধ স্নেহ এবং সমর্থনের ফলেই রেলের আমূল পরবর্তন হয়। সুতরাং এই বছরেও শহরতলীর পরিসেবা ছাড়া অন্য সমস্ত সাধারণ প্যাসেঞ্জার এবং নন-সুপার-ফাস্ট মেল-এক্সপ্রেস গাড়ীর দ্বিতীয় শ্রেণীর ভাড়া 1 টাকা কমানো হবে। মহাশয়, আমরা

জিনিষের মূল্যে রেল সস্তা রেখেছি।
কিন্তু উপার্জনে কোন ঘাটতি রাখিনি।।

গত বছরে কয়েকটি গাড়ীতে স্পীড বাড়িয়ে তাকে সুপার ফাস্ট ট্রেনের শ্রেণীভক্ত করা হয়ে ছিল। সাধারণ মানুষের জোরদার দাবীতে আমি সিদ্ধান্ত নিয়েছি যে সুপার ফাস্ট ট্রেনের দ্বিতীয় শ্রেণীর টিকিটে সপার ফাস্ট-চার্জ শতকরা 20% কমানো হবে।

মহাশয়, আমরা নতুন ডিজাইনের স্লীপার শ্রেণী, এ.সি. চেয়ারকার এবং এ.সি. থ্রী টায়ার কোচ তৈরী করেছি। 2007-08 সনে উচ্চ ক্ষমতা সম্পন্ন কোচের নির্মাণ করা হবে। এই বর্দ্ধিত ক্ষমতা লাভের একটি অংশ আমরা নিজের উপভোক্তাদের সঙ্গে ভাগ করার সিদ্ধান্ত নিয়েছি। নতুন ডিজাইনের স্লীপার শ্রেণী কোচ ভাড়া শতকরা 4% কমানো হবে।.এই কমানোর ফলে "লীন" এবং "পীক" দুই "পীরিয়ডেই" লাভ হবে। নতুন ডিজাইনের এ.সি. থ্রি টায়ার এবং এ.সি. চেয়ার কারের ভাড়া "লীন সীজনে" শতারা 8% এবং "পীক সীজনে" শতকরা 4% কমানো হবে। জনপ্রিয় গাড়ী'র ভাড়া পুরো বছর ধরে শতকরা 4% কমানো হবে।

এ.সি. প্রথম শ্রেণীর ভাড়া "লীন সীজনে" 6 "পীক সীজনে" শতকরা 3% কমানো হবে এবং জনপ্রিয় গাড়ীগুলির ভাড়া পুরো বছর ধরে শতকরা 3% কমানো হবে।

এ.সি. টু টায়ারের ভাড়ায় "লীন সীজনে" শতকরা এবং "পীক সীজনে" শতকরা 2% কমানো হবে। জনপ্রিয় গাড়ীগুলির ভাড়া পুরো বছর জুড়ে শতকরা 2% কমানো হবে।

মহাশয়, মুম্বাই-এ বাইরে থেকে বেড়াতে অথবা অন্য কাজে হাজার, হাজার মানুষ আসে। এই ধরনের মানুষের সুবিধার জন্য আমরা মুম্বাই

শহরতলী পরিসেবার অন্তর্ভুক্ত পাইলট প্রোজেক্ট হিসাবে 1 দিনের, তিন দিনের এবং পাঁচ দিনের ট্যুরিস্ট টিকিট তৈরী করার সিদ্ধান্ত নিয়েছি।

এরবম টিকিট গ্রহণকারি, টিকিটের সময় সীমার মধ্যে, পশ্চিম এবং মধ্য রেলের মুম্বাই শহরতলী পরিসেবার যে কোন স্টেশান থেকে অন্য স্টেশান পর্যন্ত যতবার খুশি যাত্রা করতে পারবেন। এতে যাত্রীদের টিকিট কাটার জন্য বার বার লাইন দিতে হবে না।

ঘরে বসে ইন্টারনেটে ই-টিকিট বুক করার পদ্ধতি খুবই জনপ্রিয় হয়েছে। একে আরো উৎসাহ দেওয়ার উদ্দেশ্যে আমরা সিদ্ধান্ত নিয়েছি যে প্রত্যেক স্লীপার ই-টিকিটে ধার্য করা চার্জ 25 টাকা থেকে কমিয়ে 15 টাকা এবং প্রত্যেক এ.সি. ই-টিকিটে 40 টাকা থেকে কমিয়ে 20 টাকা করে দেওয়া হবে। উক্ত ন্যূনতম চার্জ ছাড়া প্রতি অতিরিক্ত যাত্রীর ওপর 5 টাকার শুল্ক লাগবে। কিন্তু একটি সেকেণ্ড ক্লাস স্লীপার টিকিটে দেয়ো চার্জ 25 টাকা এবং এ.সি. শ্রেণীর টিকিটে 40 টাকার বেশি হবে না।

(68) পার্সেল আর লাগেজ পরিসেবা

মহাশয়, খোলা টেণ্ডারের মাধ্যমে এস.এল.আর এবং পার্সেল ভ্যানকে পার্সেলের জন্য ধার্য দর অথবা তার থেকে কম দরে 'লীজ' দেওয়ার নীতির ভালো ফলাফল পাওয়া গেছে। কিন্তু এখনও এমন বহু গাড়ী আছে, যেটাকে গত বছর এস.এল.আর ক্ষমতার শতকরা 60% থেকেও কম ব্যাবহার করা হয়েছে এবং যার একটিও এস.এল.আর পার্সেলের জন্য ধার্য দর অথবা তার থেকে অধিক দরে খোলা টেণ্ডার বার করা সত্ত্বেও 'লীজ' নেওয়ার অফার পাওয়া যায়নি। এই প্রক্রিয়াকে এগিয়ে নিয়ে যাওয়ার জন্য আমরা সিদ্ধান্ত নিয়েছি যে এধরণের সমস্ত গাড়ীগুলির পার্সেলের ধার্য দরকে তার সঙ্গে, সঙ্গে নিম্ন শ্রেণীতে ডাউন গ্রেড করে দেওয়া হবে। যদি কোন ট্রেন এক দিকে যাওয়ার ধার্য দরে লীজ পেয়ে যায়, কিন্তু ফেরার সময় টেণ্ডার দেওয়া সত্ত্বেও 'লীজের অফার' না পায় এবং ক্ষমতার উপযোগ শতকরা 60% থেকে কম হয় তাহলে ফেরার পথে তার শ্রেণীকে ডাউন গ্রেড করা হবে। এতে কম জনপ্রিয় গাড়ীগুলির পার্সেল বুকিং দর কম হবে। পার্সেল এবং লগেজ দরের সমীক্ষা প্রত্যেক আর্থিক বছরের প্রথম দুই মাসের মধ্যে 31সে মে পর্যন্ত করে নেওয়া হবে।

মহাশয়, বর্তমান লগেজ দর আদায়ের পদ্ধতির অর্ন্তভূক্ত সমস্ত গাড়ীগুলিতে লগেজ দর, রাজধানী গাড়ীর পার্সেল রেট থেকে শতকরা 20% বেশি রাখা হয়েছে। এটা উল্লেখনীয় যে রাজধানী গাড়ীর পার্সেল ভাড়া সাধারণ প্যাসেঞ্জার

গাড়ীর ভাড়া থেকে তিন গুণ পর্যন্ত হয়। লগেজ দরকে যুক্তি সঙ্গত করতে আমরা সিদ্ধান্ত নিয়েছি যে গাড়ীগুলিতে এস.এল.আর.এর জন্য ধার্য পার্সেল দরের ওপর টেণ্ডার বার করা সত্ত্বেও লীজের অফার আসছে না এবং যার ক্ষমতা শতকরা 60% কম ব্যাবহার হচ্ছে, তাদের লগেজ এবং পার্সেল বুকিং-এর দর সমান হবে। এই সিদ্ধান্তে সাধারণ প্যাসেঞ্জার গাড়ী'র এবং অ-জনপ্রিয় মেল-এবং এক্সপ্রেস গাড়ীগুলির লাগেজ দরে শতকরা 60% পর্যন্ত কম হবে।

(69) মাল-বহনের ব্যাবসা

মহোদয়, মাল পরিবহনে হওয়া অভূতপূর্ব বৃদ্ধিকে ধরে রাখার জন্য আমি মাল-ভাড়ায় নিম্নলিখিত ঘাটতি এবং ডিসকাউন্ট স্কীমের ঘোষণা করছি–

মহাশয়, আমি গত বছর ডীজেল এবং পেট্রোলের মাল ভাড়ায় প্রায় শতকরা 9% কমিয়ে তাকে 240 থেকে কমিয়ে 220 শ্রেণীতে এনে দাড় করিয়েছি। এই প্রক্রিয়াকে এগিয়ে নিয়ে গিয়ে আমি অধিকতম 220 শ্রেণী থেকে নামিয়ে 210 শ্রেণীতে করার প্রস্তাব দিচ্ছি। এতে ডীজেল, পেট্রল, অমোনিয়া ইত্যাদির মাল-ভাড়া প্রায় শতকরা 5% কম হবে।

খনিজ পদার্থ ভিত্তিক শিল্প যেমন স্টীল, সীমেন্ট ইত্যাদির দাবীতে আয়রণ এবং লাইমস্টোন সহ সমস্ত ধরনের খনিজ পদার্থের পরিবহনের ওপর মাল ভাড়া শ্রেণী 170 এর পরিবর্তে 160 এর ওপর চার্জ করা হবে। এতে এই সব বস্তুর মাল ভাড়া প্রায় শতকরা 6% কম হবে।

(70) এমটি ফ্লো ডায়রেকশন ফ্রেট ডিসকাউন্ট স্কীম

আমাদের মালগাড়ীগুলি এক দিকে লোড হয়ে যায় কিন্তু ফেরার সময় অধিকাংশ ক্ষেত্রে খালি ফিরে আসে। খোলা গাড়ীগুলির খালি হয়ে ফেরার পারাসেন্টেজ তো খুবই খারাপ। গত বছর আমরা 'এম্‌টি ডায়রেকশান' এ করা অতিরিক্ত লোডিং-এর ওপর 'লীন সীজনে' 30 এবং পীক সীজনে শতকরা 20% পর্যন্ত মাল ভাড়ায় ছাড় দেওয়ার ঘোষণা করে ছিলাম। এই নীতিকে আরো প্রাধান্য দেওয়ায় জন্য এতে কয়েকটি গুরুত্বপূর্ণ পরিবর্তন করা হয়েছে। যেহেতু ফেরার সময় গাড়ীগুলি খালি ফেরার সমস্যা পুরো বছর ধরে ভুগতে হয়, তাই আমরা সিদ্ধান্ত গ্রহণ করেছি যে, 'পীক সীজন' 3 ও 'এমটি ফ্লো ডিসকাউন্ট' শতকরা 20% পরিবর্তে 30% এর দরেই দেওয়া হবে। এই 'ডিসকাউন্ট' খোলা এবং কভার্ড দই ধরণের গাড়ীতে 'লীন' এবং 'পীক' দুই সীজনেই সাতশ কিলো মিটারের অধিক লীড ওয়ালা ট্রেফিকের ওপর দেয় হবে। জোনাল রেলওয়ের জেনারল ম্যানেজারকে বিশেষ পরিস্থিতিতে 700

কিলো মিটার থেকে কম লিডের ট্রেফিকের ওপরও এই 'ডিসকাউন্ট' দেওয়ার অধিকার দেওয়া করা হবে।

বর্তমানে গম, সার ও সিমেন্টের ব্যাগকে খোলা গাড়ীগুলিতে লোডিং করা হলে ক্রমশ 20, 30 এবং শতকরা 15% 'ডিসকাউন্ট' দেওয়া হয়ে থাকে। এই ডিসকাউন্ট 'লোডেড' এবং 'এম্পটী ফ্লো' দুই দিকেই পাওয়া যায়। এবার আমরা সিদ্ধান্ত নিয়েছি যে খোলা গাড়ীগুলিতে ব্যাগ বন্ধ বস্তর 'ইক্রীমেন্টল লোডিং' এম্পটী ফ্লো ডাইরেকশান' ও করা হলে ব্যাগ বন্ধ বস্তুর ওপর দেওয়া উক্ত ডিসকাউন্ট ছাড়া শতকরা 30% এর দরে 'এম্পটী ফেলা ডিসকাউন্ট' ও দেওয়ার পর ন্যুনতম দেয়ো অর্থ এস.এল.আর -থ্রী শ্রেণীর ওপর দেয়ো ভাড়া কম হবে না। এই ভাবে খোলা গাড়ীগুলির 'এম্পটী ডায়রেকশান' এ সিমেন্ট, গম এবং সারের বস্তার 'ইক্রীমেন্টল লোডিং' হলে 'ডিসকাউন্ট' এর দর বেড়ে শতকরা 40% পর্যন্ত হয়ে যাবে। আমার বিশ্বাস যে এই ধরণের বেশি ডিস্কাউন্ট দিয়ে আমরা এফ.সি.আই এবং বিভিন্ন সার, সীমেন্ট কোম্পানীদের খালী ফেরত গাড়ীগুলিতে লোডিং করার জন্য আকর্ষিত করতে পারব। 'ইক্রীস্টেল লোডিং' ওয়াগান টাইপ - অনুসারে করা হবে।

'এম্পটী ফ্লো ডায়রেকশন'-এ করা লোডিং-এ ম্যাক রেক লোডিং ছাড়া ট্রেন লোড থেকে কম লোডিং করার ও সুবিধা দেওয়া হবে। খোলা গাড়ীগুলিতে 31 থেকে 57 টি ওয়াগানে লোডিং করলে শতকরা 20% এং 20 থেকে 30 টি ওয়াগানের ওপর শতকরা 10% 'ডিসকাউন্ট' দেয়া হবে। 'পীক সীজনে' 20 টি ওয়াগান থেকে কম-লোডিং করার সুবিধা দেওয়া হবে না কিন্তু জুলাই থেকে সেপ্টেম্বর মাস পর্যন্ত 'নন-পীক সীজনে' 15 থেকে 19 টি ওয়াগানের লোডিং করার ও সুবিধা থাকবে, কিন্তু কোন ডিসকাউন্ট দেয়া হবে না।

সম্প্রতি এই 'ডিস্কাউন্ট কোল, কোক এবং স্টীল প্ল্যান্টের সমস্ত ধরণের কাঁচা মালের' ট্রেফিক'-এর ওপর দেয়ো নয়। এই ছাড়কে আরও ব্যাপক করার দৃষ্টিকোণ থেকে কোল, কোক এবং আয়রণ ছাড়া অন্য সমস্ত বস্তুর ওপর এই ছাড় দেওয়ার কথা আছে।

(71) টু-লেগ ফ্রেট ডিসকাউন্ট স্কীম

সিদ্ধান্ত নেওয়া হয়েছে যে কভার্ড গাড়ীগুলিতে আসা এবং যাওয়া দুই দিকেরই 'ট্রেন লোড ট্রেফিক পাওয়া গেলে 'লীন সীজন'-এ 20% এবং পীক সীজনে 15% ডিস্কাউন্ট দুই তরফের ট্রেফিকের ওপর দেওয়া হবে। উক্ত 'ডিস্কাউন্ট' এল.আর. 1 অথবা তাঁর থেকে নিম্ন শ্রেণীর বস্তুর ওপর দেয়া হবে না।

(72) নন-পীক সীজনে ইনক্রিমেন্টাল ফ্রেট ডিসকাউন্ট স্কীম

15% দরে 'ইক্রীমেন্টল ফ্রেট ফিস্কাউন্ট' দেওয়ার ফলে 'লীন সীজন'-এ গাড়ীগুলির খালী দাড়িয়ে থাকার সমস্যা থেকে ভালো ভাবে নিস্তার পেতে আমরা সফল হই। এই পরিকল্পনাকে আরও আকর্যণিয় করার জন্য আমরা সিদ্ধান্ত নিয়েছি যে সমস্ত ধরণের কয়লা, কোক, আয়রণ এবং 120 অথবা তার থেকে নীচের শ্রেণীর বস্ত ছাড়া অন্য সমস্ত বস্তুর 'ইক্রীমেন্টল লোডিং'-এর ওপর 'লীন সীজনে' এই ডিস্কাউন্ট' দেয়া হবে। 'লীন সীজনের সময় খুবই জনপ্রিয় 'টু পয়েন্ট রেক স্কীম'-এ দুটি অনলোডিং পয়েন্ট-এর একে অপরের থেকে দুরত্বের সীমা 2 শত থেকে বাড়িয়ে 400 শত কিলো মিটার করা হবে।

(73) বস্তু ভিত্তিক ফ্রেট পলিসি

বস্ত বিশেযে উপভোক্তাদের প্রয়োজন এবং ইচেছ নানা ধরণের হয়। পরিবহন করা প্রধান বস্তুর উপভোক্তাদের প্রয়োজনকে আরো ভালোভাবে ফোকাস করা এবং রেলওয়ের প্রতিদ্বন্দ্বি ক্ষমতাকে শক্তিশালী করার জন্য আমরা বস্ত ভিত্তিক ট্যারিফ প্রণালী বিকশিত করার সিদ্ধান্ত নিয়েছি। এই নতুন প্রণালীকে এই বছর আমরা পরীক্ষামূলকভাবে সিমেন্ট-এর জন্য একটি 'এক্সক্লুসিভ পেকেজ' দিয়ে 1 এপ্রিল থেকে লাগু করব।

(74) ডায়নেমিক কমার্শিয়াল পলিসি

গত বছর আমি মাল বহনের জন্য 'ডায়নামিক প্রাইসিং পলিসী'-র ঘোষণা করে ছিলাম যার অপ্রত্যাশিত পরিণাম পাওয়া গেছে। এই প্রক্রিয়াকে এগিয়ে নিয়ে গিয়ে আমরা 'কমার্শিয়াল পলিসী'-কেও ডায়নামিক করার সিদ্ধান্ত নিয়েছি।

(75) ডায়নেমিক ওয়ার ফেজ রেট

বর্তমানে ছোট এবং বড় ব্যস্ত এবং খালী পড়ে থাকা সমস্ত ধরণের টার্মিনাল্স-এর ওপর 'ফ্রী টাইম' এবং ওয়ারফেজ এর দর সমান আছে। ক্ষমতা অনুযায়ী ব্যাবহৃত ছোট টার্মিনাল্স-এর ওপর আমরা লোডিং এর পূর্বে অনলোডিং-এর উপরে পাওয়া ফ্রী টাইমে বৃদ্ধি করা এবং 'ওয়ার ফেজ রেট' কমানোর সিদ্ধান্ত নিয়েছি।

(76) ডাইনামিক ডেমরেজ রেট

সম্প্রতি সারা বছর সমান ডেমরেজ রেট লাগে, যখন কিনা ওয়াগানের ব্যবহার 'পীক সীজনে' ও অধিক এবং নন-পীক সীজনে অপেক্ষাকৃত কম

হয়। তাই আমরা সিদ্ধান্ত নিয়েছি যে পরীক্ষামূলকভাবে কিছু টার্মিনালের ওপর ব্যস্ততার অবস্থা অনুযায়ী নন পীক-পীরিয়ড-এ ফ্রী টাইম সামান্য থেকে এক ঘন্টা অধিক দেওয়া হবে।

(77) ট্র্যাফিক রুট ভিত্তিক টারিফ পলিসি

রেলওয়ের অর্দ্ধেকের বেশি ট্রাফিক ব্যস্ত রুটে চলে। ট্রাফিকের ঘাটতির কারণে দুই-তৃতীয়াংশ রেল নেটওয়ার্ক-এর ক্ষমতা থেকে যথেস্ট কম ব্যবহৃত হচ্ছে। তাই আমরা সিদ্ধান্ত নিয়েছি যে এরকম মাল ট্রাফিক লাইন ক্ষমতা থেকে কম ব্যবহৃত হওয়া রুটে বহন করা হবে এবং সেই রুটেই নামবে, সেগুলিকে সামান্য মাল ভাড়ায়ও ছাড় দেওয়া হবে। এ সম্পর্কে বিস্তৃত নির্দেশাবলী যথা সম্ভব শীঘ্রই দেওয়া হবে।

(78) ওয়াগন ইনভেস্টমেন্ট স্কীমে উদারীকরণ

বর্তমানে ওয়াগান ইভেসটমেন্ট স্কীম অথবা কন্টেনার ট্রেন লাইসেন্স বাহকদের ওয়াগান ক্রয় করতে হয়। প্রস্তাব দেওয়া হচ্ছে, যে কোন ব্যক্তি ওয়াগান এবং কন্টেনার ওয়াগান স্বয়ং ক্রয় করে অথবা লীজে দিয়ে এই পরিকল্পনার থেকে লাভ করতে পারে। বর্তমানে ওয়াগান ইভেস্টমেন্ট স্কীম খোলা এবং কভার্ড ওয়গান পর্যন্তই সীমিত রয়েছে। এর লাভকে আরো ব্যাপক করার প্রস্তাব দেওয়া হচ্ছে। 'ওয়াগান ইভেস্টমেন্ট স্কীম'-এর লাভ অন্য ধরণের জোনাল পরপাস অথবা বস্তু বিশেষের জন্য উপযুক্ত ওয়াগানের ওপর দেওয়া হবে। মোটর বাহন এর মতো হাল্কা বস্তুর ওয়াগানের জন্য ফ্রেট, প্রতি টনে কিলো মিটারের পরিবর্তে প্রতি ট্রেনে কিলো মিটারের ভিত্তিতে নির্ধারিত করার প্রস্তাবের কথাও চিন্তা করা হবে।

(79) উপসংহার

মহাশয়, ভারতীয় রেল দ্রুত একটি মজবুত এবং জীবন্ত সংস্থা রূপে আত্মপ্রকাশ করছে। মাননীয় প্রধানমন্ত্রী সর্বদা নতুন উচ্চতায় পৌঁছানোর জন্য আমাদের পথ দেখান, উৎসাহদান এবং সমর্থন করেন। সদনের মাননীয় সদস্যরা আমাদের নীতিগুলিকে যথেস্ঠ সমর্থন করেন এবং রেল পরিবারের উপর আস্থা রেখে আমাদের মনোবল এবং আত্মবিশ্বাস বৃদ্ধি করেছেন।

প্রত্যেক বছর নতুন বছর উন্নতি আর অগ্রগতির।
আপনি সঙ্গ দিলে এই সফর এগিয়ে যাবে।।

মহাশয় এই শপথের সঙ্গে আমি 2009-08 সনের রেল বাজেট সদনে পেশ করছি।

(খ) রেল বাজেটের প্রধান বিষয়গুলির দৃষ্টান্ত

রেল বাজেট ঃ স্মরণীয় দৃষ্টিভঙ্গি

1. রেল 20.000 কোটি টাকা শুদ্ধ লাভ করেছে, যেখানে গত বছর এই লাভ ছিল 14.700 কোটি টাকা।
2. কোন শ্রেণীতেই ভাড়ায় কোন বৃদ্ধি করা হয়নি।
3. যাত্রী ভাড়া কম করা, প্যাসেঞ্জার গাড়ীগুলির দ্বিতীয় শ্রেণীর ভাড়া যাত্রী পিছু 1 টাকা কম। এ.সি.প্রথম-এ ব্যস্ত সীজনে 3% আর দ্বিতীয় শ্রেণীর ভাড়া 2-4% কম।
4. ব্যস্ত সীজন 16ই এপ্রিল থেকে 14ই জুলাই এবং 16 ই সেপ্টেম্বর থেকে 14ই জানুয়ারী।
5. ইউ.পি.এস.সি. এবং অন্য প্রতিযোগী পরীক্ষাতে নিযুক্ত হওয়া পরীক্ষার্থীদের ভাড়ায় 50% এর ছাড়।
6. রেলের বগিতে যাত্রীদের সুবিধা অনুযায়ী পরিবর্তন এবং সামান্য শ্রেণীর বগিগুলির সমস্ত সীট গদিযুক্ত করা হবে।
7. একলা সফররত সিনিয়ার নাগরিকদের এবং 45 বছরের অধিক বয়সের মহিলাদের জন্য নীচের বার্থের কোটা বৃদ্ধি করা হবে।
8. দুধওয়ালা, সব্জীওয়ালা ছোট কারবারীদের জন্য যাত্রী গাড়ীতে আলাদা বগীর ব্যবস্হা।
9. রেলওয়ে কল-সেন্টারের মাধ্যমে রেল টিকিট ও হোটেল বুকিং।
10. পেট্রল পাম্প এবং ডাক ঘরে রেলের ই-টিকিট বিক্রি করা হবে।
11. দুই বছরে 6 হাজার অটোমেটিক টিকিট মেশিন।
12. পেট্রল-ডীজেল পরিবহন ভাড়া 5% কমানো।
13. 200 স্টেশানকে মডেল স্টেশান তৈরী করা হবে।
14. এই বছর 4 টি নতুন গরীব রথ এবং 32 টি নতুন রেলগাড়ী চলবে। 23 জোড়া গাড়ী'র বিস্তার এবং 14 জোড়া গাড়ী'র পরিক্রমা বৃদ্ধি।
15. যাত্রী-গাড়ীতে 800 অতিরিক্ত বগি যুক্ত হবে।
16. বিকলাঙ্গদের জন্য বিশেষ দরজা বানানো হবে।
17. শয়নযানে বার্থের সংখ্যা 72 থেকে বৃদ্ধি করে 84 করা হবে।
18. রেল 2007-08 সনকে পরিচছন্নতা বর্ষ হিসাবে পালন করবে।
19. এক্সপ্রেস ট্রেনে সাধারণ শ্রেণীর দুটি আরো বগি লাগানো হবে।
20. চারটি হাই স্পীড করিডোরের জন্য পরীক্ষা-নিরীক্ষা। এই রুটে ট্রেন 250-300 কি.মি. 'র গতিতে চলবে। পাঁচশ কি.মি. নতুন লাইনের লক্ষ্য নির্ধারণ।

21. কিছু স্টেশানে সি.সি.টি.ভি. ক্যামেরা এবং ডগ স্কোয়ার্ড দেওয়া হবে।
22. মাল ভাড়ায় কোন বৃদ্ধি নয়। তিন তলার কন্টেনার চালানো হবে।
23. সারা দেশে রেলওয়ের খোঁজ খবর নং 139 হবে।
24. যাত্রীকালীন-সমস্যা'র সমাধানের জন্য প্রত্যেক জোনে একজন এম.এ.জী গ্রেডের অফিসার থাকবে, যিনি তিন মাসের মধ্যে সমস্যাগুলিকে মেটাবেন।
25. টি.টি.ই কে পাম টপ দেওয়া হবে, তাতে ট্রেনে রিক্ত সূচনার ভিত্তিতে সামনের স্টেশানে যাত্রীদের সংরক্ষণের ব্যাবস্থা করানো যাবে।
26. আর.পি.এফ.এ 8000 টি শুন্য পদকে শীঘ্রই ভরা হবে।
27. ইন্টারনেটে বুক করা ই-টিকিটের চার্জে ছাড়।
28. 2007-08 সনের জন্য রেলওয়ের মুখ্য লক্ষ্য হচেছ 500 কি.মি. নতুন রেল লাইন পাতা, 1800 কি.মি. এর আমূল-পরিবর্তন করা এবং 700 কি.মি.'র দ্বৈতকরণ করা।
29. মধেপুরা (বিহার) -এ নতুন বৈদ্যুতিক ইঞ্জিন কারখানা, ডালমিয়া নগরে-ওয়াগান বগি পরিসর এবং অতিরিক্ত যাত্রী বগির প্রয়োজনকে মেটানোর জন্য কেরল সরকারের সাহায্যে এল্যাপ্পীতে যৌথ শিল্প স্হাপন করা হবে।
30. রেলের জন্য প্রায় 31,000 কোটি টাকা এখন পর্যন্ত সবচেয়ে বড় বার্ষিক পরিকল্পনার ঘোষণা। 2007-08 সনের 500 কি.মি.'র নতুন লাইন পাতা হবে, যেখানে 200 টি ডীজেলও 200টি ইলেকট্রিক ইঞ্জিনের নির্মাণ করানো হবে। এই বার্ষিক পরিকল্পনায় রেল পথ-নবীকরণের ওপর 3360 কোটি টাকা, ব্রীজের জন্য 397 কোটি টাকা, সিগনালিং-এর ওপর দূর সঞ্চার কাজের জন্য 1597 কোটি টাকা, ওভার ব্রীজের জন্য 551 কোটি টাকা আর মানব হীন রেলওয়ে ক্রসিংকে ফটকযুক্ত করার জন্য 500 কোটি টাকা খরচ করা হবে। রেলমন্ত্রী অনুযায়ী নতুন লাইন পাতার জন্য 1610 কোটি টাকা আমূল-পরিবর্তনের জন্য 2404/- কোটি টাকা, বৈদ্যুতিকরণের জন্য 300 কোটি টাকা এবং মহানগর পরিবহন পরিকল্পনার জন্য 722 কোটি টাকা খরচ পড়বে। চলতি বছরে রাষ্ট্রীয় পরিকল্পনার জন্য অর্থ দপ্তর দ্বারা কাজের অগ্রগতির ভিত্তিতে কোষের ব্যাবস্হা করা হয়েছে। এর জন্য 2725 কোটি টাকার দাবী করা হয়েছে।
31. রেলওয়ে আগামী পঞ্চ বার্ষিকী পরিকলপনায় শহরগুলীর পরিসেবায় বিস্তার করার সিদ্ধান্ত নিয়েছে। এই সব রেলের ক্ষমতাকে 11 তম

পঞ্চবার্ষিকী পরিকল্পনায় বৃদ্ধি করা হবে, যাতে ভীড় কে নিয়ন্ত্রিত করা যেতে পারে। এই পরিকল্পনার–'এস.ইউ.টি.পি.'র প্রথম পর্যায় শেষ করা হবে। পাঁচ কোটি টাকার বিনিয়োগে এস.ইউ.পি.টি.-র দ্বিতীয় পর্যায়ের কাজ শুরু করা হবে।

32. 11 তম পরিকল্পনায় চেন্নাই, কোলকাতা এবং মুম্বাই-এর শহরগুলীর গাড়ীকে শীত তাপ নিয়ন্ত্রিত শ্রেণীর পরিসেবা দেওয়া হবে, আর মুখ্য স্টেশানে 'এস্কেলেটার' লাগানোর চেস্টা করা হবে।

33. মুম্বাইতে পর্যটকও অন্য কাজে দৈনিক যাতায়াত করা যাত্রীদের সুবিধার জন্য 'পাইলট পরিকল্পনা'-র অধীনে একদিন, তিন দিন, এবং পাঁচ দিনের পর্যটক টিকিট দেওয়া হবে।

34. উগ্রবাদী কবলিত এলাকার জন্য ট্রেনে এবং স্টেশানে বিস্ফরক অনুসন্ধানের জন্য ডোরফ্রেম এবং হ্যাণ্ড হেণ্ড মেটল ডিটেকটার দেওয়া হবে।

বিরোধীদের লাইনে তীব্রগতিতে দৌঁড়ালো লালুর 'চুটকী স্পেশাল'

সংসদে রেলমন্ত্রী লালু প্রসাদ দ্বারা রেল বাজেট প্রস্তুত করার সময় রেল দপ্তরের আর্থিক সাফল্যের আত্মবিশ্বাস তাঁর মুখে পরিস্কার ফুটে উঠতে দেখা যায়। নিজের ভাষণ এবং তীক্ষ্ণ এবং হাসি ঠাট্টায় ভরা টিপ্পনীর দ্বারা এই রেল বাজেটের সময় বাধা প্রদানকারি বিরোধী সংসদ সদস্যদেরও একহাত নেন। কখনও-কখনও তো মনে হয় যে লালু কোন নির্বাচনী মঞ্চে আছেন এবং বিরোধীরা নিজের বিশেষ কায়দায় তাকে বিরক্ত করে চলেছেন। ডা. মনমোহন সিং এবং সোনিয়া গান্ধীর নাম ধরে বাজেট শরু করার সময় স্লোগান দেওয়া বিরোধীদের 'বাজেট বিরোধী' পর্যন্ত বলেন কবিতা দেয়ে দুপুর 12 টায় যখন ভাষণ দিতে শুরু করেন, তখন সদস্যরা অধ্যক্ষের আসনের সামনে কোয়াত্রেচীর ব্যাপার নিয়ে স্লোগান দিতে থাকেন। এরপর শোর গোলকে ভ্রুক্ষেপ না করে লালু নিজের ভষণে 'রেড লাইট' পেরতে থাকেন।

বিরোধীদের লক্ষ্য করে লালু বলেন যে আমাদের অভিজ্ঞতা দেখে এরাঁ ঘাবড়ে গেছেন। তাঁদের শান্ত করার ব্যর্থ প্রচেস্টায় লালু বলেন, 'আর আমি আপনার কাজ করব না। এখনই নাম বাদ দেব'। এতে সদস্য এবং সোনিয়া গান্ধী সমেত বিরোধীরা হেঁসে ফেলেন। লালুর ভাষণের 20 মিনিট যেতেই সমাজবাদী পার্টির নেতা রাম গোপাল যাদব সদন থেকে ওয়াক আউটের ঘোষণা করেন। লালু না থেমেই বলে ফেলেন' বেরিয়ে যান, এটা হচেছ গরীবের বাজেট, শুনতে দিন।' বি জে পি সদস্যদের লক্ষ্য করে তিনি বলেন 'দেশের কথা বলুন, দেশের কথা বলুন।' এই কথা তিনি বেশ কয়েক বার বলেন। তিনি

বলেন, 'গরীবের বাজেট শুনতে দিন...হট্টগোল থামান....শুনতে চান না...ক্ষমতাসীনদের উৎসাহদানে গদগদ লালু স্লোগান দিতে থাকা বিরোধী সংসদদের বলেন' রেস্ট নিন....রেস্ট নিন।'

বামেরা পীঠ চাপড়িয়ে লালুকে সর্তক করেন

বাম দলেরা রেল-বাজেটকে প্রশংসা করেন কিন্তু সংকোচের সঙ্গে। তাঁদের লালু যাদবের ব্যক্তি অংশীদারিকে পরিকল্পনায় ঘাটতি মনে হয়। বাম দলেরা রেলের 20,000 কোটি টাকার লাভ করানোকে পীঠ চাপড়িয়েছে, কিন্তু বাজেটে আশংকা প্রকাশ করে লালুর কান ধরতেও পিছপা হননি। সীতারাম ইয়েচুরী পরিস্কার ভাষায় সংকেত করেন যে অংশীদারিত্বের জট ছড়ানো ছাড়া তারা মানতে রাজী নয়। রাজনৈতিকভাবে লালু যাদব বাম দলোর সাথে একাত্ম হতে পারেন নি, কিন্তু নিজের বাজেট কেরামতিতে সে বামদলের প্রশংসা আদায় করে নেন। এই বারও তেমনই হয়, কিন্তু দুপুর থেকে কিছুটা ভিন্ন। লালুর ভাড়া এবং মালভাড়া বৃদ্ধি না করে রেলওয়ে কে লাভে রাখার কারু কাজ এখন বাম দলেরাও বুঝে নিয়েছে। ফলে দুই শত গাড়ীকে সুপার ফাস্ট করে রেলওয়েকে দেওয়া উপার্জনে তারা আপত্তি জানিয়েছে। মাকপা সাংসদ বাসুদেব আচার্য্য বলেন এক্সপ্রেস গাড়ীকে 'কাগুজে সুপার ফাস্ট' বানিয়ে যাত্রীদের থেকে সর-চার্জ নেওয়া তাদের মাথায় ঢুকছে না। সীতারাম ইয়েচুরী যেভাবে লালুর ব্যক্তি মালিকানা পরিকল্পনার ওপর প্রশ্ন তোলেন, তাতে পরিস্কার হয়ে যায় যে বাম দলোর প্রিয় পাত্র লালুর জন্য এই পথে হাটা সহজ হবে না। ইয়েচুরী ব্যক্তি মালিকানাকে নির্মাণ থেকে শুরু করে রক্ষণাবেক্ষন পর্যন্ত নিয়ে যাওয়ার প্রচেস্টার বিরোধিতা করেন এবং বলেন যে প্রতিরক্ষার প্রশ্নে কোন প্রকারের আপোষ, তারা মেনে নেবেন না।

রেল বাজেটের ওপর ভা.ক.পা. ও জোরদার ভাবে বিচ্যুতিগুলি তুলে ধরেন।

ভা.ক.পা. সচিব অতুল কুমার অঞ্জান লালুর বাজেটের পর্দার পেছনে ব্যক্তি মালিকানায় উৎসাহ প্রদান করা হচ্ছে বলেন। তিনি বাজেটে যাত্রী সুবিধাগুলিকে পাশ কাটানোর সরাসরি অভিযোগ তোলেন। ফরওয়ার্ড ব্লক মহাসচিব দেবব্রত বিশ্বাস বাজেটকে হাতীর দুটি দাঁত হিসাবে বর্ণনা করেন এবং বলেন যে, যা দেখা যাচেছ... তেমনটা হবে তাতে সন্দেহ আছে।

বিরোধীরা বলেন জনগণের সাথে ধোঁকা, ক্ষমতাসীনরা প্রশংসা করেন।

বিরোধীরা লোক সভায় পেশ করা রেল বাজেটে জনতাকে আরো একবার ধোঁকা দেওয়ার প্রয়াস করার অভিযোগ তোলেন। যেখানে ক্ষমতাসীনরা বাজেটকে

উন্নয়নশীল বলেন। লোকসভাতে ভা.জ.পা.-র উপ-নেতা বিজয় কুমার মালহোত্রা 2007-08 সালের রেল বাজেটের ওপর প্রতিক্রিয়া ব্যক্ত করতে গিয়ে সংবাদদাতাদের বলেন যে, গত বারের মত এই বারও পরিসেবা দেওয়ার অজুহাতে জনগণের ওপর চাপ বৃদ্ধি করা হয়েছে। শ্রী মালহোত্রা বলেন যে, লালু প্রসাদ যাদব দ্বারা বিগত বছরেও পেছনের দরজা দিয়ে ভাড়া বাড়ানো হয়েছে। সাধারণ ট্রেনকে 'এক্সপ্রেস' এবং এক্সপ্রেসকে সুপার ফাস্ট ট্রেন বানিয়ে ভাড়া বাড়িয়ে জনগণকে ধোঁকা দেওয়া হয়েছিল। এবারও সামান্য টিকিটে 1 টাকা এবং স্লীপারের ভাড়া দুই থেকে আট শতাংশ কম করার যে ঘোষণা করা হয়েছে, কিন্তু জনগণের এতে কোন লাভ হবে না।

অর্থমন্ত্রী পি. চিদাম্বরম লালুর প্রশংসা করে তাঁকে ধন্যবাদ দেন এবং বলেন যে, লালুজীর বাজেট সাধারণ মানুষের প্রতি দৃষ্টিসম্পন্ন এবং এতে কয়েকটি নতুন রেলগাড়ীও অন্তর্ভুক্ত। তিনি বলেন যে, এই রেল বাজেট তীব্র গতিতে দেশের আর্থিক উন্নয়ণেও সহায়ক হবে এবং এতে সাধারণ মানুষও উপকৃত হবেন।

কংগ্রেস সচিব এবং সাংসদ রাজীব শুক্লা রেল বাজেটকে সাধারণ মানুষ এবং গরীবের বাজেট হিসাবে তুলে ধরেন এবং বলেন যে, এই বাজেটে ভাড়া বাড়ানো হয়নি... বরং যাত্রীদের বেশী সুবিধা প্রদান করা হয়েছে। রাস্ট্রীয় জনতা দলের রঘুনাথ ঝা সাধারণ মানুষকে ছাড় দেওয়ার বাজেট হিসাবে বর্ণনা করেন এবং বলেন যে, এর থেকে ভালো রেল বাজেট আজ পর্যন্ত পেশ করা হয়নি। রিপাব্লিক পার্টি অফ্ ইণ্ডিয়ার অধ্যক্ষ সাংসদ রামদাস আটওয়ালে এই রেল বাজেটকে সাধারণ মানুষের সুবিধা প্রদানকারী বাজেট বলেন। যদিও তিনি মহারাষ্ট্রকে কোন ট্রেন অথবা মুম্বাই শহরতলীর রেল পরিষেবা যাত্রীদের জন্য বিশেষ কোন সুবিধা প্রদান করা অথবা ছাড় না দেওয়াতে অসন্তোষ প্রকাশ করেন। কেন্দ্রীয় মন্ত্রী ডা. রঘুবংশ প্রসাদ সিংহ রেল বাজেটকে ঐতিহাসিক তথা স্বাগত যোগ্য হিসাবে বর্ণনা করে বলেন যে, এটা গরীবমুখী, গ্রামীনমুখী তথা সাধারণ মানুষের আকাংখার নিরিখে খাঁটি রেল বাজেট। তিনি বলেন যে, রেল বাজেটের দেশব্যাপী স্বাগত হচেছ, কেন না এতে সাধারণ মানুষ তথা গরীব লোকদের প্রতি বিশেষ নজর দেওয়া হয়েছে।

ফিক্কী বলেন যে এই রেল বাজেটে মনে হয় শ্রী যাদব যাত্রীদের এবং মাল বহনকে অধিক সংখ্যায় আকর্ষিত করার রণনীতির অধীনে কাজ করছেন। ফিক্কী রেলের আধুনিকীকরণ এবং প্রযুক্তি উন্নয়ণের জন্য করা ঘোষণাগুলিও প্রশংসা করেন। ফিক্কী অধ্যক্ষ হবীল খোরাকী ওয়ালা বলেন যে রেলওয়ে ব্যক্তি

মালিকানার মতো কাজ করে চলেছেন, যা দেশের জন্য একটি ভালো খবর। তিনি বলেন যে, স্বাস্থ্য এবং শিক্ষা ক্ষেত্রেও এই নীতি অনুসরণ করা উচিত।

এসোচেম এই রেল বাজেটকে রেলের কার্য ক্ষমতা বৃদ্ধি কারী দারুন বাজেট হিসাবে বর্ণনা করে বলেন যে, রেলমন্ত্রী এতে ইস্পাত, সীমেন্ট এবং কয়লার ক্ষেত্রেকে উৎসাহদানকারী কয়েকটি ঘোষণা করেছে। বিশেষ করে সার্বজনিক ব্যক্তি অংশীদারীর অধীনে 20 হাজার কি.মী দীর্ঘ রেল পথে 800 টি নতুন ওয়াগান চালানোর প্রস্তাব রেল যাতায়াতে বৃদ্ধিতে খুবই সহায়ক হবে।

রেলবাজেটকে উৎসাহজনক বলতে গিয়ে ভারতীয় কোম্পানিগুলি বলে যে কন্টেনার এবং মালবহন পরিসেবায় পদক্ষেপে না কেবল শিল্প বরং সাধারণ মানুষেরাও লাভ হবে। ইণ্ডাস্ট্রীজ চেম্বার ভারতীয় ইণ্ডাস্ট্রীজ পরিসংঘ (সি.আই.আই./পেট্রল, ডিজেল এবং লৌহ খনিজ ওয়স্ক-এর ওপর মাল বহনে ছাড় দেওয়াকে স্বাগত জানিয়ে বলেন যে এতে দেশের অর্থ ব্যবস্থার ওপর ইতিবাচক প্রভাব ফেলবে।

লোহা, সিমেন্ট ও তেল গ্যাস প্রভাবিত হবে

রেল বাজেটের কিছু প্রস্তাবে তেল-গ্যাস ইস্পাত ও সীমেন্ট-এর মত ক্ষেত্র প্রভাবিত হবে। ওদিকে অনুকূল রেল বাজেটের কারণে কিছু শেয়ার বিশেষে দৃঢ়তা আসে।

রেলমন্ত্রী লৌহ খনিজ-এর ওপর মাল ভাড়া শতকরা 6 ভাগ তথা পেট্রল ডিজেলের ওপর পাঁচ ভাগ কমিয়ে দিয়েছে। এর ফলে তেল-বিপণন কোম্পানিগুলি তথা ইস্পাত কোম্পানিদের ওপর অনুকূল প্রভাব পড়বে। বিশ্লেষকদের অনুযায়ী 46 লক্ষ টন বিস্তার ক্ষমতার লেগে থাকা এস্সার স্টীলকে এই প্রস্তাবে নিজের মার্জিন ঠিক করতে বিশেষ সহায়ক হবে। ওদিকে সীমেন্টের মাল ভাড়ায় কোন ছাড় দেওয়া হয়নি। দেশে সীমেন্টের প্রায়ঃ শতকরা 40%পরিবহন রেলের মাধ্যমেই হয়। ভাড়ায় কেন ছাড় না দেওয়াতে দক্ষিণ ভারতে শতকরা 19% অংশদারী রাখা 'ইণ্ডিয়া সীমেন্ট-এর ওপর প্রতিকূল প্রভাব পড়তে পারে। রেল বাজেটে 17.000 কোটি টাকার বিশেষ রেলওয়ে প্রতিরক্ষা কোষ-এর ঘোষণা ইলেকট্রিক উপকরণ নির্মাতা 'ইন্টীগ্রাহ হিন্দুস্থান'-এর মতো কোম্পানিদেরজন্য ইতিবাচক গণ্য করা হচেছ।

এছাড়া রেল বাজেটকে বি.ই.এস.এল. কালিন্দী রেল, গেটওয়ে ডিস্ট্রীপার্ক, কেরনেকাল মইক্রো, টেক্সয়কো হিন্দ রেকটীফায়ার, স্টোন ইণ্ডিয়া, এলস্টোর ও ক্রাম্পটন গ্রীব্জ এর মতা কোম্পানিরা মজবুত হবে। অতিরিক্ত ওয়াগনের

দাবী তে বি.ই.এস.এল. কে শক্তি প্রদান করেছে, যেখানে পুরানো ওয়াগান সরানোর লাভ স্টোন ইণ্ডিয়া পাবে, ফ্রেট করিডর পরিকল্পনায় অংশদারিত্ব কালিন্দী রেলের পক্ষে যাবে অন্য দিকে হিন্দ রেকটিফায়ার ও গেটওয়ে ডিস্ট্রি পার্কের ও খোঁজ খবর নেওয়ার সংকেত পাওয়া গেছে। হিন্দ রেকটিফায়ার রেলওয়ের কাছে ব্যবহৃত উপকরণের নির্মাণ করে, আর কালিন্দী রেল সিগন্যালিং ও দূর সঞ্চার উপকরণের সাথে যুক্ত তথা এর 30,000 কোটি টাকার ফ্রেট করিডর পরিকল্পনা তে গুরুত্বপূর্ণ অংশীদার হওয়ার সংকেত আছে। রেলওয়ের জন্য অন্টরনেটর, এয়ার ব্রেক ও ব্রেক রেগুলেটর তৈরী করার 'স্টোন ইণ্ডিয়া' কে নতুন রেল বাজেটের পর 20-20 কোটি টাকার অতিরিক্ত অর্ডার পাবার সম্ভাবনা আছে।

লালুর রেল চড়ে বিহার দখলেরা স্বপ্ন

বিহারের ক্ষমতা থেকে বিস্থাপিত লালু এবার রেল চড়ে আরো একবার বিহার দখলের স্বপ্ন দেখছেন। একের পর এক বড় পরিকল্পনাগুলিকে বিহারে স্থাপন করে রেলমন্ত্রী লালু সেখানে ক্ষমতাসীনদের ঘুম আগেই কেড়ে নিয়েছেন। এবার নতুন রেল বাজেটে দুটি আরো বড় 'রেল প্রোজেক্ট'কে বিহারের জন্য ব্যবস্থা করেন রাজনৈতিক মহলে এই কথা শোনা যাচ্ছে যে লালু এক তীরে দুইলক্ষ্য ভেদ করতে চান। ডালমিয়া নগরে বন্ধ থাকা 'গ্রুপ অফ্ কমনীজ' কে বিগত মাসে 125 কোটি টাকায় রেল কিনে নিয়েছিল। এখন এই বাজেটে সেখানে ওয়াগান, বগি কম্পেলেক্স এর স্থাপনের রেলমন্ত্রীর ঘোষণা কে আপতত আর্থিক হিসাবে গৌন করে রাজনৈতিক বিচারে দেখা হচ্ছে।

নতুন রেল বাজেটে রেলমন্ত্রী বিহারের মধেপুরাতে 1300 কোটি বিনিয়োগে বিদ্যুত ইঞ্জিন কারখানা স্থাপনের ঘোষণা করেছেন। এতে প্রতিবছর 150 থেকে 200 টি ইঞ্জিন নির্মাণের পূর্বোত্তর ক্ষেত্র এবং উত্তর বিহারের পশ্চাদপদ অঞ্চলের সবাঙ্গীন উন্নয়ণে সহায়ক হবে। স্বাভাবিক ভাবে লালু বিহার রাজ্যের নিয়ন্ত্রণ নিজের হাতে থাকা কালীন যে কাজ করতে পারেননি। সেটা এবার রেলমন্ত্রী থাকাকালীন করতে চান। বা.জ.দ. 15 বছরের শাসনে যেখানে সরকারী চাকরীর আকাল হয়ে গিয়েছিল, এবার সেখানে লালু রেল কারখানার জাল পেতে বেকারদের জন্য কাজের সুযোগ প্রদান করছেন। ছাপড়ায় আগেই দুটি রেল কারখানা নির্মাণধীন আছে।

এই কারখানাগুলি থেকে বেশী হচ্ছে এই রেল বাজেটে লালু দ্বারা ঘোষিত তার ডালমিয়ানগর পরিকল্পনা। বিহার রাজ্যে ডালমিয়ানগরে ওয়াগান, বগি কম্পলেক্স এর স্থাপনের ঘোষণা করে রেল মন্ত্রী রাজ্য সরকারের ওপর

রাজনৈতি চাপ দেবার চেস্টা করেছন। ডালমিয়া নগরে কখনও 'গ্রুপ অফ্ কম্পানীজ' ছিল, যা কত বছর যাবৎ বন্ধ হয়ে পড়ে রয়েছে। এই কোম্পানিগুলি বন্ধ হওয়াত সেখানে হাজারো মানুষ বেকার হয়ে গিয়ে ছিলেন।

বিহারের অর্থব্যবস্থায় এক সময়ে অক্ষ্যে থাকা ডালমিয়া নগরের কারখানাকে রাজ্য সরকার কিছু শিল্পদ্যোগী মহলকে সামনে রেখে ওপরে তোলরা চেস্টা করেন, কিন্তু বিশাল ঋণ এবং রুগ্ন ইউনিট গুলির ফলে তা সফল হয়নি। রেল মন্ত্রী রাজ্য সরকারে প্রয়াসকে ধূলিসাৎ করে গত মাসে পাটনা হাইকোর্টর মাধ্যমে সমগ্র ডালমিয়া নগরকেই 125 কোটি টাকায় কিনে নিয়েছিলেন। রেলমন্ত্রী প্রত্যেক বারের মত এই বারও বিহারকে অর্দ্ধেক ডজন নতুন ট্রেন উপহার দিয়েছেন।

বিগত রেল-বাজেটে ঘোষিত মোট চারটি গরীব রথের মধ্যে দুটি বিহার থেকেই চালানো হয়। এবার লালু আবার আরো দুটি গরীব রথের ঘোষণা বিহার ঝাড়খণ্ড থেকে করেছেন। একটি গরীব রথ পাটনা কোলকাতার মধ্যে তথা অন্যটি ভুবনেশ্বর–রাজ্যর মধ্যে চলবে

এছাড়া আরো চারটি নতুন ট্রেন ও রাজ্যের ভাগে এসেছে। এই ট্রেনগুলি হচেছ–বাপুধাম–মোতীহারীবেনারস এক্সপ্রেস (সপ্তাহে তিন দিন), ভাগলপুর–নতুন দিল্লী এক্সপ্রেস (সাপ্তাহিক), বাকা–ভাগলপুর পেসেঞ্জার, ছাপড়া–ছত্রপতি শিবাজী টার্মিনস (মুম্বাই) এক্সপ্রেস (সাপ্তাহিক) তথা পাটনা–ডেহরী অন সোন ইন্টারসিটী এক্সপ্রেস (প্রতিদিন)

নতুন ট্রেন ছাড়া এই রেল বাজেটে 2835/2836 হটিয়া–যশবন্তপুর এক্সপ্রেস-এর ফেরা একদিন থেকে বাড়িয়ে দুই দিন, 6595/6596 পাটনা–বেঙ্গালোর এক্সপ্রেসকেও সপ্তাহে দুই দিন থেকে বাড়িয়ে চার দিন আমূল পরিবর্ত্যনেও ছয়দিন করে দেওয়া হয়েছে। 2149/2150 পুনা-পাটনা এক্সপ্রেসকেও সপ্তাহে দুই দিন থেকে বাড়িয়ে প্রাথমিকতা দেওয়া হয়েছে। মানসী-সহরমা–পূর্ণিয়ার সহসা-দৌরাম–মধেপুরা, দ্বরভঙ্গা–সীতামড়ী কপ্তানগঞ্জ–থাবে ইত্যাদ রেল মণ্ডলের আমূল পরিবর্তনের জন্য অর্থ লব্ধ করানো হয়েছে। নতুন রেল লাইনগুলির সর্ভে গয়া-নটেসর, চকিয়া–বরগনিয়া গয়া মধুবনী ফেনহরা তথা পিপরাহী রেল ঘণ্ডের জন্য অর্থ বরাদ্দ করা হয়েছে।

রেলওয়ে স্টেশন গুলিতে এারপোর্টের মত পরিচছন্নতা, সর্তকতা হবে।

কিছুদিন আগে সমঝোতা এক্সপ্রেস লিংক ট্রেন তথা বিগত বছরে জুলাই মাসে মুম্বাই-এর শহরগুলি ট্রেনে হওয়া বিস্ফোরেনর পরিপ্রেক্ষিতে রেলওয়েতে

নিরাপত্তা ব্যবস্থা শক্তিশালী করার ব্যবস্থাপনায় রেলমন্ত্রী লালু প্রসাদ যাদব এয়ার পোর্টের মত রেলওয়ে স্টেশানে ও অত্যাধুনিক উপকরণ লাগানোর ঘোষণা করেন যাতে এ ধরণের ঘটনাকে থামানো যায়।

রেলমন্ত্রী লোকসভায় 2007-08 সনের রেল বাজেট পেশ করতে গিয়ে বলেন যে এই কাজের জন্য বরাদ্দ অর্থে যথেস্ট বৃদ্ধি করা হবে এবং আমি সদনকে আশ্বস্ত করতে চাই যে এর জন্য অর্থের কোন ঘাটতি হতে দেওয়া হবেনা। তিনি বলেন যে বর্তমানে অনুসন্ধানের কাজে ডগ্ টীম-এ প্রশিক্ষিত কুকুরের সংখ্যা বৃদ্ধি ছাড়া দেশে বহু সংবেদনশীল মণ্ডলে রেলগাড়ীগুলিতে এবং রেলযাত্রীদের উত্তম নিরাপত্তা প্রদানকারী ডোর ফ্রেম তথা হ্যাণ্ড হেণ্ড মেটাল ডিটেক্টর লাগানো হচ্ছে।

লালু প্রসাদ বলেন যে এছাড়া সমস্ত সংবেদনশীল স্টেশানে সি.সি.টি.ভি. এবং স্মার্ট বিডিও ক্যামেরার মতো উপকরণ লাগানো হয়েছে। তিনি বলেন যে রেলওয়ে নিরাপত্তা রক্ষী (আর.পি.এফ) প্রতিদিন 1450 থেকে অধিক ট্রেনের নিরাপত্তা ব্যবস্থা সামলাচ্ছেন।

তিনি বলেন যে নিরাপত্তা উপায়কে শক্তিশালী করার জন্য রেলওয়ে নিরাপত্তা বিশেষ রক্ষীর প্রায়ঃ শুন্য পড়ে থাকা 8000 টি পদকে অখিল ভারতীয় স্তরে শীঘ্রই ভরা হবে। রেলমন্ত্রী বলেন যে আর.পি.এফ.-এর ব্যবসায়িক দক্ষতা এবং কার্যকুশলতা বৃদ্ধির জন্য তাদের নিবীড় প্রশিক্ষণ দেওয়া হচ্ছে। হালেই লখনৌতে অবস্থিত জগজীবন রাম আর.পি.এফ. একাডেমীকে কেন্দ্রীয় প্রশিক্ষণ সংস্থানের শ্রেণীতে উন্নীত করা হয়েছে।

রেল দুর্ঘটনাগুলির সংখ্যায় 50% কম হবার সংকেত দিতে গিয়ে রেলমন্ত্রী বলেন যে 2001 সনে 473 টি রেল দূর্ঘটনার তুলনায় 2006-07 সনে রেল দূর্ঘটনাগুলির সংখ্যা 200 থেকওে কম হবার সম্ভাবনা আছে।

লোকসভায় 2007-08 সনের রেল বাজেট পেশ করতে গিয়ে লালু প্রসাদ রেল সংরক্ষণ কে সর্বোচ্চ প্রাথমিকতা দেওয়ার ঘোষণা করেন এবং দাবী করেন যে এখন রেলওয়েতে পরিসম্পত্তিকে নির্ধারিত সময় সীমার সমাপ্ত হতেই তৎকাল পরিবর্তনের জন্য অর্থের ব্যবস্থা করে দেওয়া হয়।

বাবড়ীর আশানুরূপ হয়েছে লালু

রেলমন্ত্রী লালু প্রসাদ যাদবের স্ত্রী রাবডী দেবী 2007-08 সনের রেল বাজেটকে ঐতিহাসিক এবং মানুষের হিতাহিত হিসাবে বর্ণনা করেন। বিহারের প্রাক্তন মুখ্য মন্ত্রী রাবড়ী দেবী নিজের স্বামীকে এর জন্য ধন্যবাদ দেন। পাটনার সংবাদদাতাদের সাথে কথাবার্তা বলতে গিয়ে রাবড়ী দেবী বলেন যে এই

বছরে রেলওয়ে বাজেট হচ্ছে ঐতিহাসিক। এটা শুধু গরীব মানুষের স্বার্থকে মনে রেখে তৈরী করা হয়নি, বরং সমাজের ধনী লোকদের ও এতে যথেষ্ট স্থান দেওয়া হয়েছে। বিহার বিধান-সভায় বিরোধীরের নেত্রী রাবড়ী দেবী নিজের ছেলে মেয়েদের সাথে টেলিভিশনে লালু প্রসাদ দ্বারা সংসদে পেশ করা রেল বাজেটকে দেখেন। তিনি বলেন যে দেশে বৃদ্ধি হওয়া অর্থব্যবস্থার জন্য রেলওয়ে দ্বারা সংগ্রহীত 200 আরব টাকার মুনাফা হচ্ছে উৎসাহজনক।

রাবড়ী দেবী এই কথায় খুশী যে তার স্বামী যাত্রী ভাড়ায় কোন বৃদ্ধির ঘোষণা করেননি। তিনি বলেন যে প্রথম বার যাত্রী ভাড়ায় কোন বৃদ্ধি করা হয়নি, বরং শীত তাপ নিয়ন্ত্রিত এবং উচ্চ শ্রেণীর সীট ভাড়া ও কমিয়ে দেন।

লালুজী নিজের প্রশংসায় পঞ্চমুখর

লোকসভায় রেল বাজটে পেশ করার সময়ে বিরোধীদের বাধাদানে রেল মন্ত্রী লালু প্রসাদ ব্যতিব্যস্ত থাকেন এবং নিজের প্রশংসায় নিজেই করেন তথা একে দোলের অবসরে বিশেষ উপহার বলেন।

শ্রী যাদব না কেবল সদনে বরং সদনের বাহিরেও ভা.জ.পা এবং সপা.র সাংসদদের এক হাত নেন। তিনি রেলবাজেট পেশ করার পর রিপোটরদের বলেন যে ভা.জ.পা.র নেতারা মানুষের মনকে তার রেলবাজেট থেকে সরানোর জন্য কোয়াত্রোচ্চীর মামলাতুলে সদনে ব্যবধান দাড় করান।

উল্লেখনীয় যে লোকসভায় যতক্ষণ পর্যন্ত শ্রী যাবদ রেল বাজেট পেশ করতে থাকেন ততক্ষণ বিরোধী সদস্যরা সদনে হাল্লা করতে থাকে এবং 'কোয়াত্রোচ্চী কে ফিরিয়ে আনো'র স্লোগান দিতে থাকে। তিনি নিজের রেল বাজেট এর প্রশংসা করতে গিয়ে বলেন যে সপ্রগ সরকারে তার এটা চতুর্থ রেল-বাজেট এবং এটা না কেবল ঐতিহাসিক বরং দেশের জনগণের নানান শ্রেণীকে ধরার বাজেট।

বোফোর্সের ভূত অথবা রেল বাজেট

ভারতীয় গণতন্ত্রের ও আজব কাহিনী যখন যে কাজ করা দরকার, সেটা হয়না অথবা হতে দেয় না। যখন রেলমন্ত্রী লালু প্রসাদ যাদব রেল বাজেট পেশ করতে আসেন, তখন বিরোধীরা এককাঠা হয়ে শোর গোল তোলেন। লোকসভায় দুপুর পর্যন্ত এবং রাজ্যসভায় দুটো পর্যন্ত সংসদের কার্যকলপা স্থগিত থাকে। যখন রেলমন্ত্রীর বাজেট ভাষণ শুরু হয়, তখন ও বিরোধীদের টীকা-টিপ্পনী অব্যাহত থাকে এবং রেল বাজেট শুনতে বাধা দান দেওয়া হয়। কেন ? কেননা তারা বোফোর্স কণ্ডের মুখ্য অভিযুক্ত ওতারিয়ো কোয়াত্রোচ্চিকে দেশে এনে

সাজা দেওয়ার দাবী করছিলেন। যেভাবে বিরোধীরা অর্থাৎ এই বিষয়েকে সংসদে তুলতে চেয়েছিলেন, তাতে মনে হচিছল যে তাদের মনোযোগ কোয়াক্রোচিচকে সাজা দেওয়াতে কম, রেল মন্ত্রীর অভিভাষণে বাধা দান করা বেশী ছিল, কেননা তারা জানে যে তারা কোয়াত্রোচিচর কোন ক্ষতি করতে পারবেন না। 2000 ও 2004 সনে যখন কোয়াত্রোচিচকে ময়লেশিয়াতে পাকড়াও করা হয়েছিল, তখন দেশে এদেরই সরকার ছিল এবং পা থেকে মাথা পর্যন্ত শক্তি লাগানো সত্বেও তারা কোয়াক্রোচিচয় প্রত্যার্পনে ব্যর্থ হয়। হয়ত আর্জেন্টীনা থেকে কোয়াক্রোচিচর প্রত্যার্পনে তেমন কোন অসুবিধা হতনা, তাও সেটা কয়েক দিন অথবা এক সপ্তাহের খেলা নয়। প্রশ্ন দাঁড়াচেছ যে 1988 সনের এই কাণ্ডে এখন দেশের কতটা আগ্রহ রয়ে গেছে। শুধু 52 কোটি টাকা ঘুষ নেওয়া এই কাণ্ডে যেসব লোকের নাম ওঠেছিল, তার মধ্যে রাজীব গান্ধী, বিনচাড্ডা, যাদের দেহাবসান হয়ে গেছে। হিন্দুজা বন্ধু খালাস পেয়ে যায়। শুধু কোয়াত্রেচিচি এবং বোফোর্সের তৎকালীন প্রমুখ মার্টিন আদিবী রয়ে যায়। যতদূর জনগণের প্রশ্ন, তারা 1989 সনেই রাজীব গান্ধী সরকারকে এর সাজা দিয়ে দিয়েছিলেন, তাই সংসদ সত্রের একটি গুরুত্বপূর্ণ দিনে বাধা দেওয়া কি গণতন্ত্রের অপমান নয় ? এটা জনগণের তথ্য প্রাপ্ত করার অধিকারের উল্লংঘন নয় ? যখন দেশকে সংসদ চালাতে এক মিনিটে 20 লক্ষ্য টাকা খরচের অনুমান, তখন এই ধরনের হাঙ্গামা আমাদের জনপ্রতিনিধিদের চরিত্র এব্বং মনোভাবের পর্দা ফাঁস করে দেয়না। আমরা সংসদীয় গণতন্ত্রের এই মডেল ব্রিটেন থেকে নিয়েছি। আমাদের সাংসদরা কখন ও কি ব্রিটেনের 'হাউস অফ্ কামার্স'-এর কার্যকলাপ দেখেনি ? লালু প্রসাদ যাদবের বিহারের রেকর্ড যেমনই থাকুক, কিন্তু তার তৈরী বিগত তিনটি রেল বাজেট এটা দেখিয়ে দিচেছ যে তিনি রেলের ছবি পাল্টে দিয়েছেন। লাগাতার ঘাটাতে থাকা এবং বছরের পর বছর ভাড়া বৃদ্ধি করার ফলে রেল বাজেট থেকে জনগণের বিশ্বাস উঠে গিয়েছিল, রেলমন্ত্রী তাতে আশার সঞ্চার করেছেন। 20,000 কোটি টাকার মুনাফা এবং প্রায়ঃ প্রত্যেক শ্রেণীর রেল ভাড়া কম করার ঘোষণায় মনে হয় বিরোধীরা ঘাবড়ে গেছেন, সেই জন্য তারা জনগণের কাছে সঠিক ছবি আসতে দিতে চান ন। বিরোধীদের ব্যবহার গণতন্ত্রের আরোগ্যের জন্য সঠীক নয়।

রেল কারপোরেট চিন্তা গ্রহণ করবে

ব্যবস্থাপনা কুশলতার জন্য বহু সাবাসী পাওয়া রেল মন্ত্রী লালু প্রসাদ রেলকে কারপোরেট চিন্তার লাইনে আনতে চান। প্রতিদ্বন্ধী বাজারের চেলেঞ্জকে মনে রেখে তিনি রেলওয়েকে 'মেনেজমেন্ট টীম'–রূপে বিকশিত করার সিদ্ধান্ত

নিয়েছেন। মানব সংসাধন বিকাশে নতুন উদ্যোগ-এর অধীনে রেল কর্মীদের এবং অধিকারীদের মধ্যে ব্যবসায়িক দক্ষতা বৃদ্ধির দৃষ্টিতে তাদের বিদেশেও পাঠানো হবে। কর্মচারীদের মধ্যে টীম মনোভাবকে বিকশিত করার জন্য, রেল মণ্ডল প্রবন্ধককে 'বিজনেস ইউনিট'-এর দায়িত্ব দিতে হবে।

স্টেশানে সংস্কার কাজকে গতি দেওয়ার প্রচেষ্টা অব্যাহত

দিল্লীর রেলওয়ে স্টেশানের বিল্ডিং এর জন্যও কম করে হলেও, কিন্তু বাজেটে ব্যবস্থা জারী করা হয়েছে। নতুন দিল্লী রেলওয়ে স্টেশান ইমারতের জন্য মোট 46.38 লক্ষ টাকার আনুমানিক খরচ ধরে এইবারের রেলবাজেট 40 লক্ষ্য টাকা মার্চ, 2007 পর্যন্ত এই কাজের জন্য 15.31 লক্ষ্য টাকা খরচ করা হবে। নতুন দিল্লী রেলওয়ে স্টেশানেই যাত্রী-সুবিধাগুলির উন্নয়ণের জন্য বাজেটে 50 লক্ষ্য টাকা বরাদ্দ করা হয়েছে, যেখানে এর আনুমানিক খরচ 85.5 লক্ষ টাকা ধরা হয়েছে। পুরানো দিল্লী রেলওয়ে স্টেশনের উন্নয়ণের জন্য আনুমানিক খরচ 54.4 লক্ষ্য টাকা ধরে বাজেটে এর জন্য 50 লক্ষ্য টাকা জারী করার তথ্য দেওয়া হয়েছে। দিল্লী-শহাদরা রেলওয়ে স্টেশনের জন্য যাত্রী সুবিধাগুলির সংস্কারের জন্য 24.2 লক্ষ্য টাকা বাজেটে জারী করা হয়। যেখানে এই কাজের জন্য সমস্ত আনুমানিক খরচ 54.0 লক্ষ টাকা ধরা হয়েছে। এই সমস্ত কাজের ওপর আনুমানিক বিনিয়োগ 65.2 লক্ষ টাকা দেখানো হয়েছে। অধিকারীদের অনুসারে এই বরাদ্দে কাজের গতি হয়তো বাড়বে না, কিন্তু যেভাবে বাজটে ঘাটতি করা হয়নি তাতে এই কাজগুলি মন্থর গতিতে বৃদ্ধি পাওয়ার গ্যারান্টি তো আছে।

খেল তামাসা সামনে দেখ উদার হৃদয় সওদাগরের কেন্দ্রীয় রেল মন্ত্রী লালু প্রসাদ যাদব লোক সভায় নিজের রেল বাজেটে ভাষণ শুরু করেন যাদব কুল শ্রেষ্ঠ ভগবান শ্রী কৃষ্ণ দ্বারা গোবর্দ্ধন পর্বত তোলা থেকে শুরু করেন, পাঁচ ছয়টি শায়রী এবং কবিতাও শোনান, কিন্তু বিরোধীদের শোরগোলে সেটা হারিয়ে যায়।

হাল আমলের বছর গুলিতে রেলওয়ের আমূল পরিবর্তনে উৎসাহিত শ্রী যাবদের অধিকাংশ কবিতাগুলিতে তার আত্মতুষ্টির এবং আগের মনোভাবকে জাহিরকরছিল। রেলমন্ত্রী রেলের কার্যকালের শ্রেয় 14 লক্ষ রেলকর্মীদেরদেন এবং দেশবাসীদের এর স্বীকৃতির জন্য ধন্যবাদ দেন।

তিনি বলেন–

নবাজিশ আছে সবার আর্শীবাদ আছে, খুবই গর্বের সাথে আমরা উচ্চতায় পৌঁছাছি,

উন্নতির সমস্ত প্রকারের আগে, নতুন পদ্ধতি, নতুন চিন্তা এনেছি

শ্রী যাদব বলেন যে ব্যবসায়িক জ্ঞান এবং জনগণের প্রতি সংবেদনা থাকার

কারণে ভারতীয় রেল দেশ-বিদেশে আকর্ষণের কেন্দ্র হয়ে উঠছে। তিনি এই কথা দুটিতে ব্যক্ত করেন –

মানছি যে বড় কথা বলতে পারিনা
কিন্তু হৃদয়ের ওপর খুবই কারু কার্যে নাম লিখছি।

রেলমন্ত্রী বলেন যে রেলকর্মীদের পরিশ্রম এবং উৎসাহকে সম্মান জানাতে গিয়ে তাঁদের 59 দিনের পরিবর্তে 65 দিনের বেতনের সমান বোনাস পরিশোধ করা হয়।

শ্রীযাদব বলেন–

যারা উচ্চতায় পৌঁছে দিয়েছে তাদের ভালবাসা দাও।
কঠিন পরিশ্রম করার তাদের সম্মান দাও।।

তিনি সদস্যদের আহ্বান জানান যে রেলের সাফল্যের গাড়ী তীব্র গতিতে দৌড়াতে থাকবে। তিনি বলেন যে নতুন একাদশ পঞ্চবার্ষিকী পরিকল্পনায় আমরা নতুন উচ্চতাকে ধরব।

কবিতার মেজাজে তিনি বলেন–

যদি আর্জী হয় তাহলে মনের কথা বলি।
সাজিয়ে রেখেছি আমি রেলের একটি স্বপ্ন।।
শ্রীযাদব নিজেকে উদার হৃদয় সওদাগর হিসাবে তুলে ধরে বলেন
যতটা এখন পর্যন্ত দেখেছো, এটা তো সবে শুরু
খেল-তামাশা সামনে দেখ, উদার হৃদয় সওদাগরের।

বড় পরিকল্পনার ওপর লালুর নজর গেছে

রেলমন্ত্রী লালুপ্রসাদ যাদব একজন পোড় খাওয়া ন্যায় সি.ই.ও.র মত কাজ করছেন। রেলবাজেট পেশ করার সময় তিনি আরো একটি নিদর্শন দেন। আগামী দিনগুলিতে দেশে কয়েকটি স্টীল এবং মেগা পাওয়ার প্রোজেক্ট তৈরী হবার সম্ভাবনাকে নজরে রেখে লালু এইসব পরিকল্পনাগুলির জন্য যথেস্ট আকর্ষণ প্রস্তাব রেখেছেন। রেলমন্ত্রী এই পরিকল্পনাগুলির দোরগোড়ায় নতুন রেল লাইন পাতার সাথে সাথে এর প্রয়োজনীয় অনুরূপ ওয়াগান জোগান দেওয়ার অফার দিয়েছেন। তার সাথেই রেল মন্ত্রালয় দেশে বড় পরিকল্পনায় দাঁড় করাতে কোম্পানিদের সাথে দীর্ঘ মেয়াদী চুক্তির করার জন্য ও তৈরী আছেন।

লালু রেল বাজেট পেশ করার সাথে বলেন যে সীমেন্ট,স্টীল অথবা মেগা পাওয়ার প্ল্যান্ট পর্যন্ত নতুন রেল লাইন পাতা, লাইন ক্ষমতার বিস্তার করা,

তার প্রয়োজনুযায়ী নতুন ডিজাইনের ওয়াগান জোগান দেওয়া, মুখ্যনীতি তৈরী করা এবং টার্মিনাল তৈরী করতে কোম্পানিদেরকে পূর্ণ সহযোগিতা করা হবে। ধরা হচ্ছে যে রেলমন্ত্রী পোস্কো, মিওল, বিড়লা, রিলায়েন্স ইত্যাদি শিল্প মহলের নতুন-পরিকল্পনাকে দৃষ্টিতে রেখে এই প্রস্তাব দিয়েছেন। এই ভাবে কয়লাচালিত বিদ্যুত কোম্পানিকে রেলমন্ত্রালয় এই অফার দিয়েছেন, যে তাদের বর্তমান পরিবহন বিনিযোগ থেকে যথেস্ট কম বিনিযোগে রেলবহন করবে। লালু পাল বহনকরা সম্পকৃত কাঠামোতে সুবিধায় ব্যাপক সংস্কার করার কাজও শুরু করার ঘোষণা করেন। এর অধীনে রেল মন্ত্রালয় একমাসে 15 টির বেশী র‍্যাক হেণ্ডল করা 'ফ্রেট টার্মিনাল' এর ওপর মূল সুবিধাগুলি আগামী তিন বছরের মধ্যে সরবরাহ করাবেন। এর জন্য প্রয়োজনী অর্থ সংগ্রহের জন্য একটি নতুন উপ-পরিকল্পনা সৃজন করা হচ্ছে। এই কাজে ব্যক্তি মালিকানার ক্ষেত্র থেকেও সাহায্য নেওয়া হবে। স্টেশানে বগিতে মাল বহন দ্রুত হয় এবং তা সত্বর বেরতে পারে এর জন্য প্রয়োজনী ব্যবস্থা করেছেন।

রেল আভন্তরীন শ্রোতগুলি থেকেঅর্থ সংগ্রহের ওপর জোর দিয়েছে।

রেল বাজেটে জানা যাচ্ছে যে এই সার্বজনিক ক্ষেত্রের আমুল পরিবর্তন সম্পূর্ণ হয়েছে। যেমন রেল মন্ত্রী লালু প্রসাদ দাবী করেছেন যে রেলওয়ে তীব্রতার সাথে একটি গতিশীল এবং উন্নতসংগঠন রূপে সামনে আসছে।

রেলওয়ে নিজের 2007-08 সনের সময়কালে যাতায়াত থেকে হওয়া উপার্জন 71.218 কোটি টাকা হবার অনুমান করেছেন। এছাড়া মেট লাভ বর্তমান 20,000 কোটি টাকা থেকে বৃদ্ধি পেয়ে 21.518 কোটি টাকা হবার আশা করেছেন।

প্রথমবার নিজের শক্তিশালী অবস্হার ফলে রেলওয়ে 2007-08 সনোর জন্য নির্ধারিত পরিকল্পনা খরচ 31.000 কোটি টাকার অর্দ্ধেক থেকে বেশী অর্থ নিজের আভ্যন্তরীন শ্রোত থেকে সংগ্রহ করার সাহস দেখিয়েছে বিভিন্ন রেল প্রোজেক্ট এর জন্য খরচ 7500 কোটি টাকা বৃদ্ধি করা হয়েছে। আভ্যন্তদিন শ্রোতগুলি থেকে রেলওয়ের শতকরা 56% প্রোজেক্টের জন্য (17,323 কোটি টাকা পর্যন্ত) সংগ্রহ করা হবে। সামান্য বাজেটে বিগত বছরে 76,00 কোটি টাকার অর্থে শুধু 100 কোটি টাকা বৃদ্ধি করা হয়েছিল। অর্থমন্ত্রীকে রেলমন্ত্রীর তরফে এটা হচ্ছে উপহার। অর্থমন্ত্রী সেটা আন্তরিকতায় মেনেও নিয়েছেন। ভারতীয় রেলওয়ে 2007-08 সনের সময়কালে মাল এবং যাত্রী ভাড়া থেকে রাজস্বে 12.25% দরে বৃদ্ধির সাথে 67.018 কোটি টাকা উপার্জনের লক্ষ্য স্হির করেছে। 2006-07 সনেরা সময়কালে এই উপার্জন 59.699 কোটি টাকা হয়েছিল।

যাত্রীভাড়া থেকে উপার্জনে নতুন আর্থিক বছরের সময়কালে 15.37% এর বৃদ্ধির আশা করা হয়েছে। এই ভাবে 2007-08 সনের সময়কালে মোট 20.075 কোটি টাকা উপার্জনের সম্ভাবনা আছে। মাল ভাড়ায় শতকরা 11% বৃদ্ধির অনুমান আছে। এভাবে এতে মোট 46.943 কোটি টাকার রাজস্ব আমরা সম্ভাবনা ব্যক্ত করা হয়েছে।

যাত্রী ভাড়ায় ছাড় এবং মাল ভাড়াকে যুক্তি সঙ্গত করার ফলে উপার্জনে বৃদ্ধির আশা করা হয়েছে। এর পেছনে মাত্র এই ব্যবসায়িক রণনীতি হচেছ যে পরিমান বৃদ্ধিতে বেশী উপার্জন হয়। যাত্রীদের সংখ্যায় শতকরা 5.8% বৃদ্ধির আশা আছে। 2006-07 সনে যেখানে 624 কোটি মানুষরা রেল যাত্রা করেন সেটাই 2007-08 সনে 660 কোটি মানুষের দ্বারা রেল যাত্রা করার অনুমান করা হয়েছে। এইভাবে বর্তমান 756 মিলিয়ন টনের অপেক্ষা নতুন আর্থিক বছরে 785 মিলিয়ন টন মাল বহনের লক্ষ্য রাখা হয়েছে। রেলওয়ে বিগত বছরের মতো এই বছরেও কার্যকুশলতার বৃদ্ধি ঘটিয়ে এবং বিনিয়োগ কম করে আয় বৃদ্ধি করতে চায়।

রেল ভাড়া কম হওয়াতে বাজেট এয়ার লাইন চিন্তামুক্ত

রেল ভাড়া বড় করে কমিয়ে রেল মন্ত্রী লালু প্রসাদ যাদব এক ঝটকায় সস্তা বিমান পরিসেবা প্রদানকারী এয়ার লাইনগুলির হাওয়া বের করে দেন। উল্লেখনীয় যে কম মূল্যের ফিরিস্তি দিয়ে তারা এখন পর্যন্ত যাত্রীদের লোভ দেখাচিছল। এভাবে তাদের কাছে বলার জন্য শুধু একটি কথাই রয়ে যায় যে তারা কম সময়ে লক্ষ্য পর্যন্ত পৌঁছে দিচেছ।

রেল ভাড়ায় সেটা শতকরাা 8% কম করে দিতে রেল টিকিট এয়ার টিকিট থেকে কিছুটা সস্তা হয়ে যাবে, কিন্তু এতে এয়ার লাইন কোম্পানিগুলির সামান্য ঝটকাই লেগেছে। তাদের বলার আছে যে রেল ভাড়ায় তাদের দৃস্টিতে খুবই সামান্য ছাড় দেওয়া হয়েছে। তাই আমাদের ভাড়া পরিবর্তন করার বিশেষ প্রয়োজন নেই।

ইণ্ডিগোর অধ্যক্ষ এবং সি ই ও বুশ এস.বাই বলছেন, 'এ.সি.ট্রেন ভাড়ায় ছাড় দেওয়া সত্ত্বেও আমাদের ভাড়ায় কোন পরিবর্তন আনার প্রয়োজন নেই।'

এয়ারলাইন কোম্পানিরা মনে করছে যে রেল ভাড়ায় ছাড় দেওয়াতে রেল যাতায়াতকে উৎসাহদান করা হবে কিন্তু বিমান যাতায়াতে এর দ্বারা কোন ক্ষতি হবে না।

ইণ্ডিগো এয়ার লাইনের মুখ্য আর্থিক উপদেস্টা সঞ্জয় কুমার বলছেন–'এর প্রভাব শুধু এটুকু পড়বে যে সেকেণ্ড স্লীপার শ্রেণীর যাত্রী এ.সি.3 টায়ারের এ.সি.3 টারের যাত্রী এ.সি. 2 টায়ারে যাত্রা করতে পারবেন।'

হামলার ষড়যন্ত্রের খোঁজ করার জন্য যাদুর ছড়ি নেই–লালু প্রসাদ

পাকিস্তানে যাওয়া সমঝোতা এবং থার এক্সপ্রেস ট্রেনগুলিতে নিরাপত্তা ব্যবস্থা কড়া করার ঘোষণা করার সাথে রেল মন্ত্রী লালু প্রসাদ বলেন যে–রেলের কাছে সন্ত্রাসবাদী হামলার ষড়যন্ত্রের খোঁজ করার জন্য কোন যাদুর ছড়ি নেই, তাই এধরনের ঘটনাগুলিকে থামাতে গোয়েন্দা এজেন্সীদের মধ্যে ভাল সমন্বয় গড়ে তোলা দরকার।

বাজেট পেশ করার পর ঘন্টা খানেক চলা প্রেস-কন্ফ্রেন্সে লালু এই কথা বলেন। তিনি বলেন যে, বন্ধুত্বের এই গাড়ীগুলির প্রত্যেক বগিতে একজন করে টি.টি.ই সুনিশ্চিত করা ছাড়া রেলওয়ের নিাপত্তা রক্ষীর কম সে কম দুই জন কর্মী বহাল করা হবে। কিছুদিন পূর্বে সমঝোতা এক্সপ্রেস তথা গত বছর জুলাইয়ে মুম্বাইয়ের শহরগুলীর ট্রেনে বিস্ফোরকে মনে রেখে রেলওয়েতে নিরাপত্তা ব্যবস্থা মজবুত করার ব্যবস্থাপনায় রেলমন্ত্রী এয়ার পোর্টের মত রেলের স্টেশনেও অত্যাধুনিক নিরাপতা উপকরণ লাগানোর কথা ঘোষণা করেন যাতে ও ধরনের ঘটনাগুলি থামনো যায়।

রেলমন্ত্রী বাজেট ভাষনে বলেন, 'এই কাজগুলির জন্য বরাদ্দে যথেস্ট বৃদ্ধি করা হবে এবং আমি সদনকে আশ্বস্ত করতে চাই যে এর জন্য অর্থের কোন ঘাটতি হতে দেওয়া হবে না।' তিনি বলেন যে বর্তমানে অনুসন্ধানী ডগ্ দস্তায় প্রশিক্ষিত অনুসন্ধানী কুকুরের সংখ্যা বৃদ্ধি করা ছাড়া দেশে খুবই সংবেদনশীল মণ্ডলগুলিতে রেলগাড়ীর এবং রেলযাত্রীদের উত্তম নিরাপত্তা প্রদান করার জন্য বিস্ফোরকের খোজ নেওয়ার জন্য মেশিন 'ডোরফ্রেম' তথা হ্যাণ্ড হেণ্ড মেটাল ডিকটেকটর লাগানো হচেছ। লালু প্রসাদ বলেন যে এ ছাড়া সমস্ত সংবেদনশীল স্টেশানগুলিতে সি.সি.টি.ভি. এবং স্মার্ট বিডিয়ো ক্যামেরার মতো উপকরণ লাগানো হয়েছে। তিনি বলেন যে রেলওয়ে নিরাপত্তা রক্ষী প্রতিদিন 1450 টির বেশ ট্রেনের নিরাপত্তা-ব্যবস্হা সামলাছেন। তিনি বলেন যে নিরাপত্তা উপায় কে মজবুত করার জন্য রেলওয়ে নিরাপত্তা রক্ষীর খালী পড়ে থাকা প্রায়ঃ 8000 টি পদকে অখিল ভারতীয় স্তরে শীঘ্রই ভরা হবে। কার্যকুশলতা বৃদ্ধির জন্য তাদের নিবীড় প্রশিক্ষণ দেওয়া হচেছ। হালেই লখনৌতে অবস্হিত জগজীবন রাম আর.পি.এফ. একাডেমীকে কেন্দ্রীয় প্রশিক্ষণ সংস্হানের শ্রেণীতে করা হয়েছে। তিনি বলেন যে নিরাপত্তা বিশেষজ্ঞদের কাছ থেকে রায় পরামর্শ করে মুম্বাইর কাহরতলী ট্রেনগুলি এবং স্টেশানে একীকৃত ব্যাপক নিরাপত্তা এবং নজরদারী প্রণালী স্হাপিত করা হবে।

লালুর আশা: ঘটনাগুলির সংখ্যা অর্দ্ধেক হয়ে যাবে।

রেল দুর্ঘটনাগুলির সংখ্যায় 50% কম হওয়ায় সংকেত দিতে গিয়ে রেল মন্ত্রী লালু প্রসাদ বলেন যে 2001 সনে 473 টি রেল দুর্ঘটনার তুলনায় 2006-07 সনে রেল দুর্ঘটনার সংখ্যা 200 থেকেও কম হবার সম্ভাবনা আছে।

লোক সভায় 2007-08 সনের রেল বাজেট পেশ করতে গিয়ে লালু প্রসাদ রেলের সংরক্ষাকে সর্বোচ্চ প্রাথমিকতা দেওয়ারা কথা ঘোষণা করেন এবং দাবী করেন যে এখন রেলওয়েতে পরিসম্পত্তির নির্ধারিত সময় সীমা শেষ হতেই সেটা পরিবর্তনের জন্য অর্থের ব্যবস্থা করে দেওয়া হয়।

তিনি বলেন যে ডি.আর.ডি.এফ.টি কোষে 2001-02 সনে দেওয়া 2100 কোটি টাকার তুলনা 2007-08 সনে তা বাড়িয়ে 5500 কোটি টাকা করে দেওয়া হয়েছে।

লালু বলেন যে এর সরাসরি প্রভাব রেলের সংরক্ষণ রেকর্ডের ওপর পড়ে। তিনি বলেন যে রেল সংরক্ষণ কোষের অধীনে 17,.000 কোটি টাকার বিনিয়োগে করে পুরানো হয়ে যাওয়া 'পুল ট্র্যাক সর্কিটিং এবং বোলিং স্টাফ'-এর নবীকরণের অধিকাংশ কাজ মার্চ, 2007 সাল পর্যন্ত সম্পন্ন করে নেওয়া হবে এবং মার্চ, 2008 পর্যন্ত সমস্ত বকেয়া কাজকে ও সম্পন্ন করে নেওয়া হবে।

তিনি বলেন যে 'কারপোরেট সংরক্ষণ পরিকল্পনা' অনুযায়ী ধাক্কা রোধী উপকরণের পরীক্ষণ ও পূর্বোত্তর সীমান্ত রেলে এ অন্তিম চরণে আছে এবং এটা মার্চ, 2007 সাল পর্যন্ত সম্পন্ন করে নেওয়ার সম্ভাবনা আছে।

রেলমন্ত্রী বলেনে যে মানবরহিত রেল ক্রসিং এ দুর্ঘটনাগুলিকে কমানোর জন্য মণ্ডলীয় রেলওয়ের সহপ্রবন্ধক কে মেন ক্রসিং-এর ওপর ভূমিগত পায়ে চলা পার পথের নির্মাণের জন্য 50 লক্ষ টাকা পর্যন্তের কাজকে স্বীকৃতি প্রদানের অধিকার দিয়ে দেওয়া হয়েছে।

দুর্ঘটনার অবস্থায় যাত্রীদের যাতে কম ক্ষতি হয়, তা সুনিশ্চিত করার জন্য ধাক্কা প্রতিরোধক বগির নির্মাণ শুরু হয়ে গেছে এবং ভবিষ্যতে এমন বগির সংখ্যা বেশী বেশী করে বৃদ্ধি করা হবে।

লালুর রেল চড়ে সেন্সেকস উড়ে চলেছে

বাজেটের আশংকায় উঠা নামা করতে থাকা সেন্সেকস পায় লালুর সম্বল। রেলমন্ত্রীর স্পীচে গদগদ শেয়ার বাজার প্রোফেসার লালু যাদবকে তিনটি কামানের সেনামী জানায়। প্রায়ঃ আড়াই শত পোয়েন্ট-এ পড়ে যাওয়া সেন্সেকস রেলমন্ত্রীর বাজেট ভাষণ শুনে মাটিতে পা রাখেনি এবং 16 অংকের বাড়তির

পর 13650-এর ওপর বন্ধ হয়। রেলমন্ত্রী দ্বারা মাল ভাড়া কমানোর ঘোষণার পর মুম্বাই শেয়ার বাজারে 0.12% এর লাভ আসে। বিগত কয়েকদিনের পড়তি দেখতে গিয়ে এই তেজী ভাব গুরুত্বপূর্ণ। টাটা স্টীল এবং এ.সি.সি. লিমিটেডের মতো ইস্পাত ও সিমেন্ট কোম্পানীর শেয়ার দামে তেজী মুখ্যরূপে শেয়ার বাজারে লাভের কারণ হয়।

উল্লেখনীয় যে সরকার মহার্ঘের ওপর নিয়ন্ত্রণ করার মনোভাবে মাল ভাড়ায় কিছু ছাড় দেওয়ার ঘোষণা রেল বাজেট করেছিলেন। বিগত চারদিন ধরে মুম্বাই শেয়ার বাজারে প্রায়ঃ 5.3% পড়তি হয়েছিল। কিন্তু সোমবারে মুম্বাই শেয়ার বাজার 16.99 বিন্দু বৃদ্ধি পেয়ে 13.650 ও বন্ধ হয়। কিন্তু তৈরী সত্ত্বেও শেয়ার বাজার 14 হাজারের পরিসংখ্যান থেকে নীচেই আছে এবং ফেব্রুয়ারীর রেকর্ড উচ্চতা 1423.88 থেকে এখনও 7.3% বেশী আছে। নেশন্যাল স্টাক এক্সচেঞ্জ-এর শেয়ারেও 0.08% এর লাফ আসে এবং 3942 তে বন্ধ হয়।

ব্রোকরেজ দরগে খারীখ ফিনাসিয়াল সার্ভিসেজ এর ভাইস চেয়ারম্যান জয়ন্ত পাই মনে করেন যে আজ প্রস্তত রেল বাজেট শেয়ার বাজারে তেজী আনত সাহায্যে করে। কিন্তু যতক্ষন সাধারণ বাজেট পেশ না হচেছ, শেয়ার বাজারের কারবারে অস্হিরতা বজায় থাকবে।

পাই মনে করেন যে এটা কোন ভাল বাজেট হবে না। কোন জিনিষকে এগিয়ে নিয়ে যাবার জন্য অনেক অর্থের প্রয়োজন। শেয়ার বাজারে পয়সা বিনিয়োগ করার আগে কয়েক বার চিন্তা করে নেন। এখন অল্প সময়ের মধ্যে তো 14.000 এর স্তর আবার আসতে পারে না।

জানা যায় যে রেল মন্ত্রী চুন পাথরের জন্য মাল ভাড়া শতকরা 6% কমানোর ঘোষণা করেছেন। এর পরেই ভারতের দ্বিতীয় সবচেয়ে বড় সিমেন্ট উৎপাদক কোম্পানি এ.সি.সি. লিমিটেডের শেয়ারের দাম শতকরা 3.3% বৃদ্ধি পেয়ে 9.45.90 টাকায় পৌঁছে যায় এবং তৃতীয় সবচেয়ে বড় কম্পানী গুজরাত অম্বুজা সীমেন্ট লিমিটেডের শেয়ারের দাম শতকরা 3.8% বৃদ্ধি পেয়ে 127.55 টাকায় পৌঁছে যায়।

এইভাবে লৌহ খনিজ-এর মাল ভাড়ায় শতকরা 6% কমানোর ঘোষণায় পরে টাটা স্টীলের শেয়ারের দাম 2.3% থেকে বৃদ্ধি পেয়ে 469.70 পর্যন্ত পৌঁছে যায়।

সোমবারে সত্যম কম্প্যুটার সার্ভিসেজ লিমিটেডের শেয়ারের দামও 2.8% থেকে লাফিয়ে 4.61.45 এ পৌঁছে যায়। সত্যমের শেয়ারের লাভ আসার কারণ বলা হচেছ যে কোম্পানীকে আগামী দিনে বড় আউট সোর্সিং ব্যবসায় পেতে পারে।

সোমবারে মুম্বাই শেয়ার বাজারে প্রায়ঃ 2.9 কোটি শেয়ারের কারবার হয়, যার মধ্যে 1257 টি কোম্পানীর শেয়ারের তেজী এবং 1295 টি কোম্পানীর শেয়ারের মন্দা ভাব থাকে। রিলায়েন্স ইণ্ডাস্ট্রিজ এর শেয়ারের দামে শতকরা 0.4% এর পড়তির দিকে এবং 1407.20 তে বন্ধ হয়। এর প্রমুখ কারণ হচ্ছে রিলায়েন্স-এর এই ঘোষণা মোটার বিস্তার পরিকল্পনার জন্য আরব ডলার ঋণ নেবে।

লাফ দেওয়া প্রমুখ কোম্পানী গুলি

- মৈকনলী ভারত ইঞ্জিনিয়ারিং কোম্পানী লিমিটেডের শেয়ারের দাম 5% লাফিয়ে 168.90 টাকায় পৌঁছে যায়। কোম্পানী কে রাষ্ট্রীয় ইস্পাত নিগম লিমিটেড থেকে 5.56 আরব টাকার অর্ডার পেয়েছে।
- ভারতীয় স্টেট ব্যাঙ্ক-এর শেয়ারের দাম 2.9% লাফিয়ে 1088.75 টাকায় পৌঁছে যায়। এইভাবে কেনেরা ব্যাঙ্কের শেয়ারের দাম শতকরা 2.6% বৃদ্ধি পেয়ে 215.10 টাকায় পৌঁছে যায়। ব্যাঙ্কের শেয়ারে লাফ দেওয়ার মুখ্য কারণ রিজার্ভ ব্যাঙ্ক দ্বারা সি.আর.আর.-এর ওপর সুদ দেওয়ার ঘোষণা।

কর্মচারীদের সংখ্যা রেলে কমছে

ভারতীয় রেলে কর্মচারীদের সংখ্যা লাগাতার কমে আসছে এবং বিগত প্রায়ঃ 15 বছরে প্রায়ঃ আড়াই লাখ কমে যায়। সরকারী পরিসংখ্যান অনুযায়ী 1991 সনে রেলে কর্মচারীদের সংখ্যা যেখানে 16 লক্ষ 52 হাজার ছিল, সেখানে 2006 সনে এর সংখ্যা কমে গিয়ে 14 লক্ষ 12 হাজারে গিয়ে দাঁড়িয়েছে।

ভারতীয় রেলে কর্মচারীদের সংখ্যার গ্রাফ দেখলে জানা যায় যে 1996 সাল থেকে নিয়ে 2000 সাল পর্যন্ত এর সংখ্যায় সামান্য কমে এসেছিল। 1996 সনে এই সংখ্যা 15 লক্ষ 87 হাজার ছিল, যা 2000 সনে কমে গিয়ে 15 লক্ষ 77 হাজারে গিয়ে দাঁড়ায়, কিন্তু 2000 সনের পর এর সংখ্যা তীব্রভাবে কমতে থাকে এবং 2006 সনে এই সংখ্যা 14 লক্ষ 12 হাজারে গিয়ে দাঁড়ায়। সবচেয়ে মজার কথা এই যে 1971 সাল থেকে 1981 সনের সময় কালে রেল কর্মচারীদের সংখ্যা প্রায়ঃ 2 লাখের বৃদ্ধি ঘটে এবং আগামী দশ বছর পর্যন্ত এই গতি বিদ্যমান থাকে এবং 1991 সনে এর সংখ্যা বৃদ্ধি পেয়ে 16 লক্ষ 52 হাজারে পৌঁছে যায় অর্থাৎ দশ বছরে প্রায়ঃ 80 হাজারের বৃদ্ধি ঘটে।

বুলেট ট্রেনের ইচ্ছে নেই ঃ লালু

টাকার অভাবের কারণে মুম্বাই–আমেদাবাদ বুলেট ট্রেনের ইচ্ছা ত্যাগ

করার পর রেলমন্ত্রী লালু প্রসাদ আরো একবার আড়াই শত থেকে 300 শত কিলোমিটারের গতিতে চলা এ.সি. ট্রেন সম্পর্কে ব্যবহারিক অধ্যয়ণ না করানোর সিদ্ধান্ত নিয়েছেন। রেল মন্ত্রী ঘোষণা করেন যে আড়াই শত থেকে তিন শত কি.মি প্রতি ঘন্টার গতিতে চলা 'আল্ট্রা হাই স্পীড ট্রেন' সম্পর্কে ব্যবহারিক অধ্যয়ণ করা হবে। সামান্য গতির গাড়ীগুলির জন্য যেমন লাইন পাততে যেখানে এক থেকে ডেড় কোটি টাকা প্রতি কি.মি. খরচা পড়ে, সেখানে বুলেট ট্রেনের জন্য এই খরচা পাঁচ থেকে সাত কোটি টাকায় গিয়ে দাঁড়াবে।

মহার্ঘকে নিয়ন্ত্রণ করার ভরপুর প্রচেষ্টা

রেলমন্ত্রী লালুযাদব আরো একবার জাদুগরী দ্বারা তালী পাবার প্রয়াস করেন। মাল ভাড়া বৃদ্ধি না করে এবং পেট্রলিয়াম উৎপাদের বহন দরে শতকরা 5% কমানোর সাথে তিনি এই বাজেটকে মহার্ঘ এর ওপর আক্রমণ হিসাবে বর্ণনা করেন। কিন্তু সত্য এটা যে পেট্রলিয়াম উৎপাদের বহনের দরে করা এস্ই পরিবর্তনের 80 কোটি টাকার রেলের ক্ষতি হবে। যার কোন লাভ সাধারণ উপভোক্তাকে তেল কোম্পানী দেবে এই বিষয়ে সন্দেহ আছে। মহার্ঘের ওপর আসল হামলা করার জন্য তাকে খাদ্য এবং খনিজ ভাড়া কমানো উচিত ছিল। এইভাবে যাত্রী ভাড়া কমানোর পরিবর্তে আবশ্যক বস্তুর মালভাড়া কমাতে মহার্ঘের ওপর নিয়ন্ত্রণ-এর প্রয়াসকে অধিক গুরুত্বপূর্ণ হিসাবে গণ্য করা হত।

কিছু এই ধরণের বিষয় স্টীলের ও আছে এং শিল্প সংকেত দিয়েছে যে এর কোন লাভ তারা উপভোক্তাকে দিতে রাজী হয়। রেলমন্ত্রী ইস্পাতের কাঁচা মাল লৌহ খনিজ ডেমোলাইট এবং লাইম স্টোনের শ্রেণী পাল্টিয়ে কম ভাড়ার শ্রেণীতে রেখেছেন, কিন্তু শিল্পের কথা হচেছ যে আগেই লৌহ অয়স্কের দাম বেড়ে গেছ, ওর কোন বড় লাভ তাদের পাবার নেই। এর সাথেই ইস্পাতের জন্য শতকরা 21% এর 'কন্সেশন চার্জ' ও তিনি লাগিয়ে দিয়েছেন। অর্থাৎ ইস্পাতের আমদানী এং রপ্তানী দুটোই মহার্ঘ হয়ে যাবে।

খাদ্যন্ন এর মতো খনিজ বিষয়েও রেলমন্ত্রী কোন ছাড় দেননি। বিগত এক বছরে তিনি খনিজ শ্রেণী পাল্টিয়ে এর বহন বিনিযোগে 500 কোটি টাকার অধিক বৃদ্ধি করেছেন।

সেখানে একটি প্রশ্ন উঠছে যে যদি রেল মন্ত্রী যাত্রীদের টিকিটে এক টাকা ও দুই টাকা কমানোর উপহার দেওয়ার পরিবর্তে আবশ্যক বস্তুগুলর মালভাড়া কমাতেন, তখন মহার্ঘের ওপর হামলা করার তার প্রয়াস অধিক সৎ হত। সেখানেই এই সময়ের সাথে হাই কেপাসিটির গাড়ীগুলির বৃদ্ধি ঘটানো হচেছ এবং ওয়াগানের 21 এর পরিবর্তে 25 এক্সেল করা হচেছ। এমন অবস্থায়

প্রয়োজনীয় কাঠামোগত সুবিধাকে বৃদ্ধি করা ছাড়া রেলের ট্র্যাককে বিপদে ফেলার কাজ করা হচ্ছে, যা দীর্ঘকালীন রূপে সমগ্র তন্ত্রের জন্য বিপদজনক প্রমাণিত হতে পারে।

রিসার্চের জন্য 60 কোটি টাকা দেওয়া হবে

ভারতীয় রেল যদি বা মুনাফার ঘুমে ঘুমিয়ে আছে, কিন্তু সেটা বিশ্বস্তমানের হবার জন্য বৈজ্ঞানিক অনুসন্ধানের ওপর কোন খরচ করেত রাজী নয়। মালভাড়া বৃদ্ধি করে আর পরিচালন সংস্কারের দৌলতে এই বছর ভারতীয় রেল 14.867 কোটি টাকার মুনাফা উপার্জন করতে চলেছে। রেলমন্ত্রী লালু প্রসাদ যাদবের নতুন বাজেট অনুযায়ী আগামী বছর 16.021 কোটি টাকায় গিয়ে দাঁড়াবে। এটা মুনাফার 0.004% দাঁড়াচেছ। ভারতীয় রেল, কোম্পানীর মত চলতে লেগেছে। কিন্তু যে কোম্পানীগুলিকে বিশ্ব-প্রতিদ্বন্দ্বিতা করতে হয়। তারা নিজের মুনাফার 2 থেকে 5% অর্থ গবেষণার জন্য খরচ করার কথা ভাবছেন। রেলওয়ে বোর্ডের অধ্যক্ষ জয় প্রকাশ বন্না এই সম্পর্কে বলেছেন যে এই বছর গবেষণায় আমরা 50% অধিক খরচ করেত চলেছি। আমাদের গবেষণার এই জন্য প্রয়োজন নেই কেননা ইঞ্জিন এবং কোচ ইত্যাদির আধুনিকীকরণের কাজ আমাদের 'পাব্লিক, প্রাইভেট পার্টনারশীপ' (পি.পি.পি.)র অধীনে যৌথ শিল্পের মাধ্যমে করতে হবে।

এই সম্পর্কে বলা হচেছ যে বিজ্ঞান এবং প্রযুক্তি মন্ত্রী কপিল সিব্বল একাদশ পঞ্চবার্ষিকী পরিকলপনায় এই জরুরী সন্দেশ হচেছ যে 2012 পর্যন্ত বিজ্ঞান–প্রযুক্তির ওপর ব্যয় সকল ঘরেলু উৎপাদের শতকরা 2% হয়ে যাক, সেটা রেল মন্ত্রীকে দিতে পারেননি।

ভারতীয় রেলের বিপরীত চীনের থ্যিয়ারী আলাদা। চীন-জামনীর মেগলিভ লাইন থেকে ওপরে চলা রেলের পরীক্ষণ অবশ্য করেছে, কিন্তু তারা এই প্রযুক্তিকে কিনতে অস্বীকার করে। তারা সিদ্ধান্ত নিয়েছে যে 500 কি.মি. এর গতিতে চলা উত্তম মৈগলিভ ট্রেনের বিকাশ তারা নিজেরাই করবেন। 30 কি.মি. দীর্ঘ প্রথম রেল তারা নিজে তিন বছরে তৈরী করে ফেলবে। অধিকারী এটা মনে করেন যে বিশ্বস্তরের হবার জন্য প্রয়োজনকে মনে রেখে ভারতীয় রেলের গবেষণার কর্মসূচী খুবই হাল্কা ধরনের।

রেল এবার টেকনো–ফ্রেন্ডলী হবে

একাদশ পঞ্চবার্ষিকী পরিকল্পনার সময়ে রেল পরিসেবায় সূচনা প্রযুক্তির আরো ব্যবহার করা হবে।- রেলওয়ের চালু থাকা পঞ্চাশ থেকে বেশী বেবসাইট

কে মিলিয়ে একটি সমেকিত বেবসাইটের নির্মাণ এবং ই-ভেমেন্ট এবং ই-টেণ্ডারিং এর সুবিধাগুলি লব্ধ করানো হবে।- আই.টি.সম্পকৃত সমস্ত কাজকে ক্রিস'-এর মাধ্যমে পরিচালিত করা হবে। আয় প্রবন্ধ-এর জন্য বিশেষ করে খালী ফেরত গাড়ীগুলিতে মাল-ট্রেফিক আকর্ষিত করার জন্য 'কমার্শিয়াল পোর্টেল' আগামী তিন বছরে শুরু হবে।

জুন-সেপ্টেম্বর 2007 পর্যন্ত দেশের সমস্ত চারটি ক্ষেত্রে কল সেন্টার কাজ করতে শুরু করে দেবে। যাত্রী দেশের যে কোন স্থান থেকে 139 লোকাল ক'ল করে গাড়ীগুলির আগমন, প্রস্থান ও শীটের লব্ধতার বিষয়ে জানতে পারবেন। ভবিষ্যতে এতে রেলওয়ে, ট্যাক্সির টিকিট ও হোটেল বুকিং-এর সুবিধা পাওয়া যাবে। ডাক ঘরে এবং প্রতিরক্ষা কার্যালয়ে পি.আর.এস. কাউন্টার খোলা হবে। অসংরক্ষিত টিকিট, কাউন্টার আগামী দুই বছরে 8 হাজার করা হবে। নতুন রেল-বাজেটের অনুসারেরোলিং স্টাকের আধুনিকীকরণ ও ক্ষমতা বিস্তার হবে, সাথেই নতুন আরামদায়ক ও অধিক সুবিধাযুক্ত কোচ এবং অধিক শক্তিশালী লোকেদের নির্মাণ হবে। রেলের বিভিন্ন আই.টি. কার্যক্রমে অংশীদারীর জন্য ব্যক্তি কোম্পানীদের কে আমন্ত্রিত করা হচেছ। নিরাপত্তার বিষয়ে সংবেদনশীল রুটে বিস্ফোটকের খোঁজ লাগানোর, মেশিন, ডোর ফ্রেম এবং হ্যাণ্ড হেন্ড মেটাল ডিটেক্টার এবংসমস্ত সংবেদনশীল স্টেশানে সি.টি.টি.ভি. এবং স্মার্ট ক্যামেরা লাগানোর সিদ্ধান্ত নেওয়া হয়েছে। বাজেটে নতুন উদ্যোগ নিতে গিয়ে রেলের মুল কাঠামো ও প্রবন্ধকীয় কাজের গবেষণাকে বৃদ্ধি করার জন্য আই.এস. আমেদাবাদে একটি চোয়ারের স্থাপন করার সিদ্ধান্ত নেওয়া হয়েছে। বহুউদ্দেশীয় স্মার্ট কার্ড দ্বারা এটা রেলের টিকিট জারী করার একটি পাইলেট পরিকল্পনার ওপর কাজ করছে। এর মাধ্যমে যাত্রী একই স্মার্ট কার্ডে মাসিক সীজন টিকিটের সাথে সাথে দৈনিক টিকিট ও নিতে পারবেন। এই কার্ড শহরের বিভিন্ন স্থান থেকে কেনা-ও রীচার্জ করানো যাবে তথা একে টি.টি.ই. নিজের হাতে থাকা টার্মিনালে সহজে পড়তে পারবেন। 'পাইলেট প্রোজেক্ট'-এর সাফল্য এর পর একে অন্য স্থানেও লাগু করা হবে।

রেল কর্মচারীদের কল্যাণের জন্য কয়েকটি উপায়ের ঘোষণা

রেলের আর্থিক আমুল পরিবর্তনের রেল কর্মচারীদের যোগদানের প্রশংসা করতে গিয়ে রেল মন্ত্রী লালু প্রসাদ রেলোর কর্মচারীদের কল্যাণের জন্য কয়েকটি উপায়ের ঘোষণা করেন। 2007-08 সনের রেল বাজেট পেশ-করতে গিয়ে লালু রেলের দারুন ফলাফলের পুরো শ্রেয় 14 লক্ষ কর্মচারীদের দেন আর

বলেন যে 'যারা পৌঁছে দিল উচচাতয় তাদের সম্মান করো, যারা কঠিন পরিশ্রম করেছেন তাদের ভালবাস। তিনি বলেন যে 'স্টাফ বেনিফিট ফাণ্ড' ও রেলের অংশদান প্রত্যেক ব্যক্তি 30 থেকে বৃদ্ধি পেয়ে 35 টাকা বার্ষিক করা হবে। তিনি বলেন যে এই অতিরিক্ত অংশদানের মধ্যে 3 টাকা প্রাকৃতিক বিপদের অবস্থায় তৎকাল এনে প্রদান করার জন্য এবং 2 টাকা রেল কর্মচারীদের শারিরীক ভাবে বিকলাঙ্গ ছেলেদের বিশেষ করে বালিকাদেরকে শিক্ষা প্রদান করা এবং তাকে কাজের প্রশিক্ষণ শেখানোর জন্য করা হবে। এই ভাবেই স্টাফ কলোনীগুলির অবস্থায় আমুলচুল পরিবর্তন করা হবে ও এর উন্নয়ণে ও রক্ষণাবেক্ষনের জন্য সার্বজনিক-ব্যক্তি অংশীদারিত্ব ও বিকল্পর চিন্তা করা হবে।

রেলমন্ত্রী বলেন যে মহানগরের বড় হাসপাতালে ভর্তী রুগীর আত্মীয়দের থাকার ব্যবস্থা করার জন্য দিল্লী, মুম্বাই, কোলকাতা ও চেন্নাই হাসপাতালের কাছে 50 কামরার অতিথিগৃহ নির্মাণ করা হবে এবং মামুলী শুল্কে কামরা দেওয়া হবে তিনি বলেন যে গ্রুপ ডীর কর্মচারীদের প্রমোশন-এর সম্ভাবনায় সংস্কার আনারজন্য একটি সমিতি গড়া হবে, যারা সম্পকৃত বিষয়গুলিকে গভীর অধ্যয়ণ করে 6 মাসের মধ্যে নিজের রিপোর্ট জমা দেবে।

লালু বলেন যে পরিসেবার পর মানার্থ পাসের জন্য পাএতার গণনার মামলায় রেলওয়ে তে ভর্তী হওয়া প্রাক্তন সৈনিক ও কেন্দ্রীয় কর্মচারীদের পূর্বের পরিসেবার সময় সীমার অর্দ্ধেক পরিসেবাকাল রেলের সমগ্র পরিসেবাকালের সাথে যুক্ত করা হবে। রেলমন্ত্রী বলেন যে গ্রাহকদের সাথে লাগাতার সম্পর্কে থাকা বাছাই স্টেশনের অগ্রিম পংক্তির কর্মচারীদের বাজার ও গ্রাহক-উন্মুখ–মনোভাব বিকশিত করার জন্য একটি ব্যাপক প্রশিক্ষণ কার্যক্রম চালানো হয়ে।

(গ) রেল বাজেটের ওপর প্রতিক্রিয়াগুলি

লালু সাধারণ মানুষের চিন্তা করেছে–চিদাম্বরম

অর্থমন্ত্রী পি. চিদাম্বরম বলেছেন যে বিকাশের লাভ উপভোক্তাদের কাছে পৌঁছাবে। রেল বাজেটকে বিকাশমুখী বলতে গিয়ে তিনি বলেন যে এই বাজেটে জানা যাচেছ যে বিকাশ কেমন করে সবাইকে লাভান্বিত করতে পারে।

যাত্রী-ভাড়ায় ছাড়, মাল ভাড়াকে সরলীকরণ এবং অন্য লাভ দেওয়া জন্য পরিস্কার যে মানুষের স্বার্থকে কেমন করে মনে রাখা যেতে পারে। মুদ্রাস্ফীতি সম্পর্কে তিনি বলেছেন যে রেলমন্ত্রী দেখিয়ে দিয়েছেন যে দামকে কিভাবে সরকার নিয়ন্ত্রণ করার প্রয়াস করছে।

তিনি যাত্রী ভাড়া কম করাকে স্বাগত জানান। তিনি বলেছেন যে এতে স্পষ্ট হয়ে যায় যে রেলওয়ে সাধারাণ মানুষকে বিকাশের লাভ দিচ্ছে। রেল বাজেট রেলওয়ের বিকাশের ছবি পেশ করেছে এবং সে যাত্রী ভাড়া কমানোর জন্য রেলমন্ত্রীকে ধন্যবাদ দিচ্ছেন।

বম্বার্ডিয়ার দেখল ট্রেনে পি.পি.পি.র ফাঁক

বম্বার্ডিয়ার ট্রান্সপোর্টেশান এর প্রেসিডেন্ট এবং এম.ডি. রাজীব জ্যোতি রেল বাজেট কে বিকাশ সুখী হিসাবে বর্ণনা করেন। তিনি বলেন যে বাজেটে এই কথার দিকে ইঙ্গিত করা হয়েছে যে রেলওয়ের 'ইন্ফ্রাস্ট্রাকচর'-এ বিস্তারের জন্য পি.পি.পি. অর্থাৎ 'পাব্লিক, প্রাইভেট পার্টনরশীপ'-এর প্রয়োজনীয়তা।

যদিও রেলমন্ত্রীর বাজেট ভাষণে এই বিষয়ে কিছু ইস্তস্ততা দেখা যায়। জ্যোতি বলেন যে রেলমন্ত্রী মুনাফাকে আধুনিকীকরণে বিনিয়োগ করতে চান, যাএকটি ভাল পদক্ষেপ প্রমাণিত হবে।

ব্যক্তি মালিকানার বিপদজনক খেলা ঃ ফর্নাডীস

প্রাক্তন রেলমন্ত্রী ও রা.জ.গ.র আহবায়ক জার্জ ফর্নাডীস অভিযোগ গেলেন যে স.প্র.গ. সরকার রেলের নেটওয়ার্ক এর ব্যক্তি মালিকানার বিপদজনক খেলা খেলছে। মালগাড়ীতে ব্যক্তি মালিকানার ক্ষেত্রকে যুক্ত করার তাড়াহুড়ায় ফর্নাডীসের আশংকা যে আগামী ধাপে সরকার যাত্রী গাড়ীগুলিকেও প্রাইভেট ক্ষেত্রের কাছে দিয়ে দেওয়ায় কুচক চালাতে পারে। প্রায়ঃ 30 বছর পূর্বে জনতা পার্টি সরকারের রেলমন্ত্রী থাকা ফর্নাডীস সতর্ক করেন যে ব্যক্তি করণের প্রক্রিয়া রেলওয়ে তে কাজের সুযোগ সৃষ্টি করার প্রক্রিয়াকে শেষ করছে। বাজেটের পরিসংখনানেও এই কথা প্রমাণিত হচ্ছে যে রেলওয়ে স্টাফ-এর সংখ্যা এবং তার কল্যাণ-পরিকল্পনাগুলিতে লাগাতার নিম্নমুখীর ঝোঁক আছে। যদিও তিনি এর সাথে এটাও যুক্ত করেন যে সদন বিরোধীর ভারী হাঙ্গামার মধ্যে পড়া রেল বাজেটে কি-কি বলা হয়েছে, এটা সংসদের মধ্যে শোরগোলে শোনা যায়নি।

দীর্ঘ মেয়াদী রণনীতির চর্চা নেই ঃ পি. এইচ. ডি. সি. সি. আই.

পি. এইচ. ডি. সি. আই. মনে করে যে রেল বাজেট 2007-08 দীর্ঘ সময়ের স্থির বিকাশ এবং বিনিয়োগের রণনীতি পেশ করতে ব্যর্থ হয়েছে। পি.এইচ.ডি.সি.সি.আই.-এর প্রেসিডেন্ট সঞ্জয় ভাটিয়া যদিও রেলমন্ত্রীর এই

কথার জন্য প্রশংসা করেন যে যাত্রী ভাড়া এবং মালগাড়ীর আয়ে ক্রমশঃ 14 এবং 17% বৃদ্ধি হয়েছে কিন্তু তিনি মনে করেন যে রেলমন্ত্রী জনপ্রিয় বাজেট পেশ করতে দীর্ঘ মেয়াদী রণনীতির চর্চা করেন নি।

ভাটিয়া বলেন যে দেশের অর্থ ব্যবস্থার বার্ষিক শতকরা 8 থেকে 10% এর দর বাড়ার সম্ভাবনা আছে। এমত অবস্থায় রেলওয়ে যা দেশে পরিবহনের সবচেয়ে বড় সাধন তারঅর্থ ব্যবস্থায় অধিক যোগদানের আশা। তিনি বলেন যে, 'ফ্রেট করিডর'কে পুরো করার সময় সীমার বাজেটে কোন উল্লেখ নেই। প্রয়োজন হচেছ য়ে এই বিষয়ের ওপর প্রোজেক্টের জন্য 'ফাণ্ড আগেই সংগ্রহ হয়ে যাক এবং 'প্রোজেক্ট মেনেজমেন্ট গ্রুপ' যথাশীঘ্র গঠন হোক। এটা চিন্তার বিষয় যে 'ফ্রেট করিডর'-এর জন্য 'স্পেশাল পরপজ হ্বীকল' এখন পর্যন্ত শুরু হতে পারেনি। ট্র্যাকের ক্ষমতা বিস্তারের ও প্রয়োজন আছে। তিনি বলেন যে বড় পরিকল্পনাগুলির জন্য সংসাধন সংগ্রহ করা বিষয়ে বাজেটে কিছু নেই। ভাটিয়া বলেন যে এট চিন্তার কথা যে রেলমন্ত্রী নিজের বাজেট ভাষণে রেলের 'ইফ্রাস্ট্রাকচর'-এর বিকাশের জন্য 'পাব্লিলক-প্রাইভেট-পার্টনর শীপ'-এর ওপর বেশী জোর দেননি। তিনি বলেন যে রেলমন্ত্রী জনপ্রিয় বাজেট পেশ করার প্রয়াসে রেলের সংস্কারকে অবহেলা করেছে।

রেলওয়ে একটি রোলমডেল ঃ আই.সি.সি.আই

ইণ্ডিয়ান চেম্বার অফ্ কামর্স এ্যাণ্ড ইন্ড্রাস্ট্রী (আই.সি.সি.আই) রেল বাজেটের ওপর প্রতিক্রিয়ায় বলে যে অন্য সার্বজনিক পরিসেবার জন্য রেলওয়ে একটি রোল মডেল। আই.সি.সি.আই.-এর মহাসচিব আর.পি. স্বামী বলেন যে ট্রেনের ফণ্ডী-গড়ার যাত্রীভাড়া বৃদ্ধি হয়নি। মাল ভাড়াও কম বেশী স্হির আছে তা সত্ত্বেও রেলমন্ত্রী ভারী মুনাফারা লক্ষ্য স্হির করেছেন।

স্বামী বলেন যে বিগত বছরে রেলমন্ত্রী বিনা ভাড়ার বৃদ্ধির বাজেট পেশ করেছিলেন। কয়েকটি বিষয়ে তো ভাড়া কমানো হয়েছিল। তা সত্ত্বেও রেল 20.000 কোটি টাকার মুনাফা উপার্জনে সফল হয়। তিনি আশা প্রকাশ করেন যে মুনাফার বিনিয়োগ রেলোর নিজের নেটওয়ার্ক আধুনিকি করণে করবে।

স্বামী বলেন যে দেশের অর্থ ব্যবস্হা শতকরা 9% এর দরে বিকশিত হচেছ। 'মেন্যু ফেকচিরিং সেক্টর' শতকরা 12%দরে বৃদ্ধি হচেছ। 'সার্ভিস সেক্টর'-এ ও লাফ আছে। এমতবস্হায় প্রয়োজন হয়ে যায় যে রেলওয়ে যা একটি যথেস্ট গুরুত্বপূর্ণ ইফ্রাস্টট্র এইসব গুলির সাথে আসুক।

উপভোক্তার লাভ ঃ ভানুশালী

গেটওয়ে ডিস্ট্রিপার্কর্স (রেল ফ্রন্ট) এর সি.ই.ও সচিন ভানুশালী বলেন যে কন্টেনার ট্রেফিক এর বিনিয়োগ বৃদ্ধির সিদ্ধান্ত একটি ভালো পদক্ষেপ। এতে শেষ উপভোক্তা পর্যন্তও লাভ পৌঁছাবে।

আর্থিক অনুশাসনের অভাব ঃ সিংহ

রেলবাজেট কে দেখলে লালু মন্ত্রী কম ধনী শেঠ বেশী মনে হয়। সেটায় আর্থিক অনুশাসনের ঘাটতি আছে।

যশবন্ত সিংহ
ভা.জ.পা. নেতা ও পূর্ব কেন্দ্রীয় অর্থমন্ত্রী

ছত্রিশগড়কে অবহেলাঃ যোগী

ছত্রিসগড়ের প্রাক্তন মুখ্যমন্ত্রী অজীত যোগী রেল বাজেটে রাজ্যেরে অবহেলা করার জন্য অসন্তুস্ট হন। তিনি কোন রকম রাখ ঢাক ছাড়া বলেন যে লালু প্রসাদ রাজ্যের জনতাকে ঠকানোর কাজ করেছেন। যোগী এই কথার জন্য হয়রান ছিলেন যে বিলাসপুরে রেলওয়ে ভর্তী বোর্ডের মামলায় রেলমন্ত্রী কথাবার্তার সময়ে ইতিবাচক ছিলেন, কিন্তু রেল বাজেটে সেটা যুক্ত করা হয়নি।

রাষ্ট্রীয় স্তরে রেল বাজেটকে ভালো বলতে গিয়ে প্রাক্তন মুখ্য মন্ত্রী বলেন যে এমনটা হয়ত কখনই রেলের ইতিহাসে হয়েছে যে সমস্ত ধররেণ ভাড়ায় ভারী ত্রাণ ঘোষণা করা হয়েছে। রায়পুর থেকে লখনৌ পর্যন্ত 'গরীব রথ' চালানোর জন্য যোগী লালু প্রসাদকে ধন্যবাদও দেন।

রাজ.দ.র রাষ্ট্রীয় প্রবক্তা শ্যাম রজক বলেন যে লালু যাদব গরীবের যীশু এবং গরীবের মনের ব্যাথা ভালো ভাবে বোঝেন। তাই তিনি এই শ্রেণীর পকেটের ওপর পুরো নজর রেখেছেন। রজক মহিলাদের সিনিয়ার ছাত্র এবং বিকলাঙ্গদের জন্য ও সুবিধাগুলি দেওয়াকে ভরপুর স্বাগত জানান। রাজেন্দ্র গুপ্তা রেল বাজেটকে ছল হিসাবে বর্ণনা করতে গিয়ে বলেন যে আগামী বিধান সভার নির্বাচনের দিকে লক্ষ্য রেখে জনগণকে ধোঁকা দেওয়ার আড়ম্বর দাঁড় করিয়েছেন।

জ.দ.(ইউ)র রাষ্ট্রীয় মহাসবিচ এবং সহ-রাষ্ট্রীয় মুখ্য পাত্র শিবানন্দ তিওয়ারী বলেন যে রেলমত্রী জনগণের চোখে ধুলো দিচেছন তিওয়ারী বলেন যে ঢোল পেটানো হয়েছে যে যাত্রী এবং মালগাড়ী বাড়েনি কিন্তু দুই শত 'এক্সপ্রেস গাড়ীগুলি' কে 'সুপারফাস্ট' 1 পরিবর্তন করে প্রতি টিকিটে 40 টাকা

আদায় করার মাধ্যম বানানো হয়েছে। আলাদা-আলাদা জিনিষের ভাড়ায় সমরূপতা আনার জন্যও 30 থেকে 40% ভাগ ভাড়া বৃদ্ধি করা হয়েছে। তিওয়ারী বলেন যে লালু যাদব জনপ্রিয় প্রতিশ্রুতি ওয়ালা যেমন খাদি, হ্যাণ্ডলুম, ভাড়, মাঠা, ইত্যাদি ব্যবহারের কথা হাওয়ায় মিলিয়ে গেছে, রেলে খাদ্য পানীয় বিছানার সুবিধাগুলিকেও প্রাইভেট করে দেওয়া হয়েছে তথা সমস্ত সুবিধাগুলির দাম বাড়িয়ে মুনাফা উপার্জন করা হচ্ছে।

লালু খুললো বাক্স জনগণ বলল আমাদের মন খুশি

পাঞ্জাবী বাগ নিবাসী সুভাষ এই বিষয়ে বলেছেন যে রেল বাজেট যাত্রী ভাড়া না বাড়া যথেস্ট ভালো, কিন্তু রেলমন্ত্রীকে যাত্রীদের সুবিধা গুলির ও নিরাপত্তার প্রতি ও নজর রাখা উচিৎ। রেলের বর্তমান অবস্থা এমন দাঁড়িয়েছে যে সুপারফাস্ট ট্রেনও ঘন্টার ওপর ঘন্টা লেটে চলে। তার সাথে ট্রেনে ও স্টেশানে পরিছন্নতা থাকে না।

কেশবপুরম নিবাসী প্রেম নারায়ণ বলেছেন যে লালু যাদবের বাজেট তো স্বাভাবিক ভাবেই আমাদের মত লোকের জন্য তৈরী করা হয়েছে, কিন্তু নিরাপত্তা ব্যবস্থাকে নিয়ে বাজেটের ওপর প্রশ্ন চিহ্ন দাঁড় করান। তিনি বলেছেন যে রেল মন্ত্রালয়ের উচিৎ 'সমঝোতা এক্সপ্রেস' এর মত দুর্ঘটনা গুলির পুণরাবৃত্তি না হয়। এর জন্য কঠোর পদক্ষেপ নেওয়া উচিৎ। এবং রেলওয়ে নিরাপত্তা রক্ষীকে আরো শক্তিশালী করা উচিৎ।

রোহিনী সেক্টার 2 নিবাসী সুমিত বলেছেন যে এই রেল বাজেটে লালু প্রমাণ করে দিয়েছে যে তিনি সাধারণ মানুষের সাথে আছেন। রেল বাজেটে ভাড়ায় করা ছাড়কে স্বাগত জানিয়ে বলেন যে এতে গরীব রথ ট্রেনের সংখ্যা বৃদ্ধি করার জন্য ও রেলওয়ের কল সেন্টার খোলা কেও তিনি একটি প্রশংসনীয় পদক্ষেপ বলেন। তিনি বলছেন যে এতে মধ্যম শ্রেণীর লোকদের ও ভালো যাত্রারা অনুভব লব্ধ হবে।

সোনীপত নিবাসী রাজেশ কুমার রেল বাজেটকে স্বাগত জানিয়ে বলেন যে, নিঃসন্দেহ জনগণ এই ধররেণ বাজেটের আশা করেন, তিনি বলেছেন যে এদিকে কিছু বছরে যেভাবে জিনিষপত্রের দাম বাড়ছে। তাতে সাধারণ মানুষের কোমর ভেঙ্গে দিচ্ছে। এমনবস্থায় ভালো রেল বাজেটে জনগণ যথেস্ট স্বস্তি পাবে। রেলে প্রতিদিন লক্ষলক্ষ যাত্রী যাত্রা করেন। এমনবস্থায় ভালো বাজেটের সরাসরি লাভ জনগণ পাবে। সোনীপত নিবাসী বীরেন্দ্র

বলেছেন যে রেল বাজেট ভাড়া কম করা ভালো সিদ্ধান্ত কিন্তু এর সাথে বাজেট ট্রেনের নির্ধারিত সময়ে চলার মতো বিষয়গুলিকে প্রতি নজর দেয়া হলে আরো ভালো হত।

বেসিক সমস্যার প্রতি নজর নেই

রেলমন্ত্রী লালু প্রসাদ যাদব নিঃসন্দেহ মুনাফার লাইনে লোক মুগ্ধ করা রেল চালিয়েছেন, কিন্তু রেলে নিয়মিত চলা যাত্রীরা ঠকানো হয়েছে মনে করেন। এ ধরণের যাত্রীরা মনে করেন যে রেলমন্ত্রী নিঃসন্দেহ টিকিটের দাম কিছুটা বৃদ্ধি করুন, কিন্তু আহার-পানীয় পরিস্কার পরিচছন্নতা এবং অন্য সুবিধাগুলিতে যেন আপোষ না করুন। এ ধরণের চারটি বিষয় আছে, যাকে রেল বাজেটে কোন গুরুত্ব দেওয়া হয়নি। যদিও রেলওয়ে আগামী বছরকে 'স্বচছতা বছর' হিসাবে পালন করার ঘোষণা করেছে। রেলের নিয়মিত যাত্রী অবধেশ গুপ্ত বলেছেন যে সরকারের 'দিবস' এবং 'বর্ষ' শুধু পোস্টার পর্যন্তই সিমিত থাকে। দীর্ঘ দূরত্বের গাড়ীতে নিয়মিত পরিস্কার পরিচছন্নতার কোন ব্যবস্হা নেই। এর মতই প্রয়াগরাজ এক্সপ্রেসে বছরে দুই ডজন বার যাত্রা করার অমিত বলেছেন যে এই ট্রেনের অভিযোগ পুস্তিকায় তিনি কম করে দশবার এই কথার অভিযোগ করেছেন যে গাড়ীতে দেওয়া 'রেড ক্রোস' ধোয়ানো নেই, তাসত্ত্বেও এই ট্রেনে নিয়মিত 'বেডরোল' ধোলাই ছাড়াই দেওয়া হয়।

নিরাপত্তা নিয়ে ও মানুষের অভিযোগ কম নেই। গাজিয়াবাদ থেকে দিল্লীর নিয়মিত যাত্রী নীলম কৌশিক বলছেন যে রেলওয়েতে নিরাপত্তার এই ব্যবস্হা আছে যে মহিলাদের বগিতে পুরুষরা বিনা বাধায় ওঠে পড়েন। বিরোধিতা করলে তারা উত্যক্ত করতে শুরু করেন। শুধু তই নয় দীর্ঘ দূরত্বের ট্রেনে নিরাপত্তার জন্য নিযুক্ত পুলিশগুলো মদ খেয়ে থাকে।

রেলওয়ের আহারাদি সম্পর্কে অভিযোগকারীরা ও দেশে কম নেই। সুরেন্দ্র সেগুা বলছেন যে আহারাদির অবস্হা এই যে রাজধানী এক্সপ্রেসেও ঠাণ্ডা ও বাসী খাবার দেওয়া হয়। পেন্ট্রী কারে এত ময়লা থাকে যা দেখার পর কেউই খাবার খাবে না। সাধারণ ভাবে ট্রেনে লোকেরা নিজের খাবার ঘর থেকে নিয়ে আসেন। সংরক্ষিত ট্রেনগুলিতে রেল কর্মচারীদের ইচছা এমন ভাবে থাকে যে সংরক্ষিতকারী যাত্রীরা নাজেহাল হয়ে থাকেন। দিল্লী-কোলকাতা রাজধানীর নিয়মিত যাত্রী শান মুখার্জী বলছেন যে, এই ট্রেনে রেলকর্মচারীদের যোগ সাজসে টাকা দিয়ে বিনা 'রিজার্বেশন' ছাড়া বহুসংখ্যক যাত্রা করেন। এ ধরনের যাত্রীদের ফলে চুরির ঘটনাগুলিও প্রায়ঃ হয়ে থাকে।

ছাড় দেওয়াতে ছাত্র খুশি

লালু প্রসাদ যাদবের রেলওয়ে বাজেটে ছাত্রদের প্রতিযোগী পরীক্ষাগুলির জন্য রেলভাড়ায় 50% ছাড় দেওয়াকে ছাত্ররা খোলাখুলি স্বাগত জানিয়েছে। ছাত্ররা বলেছে যে রেলমন্ত্রীর এই প্রস্তবে তারা যথেস্ট স্বস্তি পাবে। যদিও কিছু ছাত্র মনে করেন তাদের ছাড় দেওয়া উচিৎ কি শুধু সংঘ লোক পরিসেবা কমিশনে এবং কর্মচারী চয়ন কমিশনের মতো প্রতিযোগী পরীক্ষাগুলির জন্যই কিন্তু তারা এই প্রস্তাবে খুবই সন্তুস্ট।

জে.এন.ইউ.-তে স্কুল অফ্ ইন্টারনেশনল স্টাডীজতে পি.এইচ.ডি. করছেন এলাহাবাদের ধনঞ্জয় ত্রিপাঠী বলেছন যে রেলমন্ত্রীর পক্ষ থেকে ছাত্রদের যাত্রায় ছাড় দেওয়া সত্যিই প্রশংসনীয় কাজ। রেলমন্ত্রী ছাত্রদের এই ছাড় দিয়ে তাদেরর খুবই স্বস্তি দিয়েছেন। সেখানেই দিল্লী বিশ্ববিদ্যালয় থেকে এম.এ. করতে থাকা বিজয় মিশ্রা বলেছেন রেল মন্ত্রীর এই প্রস্তাব স্বাগত যোগ্য। বিজয় বলেছেন যে এতে সুদুরবর্তী অঞ্চল থেকে পরীক্ষা দিতে আসা বিদ্যার্থীদের খুবই সাহায্য হবে। সেইখানে রামযস কলেজের ছাত্র আশীষ ভারদ্বাজ বলেছেন যে তিনি লাগাতার প্রতিযোগী পরীক্ষাগুলি দিয়ে থাকেন। প্রত্যেক বার রেল যাত্রায় তাকে বহু টাকা খরচ করতে হয়। যদিও আশিষ মনে করেন যে রেলমন্ত্রীর অধিক ছাড় দেওয়া উচিৎ ছিল, কিন্তু সে এই ছাড়ে ও সন্তুস্ট।

হিন্দু কলেজে বেনারস থেকে পড়তে আসা আদিত্য সিংহ বলেছেন যে রেলমন্ত্রী ছাত্রদের রেল যাত্রায় ছাড় দিয়ে তাদের বহু অসুবিধাকে হাল্কাকরে দিয়েছেন। এবার ছাত্রদের পরীক্ষা দিতে ভাড়া নিয়ে অসুবিধায় পড়তে হবে না। তিনি রেল বাজেটকে খুবই ভাল বলেছেন।

মিথিলাঞ্চলে রেল-বাজেটে মিশ্রিত প্রতিক্রিয়া

রেল বাজেটে মিথিলাঞ্চলে রাজনৈতিক দলগুলির মিশ্রিত প্রতিক্রিয়া এসেছে। বিরোধী পার্টিগুলি রেল নিরাপত্তা ও রক্ষণা-বেক্ষণের সংস্কারে বিশেষ উপায় না করাতে চিন্তা ব্যক্ত করেছে।

জেলা রাস্ট্রীয় যুব জনতা দলের অধ্যক্ষ ডা. রামপ্রবেশ পাসোয়ান বলেছেন যে ভারতীয় রেলকে ডুবতে থাকা জাহাজ ভাবা হচিছল, সেটাই লালু প্রসাদের মন্ত্রীত্বকালে মুনাফায় আছে।

'দ্বরভঙ্গা ডিবীজনলে চেম্বার অফ্ কামর্স'-এর অধ্যক্ষ পবন কুমার সুরেকা বাজেটকে স্বাগত যোগ্য বলেন। তিনি বলেন যে রেল এবং মাল ভাড়া কমিয়ে রেলমন্ত্রী উল্লেখনীয় কাজ করেছেন।

ভা.জ.পা.র প্রাক্তন সাসংদ কীর্তি আজাদ বলেছেন রেলবাজেট জনস্বার্থে নাই। তিনি বলেছেন যে বাজেটে রেল ভাড়া আরো কমানো উচিৎ ছিল। ট্রেনের সংখ্যার সাথে-সাথে ট্রেনে জেনারেল বগির সংখ্যায় করা বৃদ্ধি যথেস্ট নয়।

বাজেটে মিথিলাঞ্চলের উপেক্ষা করা হয়েছে।

ভা.ক.পা.র মিথিলাঞ্চলোর ভারপ্রাপ্ত ধীরেন্দ্র কুমার ঝা যাত্রী ভাড়ায় দেওয়া ছাড়কে স্বাগতযোগ্য বলেন, তার সাথেই 'গরীব রথ'-এর নামে ধনীদের ছাড় দেওয়ার ষড়যন্ত্রের নিন্দা করেন।

তিনি বলেন চোর দরজা দিয়ে রেল ওয়ের ব্যক্তি মালিকানার দেওয়ার প্রয়াস রেলমন্ত্রী দ্বারা করা হচেছ যা বর্দাস্ত করা হবে না।

তিনি বলেন যে যাত্রীদের নিরাপত্তা এবং ট্রেনগুলির রক্ষানবেক্ষন কে এই বাজেটে প্রাথমিকতা দেওয়া হয়নি এবং নতুন ট্রেন চলার ফলে লাইনগুলিতে চাপ বৃদ্ধির কারণে নতুন বিপদদেখা দিতে পারে।

দৈনিক রেলযাত্রী সংঘের সচিব রমাকান্ত লাল দাস ওরেল বাজেটের প্রশংসা করেন। নতুন ট্রেন চালানোকে স্বাগত জানিয়ে বলেন যে মিথিলাঞ্চল কেও তার অধিকার দেওয়া উচিৎ।

(ঘ) বিশেষ

মালগ্রাহকদের সমন্বয় সমিতির 10 ই মে, 2007 এ সম্পন্ন মিটিং-এর জন্য মাননীয় রেলমন্ত্রী শ্রী লালু প্রসাদ যাদবের ভাষণ

1. আজকের এই বৈঠকে আমি সর্বপ্রথম নিজের মালগ্রাহকেদর এবং পদাধিকারীদের আন্তরিকভাবে ধন্যবাদ দিতে চাই, যাদের অকুণ্ঠ সমর্থন এবং সাহায্যে আমরা এই বছর 20.000 কোটি টকা ক্যাশ সারপ্লাস অর্জিত করার ঐতিহাসিক কীর্তিমান স্হাপন করি। আজ ভারতীয় রেলের অপারেটিং রেশিয়ো বিশ্বের সমস্ত রেল প্রণালীর মধ্যে সর্বোত্তম এবং এটা 78%-এর ন্যুনতম স্তরে গিয়ে দাঁড়িয়েছে। রেলওয়ে কয়েক দশকের পর সীমেন্ট এবং স্টীলের পরিবহন বাজারে নিজের অংশীদায়ী-বৃদ্ধি ঘটিয়েছি। আমরা এই আমুল পরিবর্তন ভাল্যুম গেম খেলে এবং বাজারের প্রয়োজন অনুযায়ী তৈরী করা নীতিগুলির ফলে নিজের গ্রাহকদের মন-জয় করে করারত্ব করেছি এই মনোভাবকে বজায় রাখার জন্য আমরা গ্রাহকদের কাছ থেকে প্রাপ্ত ফীড ব্যাক কে নজরে রেখে নিম্নকিত পদক্ষেপ নিয়েছি–

(1) গ্রাহকদের দাবীর ভিত্তিতে আমরা 140 অথবা তার থেকেও ওপরের শ্রেণীর ওপর বহনকরা বস্ত্রের মিনী র‍্যাক এবং টু পোয়েন্ট র‍্যাক-এর ওপর শতকরা 10% দরে দেয় সরচার্জকে আগামী আদেশ পর্য্যন্ত স্থগিত রাখার সিদ্ধান্ত নিয়েছি।

(2) খালি ফিরে আসা বি.সি.এন অথবা বোক্স নং গাড়ীগুলিতে করা ইক্রীমেন্টাল লোডিং-এর ওপর শতকরা 30% দরে দেয় এক্টটি প্লো ডিস্কাউন্ট-এর গণনা মার্চ, 2010 পর্যন্ত 2005-06 সনে করা লোডিংকে ভিত্তি ধরে করা হবে।

(3) আমি সীমেন্ট এবং স্টীল শিল্প সহ নিজের সমস্ত গ্রাহকদের কে অনুরোধ করছি যে রেলের সাথে 5 থেকে 30 বছরের দীর্ঘ কালীন এগ্রীমেন্ট সাইন করার জন্য এগিয়ে আসুন। ব্যস্ত সময়েও এগ্রীমেন্ট সাইন করা গ্রাহকদের র‍্যাক-এর প্রাপ্তি গ্যারান্টির ভিত্তিতে দেওয়া হবে। এই ধররে এগ্রীমেন্টের জন্য আবেদন প্রাপ্ত হবার অধিকতম দুই মাসের মধ্যে রেওয়ে বোর্ড দ্বারা সিদ্ধান্ত নেওয়া হবে।

(4) লোডিং টার্মিনল এবং সাইডিং-এর বিকাশ এবং আধুনিকীকরণের জন্য আমরা গত বছর নতুন সাইডিং নির্মাণের জন্য 50% অর্থ রেল দ্বারা বহন করার এবং ইঞ্জিন আনলোড স্কীমের অধীনে 5% ফ্রেট ডিস্কাউন্ট দেওয়ার পরিকল্পনা শুরু করেছিলাম। বহু গ্রাহক এই পরিকল্পনায় উপকৃত হয়েছে। আমি অনুরোধ করতে চাই যে সীমেন্ট, স্টীল শিল্প সহ সমস্ত গ্রাহক এই পরিকল্পনাগুলির সুযোগ গ্রহণ করে উপকৃত হোক।

(5) এই ধররেণ পরিকল্পনা আমরা আনলোডিং টার্মিনলোর বিকাশ এবং আধুনিকীকরণে ও লাগু করতে চাই। আনলোডিং টার্মিনাল এর ওপর ওয়েব হাউসের সুকিধা না হবার ফলে সীমেন্ট এবং স্টীল ইত্যাদির গ্রাহকদের 80 থেকে 200 টাকা প্রতিটন পিছু অতিরিক্ত খরচ করতে হয় এবং মাল সরাতে দেরী হলে ওয়ার ফেজ ইত্যাদির ও পরিশোধ করতে হয়। এমন টার্মিনাল যা এখন বেকার পড়ে আছে অথবা যেখানে ট্রাফিক খুবই কম, যদি গ্রাহক নিজের খরচায় বিকসিত করতে চান, তাহলে রেলওয়ে তাদের লীজ দিয়ে দেবে, শর্ত হচেছ গ্রাহক একটি নির্ধারিত ট্রাফিক গ্যারান্টি দিতে রাজী হয়। আমি স্টীল এবং সীমেন্ট শিল্প সহ সমস্ত গ্রাহকদের অনুরোধ করতে চাইব যে তারা এ ধরণের টার্মিনাল চয়ন করে জোনাল রেলওয়ে এবং রেলওয়ে বোর্ডকে আগামী

15দিনে সুচিত করুক, যাতে সময় সীমা অনুযায়ী উচ্চ প্রাথমিকতার ভিত্তিতে এ ধরনের টার্মিনাল নির্মাণের জন্য চুক্তিবদ্ধ হওয়া যেতে পারে।

(6) কয়েকজন গ্রাহক অভিযোগ জানিয়েছেন যে ফ্রেট ডিস্কাউন্ট স্কীম সম্পকৃত আবেদনে সিদ্ধান্ত নিতে যথেস্ট দেরী করা হয়। আমি সিদ্ধান্ত নিয়েছি যে কোন ও ফ্রেট ডিস্কাউন্টের পরিকল্পনার সিদ্ধান্ত আবেদন প্রাপ্ত হবার দুই মাসের মধ্যে অনিবার্যভাবে জোনাল প্রশাসন দ্বারা নেওয়া হবে। যদি আবেদনের ওপর সিদ্ধান্ত রেলওয়ে বোর্ডের স্তরে হয়, তাহলে অধিকতম তিন মাসের সময় সীমার মধ্যে সিদ্ধান্ত নেওয়া হবে।

(7) এই ধরনর গ্রাহকদের কাছ থেকে অভিযোগ পাওয়া গেছে যে রিফণ্ড, ক্লেম ইত্যাদিতে খুবই দেরী হয়। এই অভিযোগগুলিকে দূর করার জন্য আমি সিদ্ধান্ত নিয়েছি যে প্রত্যেক তিনমাসের প্রথম সপ্তাহে গ্রাহকদেরকে রিফণ্ড ক্লেম ইত্যাদির বকেয়া মামলাগুলির সমাধানের জন্য সমস্ত জোনালরেলওয়েতে বিশেষ শিবির আয়োজিত করা হবে। শিবিরের আগের দিন মহাপ্রবন্ধক দ্বারা একটি বৈঠক করা হবে। মহাপ্রবন্ধক এটা সুনিশ্চিত করবেন যে তিন মাসের বেশী কোন মামলা যাতে ঝুলে না থাকে।

3. আমার আশাই নয় পূর্ণ বিশ্বাস যে আমরা গত বছরের মতো স্টীল এবং সীমেন্ট শিল্পের ট্রেফিক এ ডাবল ডিজিট প্রগতি দর বজায় রাখতে সফল হব এবং 2011-12 সাল পর্যন্ত এই দুটি শিল্পের পরিবহনে রেলওয়ের অংশীদায়ী 200-200 মিলিয়ন টন হবে।

4. এই ভাবে আমরা ফ্রেট ফারবডিং এর কাজ করা গ্রাহকদের আরো বেশী সুবিধা দেওয়ার জন্য ফ্রেট ফারবর্ডর পরিকল্পনাকে আরো অধিক উদার করেছি, যার বিবরণ এইভাবে আছে–

   1. কয়লা সীমেন্ট, সার এবং সমস্ত ধরনের খনিজ পদার্থকে ছাড়া অন্য বস্তুগুলিকে খালি ফেরত গাড়ীগুলিতে ফ্রেট ফারওয়ার্ড দ্বারা 700 কি.মি. থেকে অধিক দূরত্বের জন্য গুড্স শেড্স থেকে লোডিং করা হলে বি.সি.এন.-এর জন্য শ্রেণী 100 এবং বোক্স নং এর জন্য শ্রেণী 90 এর ভাড়া দেয় হবে। এ ধরণের র‍্যাকে একটি অথবা মল্টী-কমোডিটীর লোডিং করা যেতে পারে।
   2. এই ধরনের ছোট শিল্পগুলির এবং ব্যবসায়ীদের সুবিধার জন্য আমরা একই গাড়ীতে এক থেকে বেশী বস্তুগুলিকে বহন করার পরিকল্পনাকে

স্বীকৃত দিয়েছি। এভাবে এখন মাল্টি কমোডিটী র‍্যাকের বহন সম্ভব হয়ে যাবে। একই গাড়ীতে একাধিক এমন বস্তুগুলি লোড করলে, যার ভাড়া শ্রেণী 110 অথবা তার থেকে বেশী আছে, তখন সেইভাড়া এবং শ্রেণী 100 অথবা তার থেকে নীচের শ্রেণীকে সুচীবদ্ধ বস্তুগুলির ওপর এক শ্রেণী অধিক ভাড়া দেয় হবে।

5. আমি নিজের সমস্ত গ্রাহকদের অনুরোধ করতে চাই যে তারা গত তিন বছরের মতো এই বছর ও রেলওয়ে কে বেশী বেশী করে ট্রাফিক লব্ধ করান। আমর গ্রাহকদের লাভের জন্য ফ্রেট ডিস্কাউন্ট, র‍্যেশন ইন্ভেস্টমেন্ট এবং সাইডিং নির্মাণের বহু পরিকল্পনা গলি লাগু করেছি। যদি এই সব পরিকল্পনাগুলি কার্যকরী করতে কোন সমস্যা হচেছ, তাহলে তারা নিঃসংকোচ আমাদের বৈঠকে জানান। এই পরিকল্পনাগুলিকে আরো ভালো ভাবে লাগু করার জন্য তারা নিজের বহুমূল্য পরামর্শগুলি ও আমাকে জানান। আমি প্রতিশ্রুতি দিতে চাই যে আজকের বৈঠকে যা কিছু পরামর্শ প্রাপ্ত হবে। তার সমীক্ষা করে 31 শে মে পর্যন্ত অবশ্যই সিদ্ধান্ত নেওয়া হবে। আমার দৃঢ় বিশ্বাস যে গ্রাহকদের সাহায্যে আমরা আগামী পাঁচ বছরে রেলওয়ে বহন গত বছরের 726 মিলিয়ন টন থেকে 1150 মিলিয়ন টন পর্যন্ত বৃদ্ধি করতে সফল হব।

ধন্যবাদ

জয়হিন্দ

□□□

অধ্যায়–ছয়

রেলমন্ত্রী লালু প্রসাদ দ্বারা দেখানো রেলওয়ের মুনাফার রহস্য

(সিনিয়ার আই.এস.এস. এবং রেলমন্ত্রীর ও.এস.ডি. শ্রী সুধীর কুমারের সাথে কথার ভিত্তিতে)

আজ ভারতীয় রেলকে 'মুনাফার রেল' বলে সম্মান দেওয়া হচ্ছে তখন এর পেছনে দৃঢ় রণনীতি, দূরদৃষ্টি এবং পরিকল্পনাগুলিকে সৎভাবে কার্যকরী করার মহতী ভূমিকা আছে, ভারতীয় রেলের কাজের সমীক্ষার জন্য গঠন করা ডা. রাকেশ মোহন সমিতি রেলকে 'ডুবন্ত জাহাজ' বলে এর দেউলিয়া হবার ভবিষ্যতবানী করেছিলেন। তিনি বলেছিলেন যদি রেলওয়েক বাঁচাতে হয়, তখন কর্মচারী কম করে ভাড়া বৃদ্ধি করতে হবে, তাও যদি বেঁচে যায় তাহলে সন্তোষ। সমিতি বলেছিল যে যদি ওমলেট করতে হয় তখন ডীম-ভাঙ্গতেই হবে অর্থাৎ কাউকে না কাউকে তো আত্মত্যাগ করতেই হবে। রেলওয়ে মোট কর্মচারীদের সংখ্যার মধ্যে 5 লক্ষ কর্মচারীকে ঘরে বসতেই হবে। আমরা রেলোর 12 লক্ষ পেন্সনর্সকে পেন্সন ও দিতে পারিনা। ভারত সরকারকেই পেন্সন-এর দায়িত্ব বহন করতে হবে।

সমিতি এটা বলেছিল যে যদি 7 বছরর পর্যন্ত লাগাতার 10% ভাড়া বৃদ্ধি করা যায়, তাও রেলের লোকসান পুরো হওয়া সম্ভব মনে হয় না। তার সাথে ভারতীয় রেলওয়েকে হাসপাতাল, স্কুল, রেলওয়ে কারপোরেশন-এর মত জনস্বার্থবাহী প্রকল্প ও বন্ধ করতে হবে।

যখন থেকে রেলমন্ত্রী শ্রী লালু প্রসাদ দায়িত্বভার নেন, তখন থেকেই তিনি এর স্বার্থ সাধনের লক্ষ্যে গভীরভাবে চিন্তা করতে থাকেন। কোন আমূল পরিবর্তন বিনা রক্তপাতে সম্ভব নয়। তাঁর চিন্তা অনযায়ী তিনি রুগীকে এমন ঔষধ দিতে পারেনা যাতে রুগীর সাথে তার পরিজনরাও কষ্ট পায় আমরা তা জন সেবক গণতন্ত্রে জনগণের দিকে নজর দিতে হয়। তিনি

বলছেন যে আমেরিকায় একটি টিকিট 5 ডলারের যখন আমাদের এখানে মুম্বাই এ 2 থেকে 4 ডলার-এরমাসিক টিকিট আছে। আপনি ভাবতে পারেন যে ভারতীয় রেলওয়ে কত সস্তা, তা সত্ত্বেও আমরা 20.154 কোটি টাকার মুনাফা উপার্জন করেছি।

তার অনুযায়ী আমরা বাংলাদেশের নোবেল পুরস্কার বিজেতা মোহম্মদ ইউনুস-এর সিদ্ধান্ত পালন করেছেন যে সমাজের শেষ প্রান্তের লোকদেরও নিজের গ্রাহক তৈরী করতে হবে। অর্থশাস্ত্রী সি.কে. প্রল্হাদ-এর মতের সাথেও আমরা একমত যে ব্যবসায় বৃদ্ধি করে বিনিয়োগ কমাতে হবে। ভারতীয় রেলওয়ে না কেবল গরীবদের সেবা করেছে বরং কর্মচারীদের ছাটাই ও করেনি এবং 20.154 কোটি টকা উপার্জন করেছে।

লালু প্রসাদ জী রেলওয়েকে মুনাফা প্রাপ্ত করাের জন্য ত্রি-সুত্রী ফর্মূলা'র প্রয়োগ করার স্হির করেন। তার প্রথম 'ত্রি ফর্মূলা' হচেছ দ্রুতগাড়ী, ভারী গাড়ী, দীর্ঘ গাড়ী।

দ্রুতগাড়ী

আমাদের এখানে 4,000 মাল গাড়ী চলছে, যার মধ্যে 2.20.000 ওয়াগান বগি আছে। একদিনে 500 মাল গাড়ী চলছে। আমরা 300 গাড়ী বৃদ্ধি করে 800 টি মালগাড়ী করেছি। আগে একটি মালগাড়ী 8 দিনে ফিরে আসত, আমি ফেরত এরসময় সীমা 5 দিন নির্ধারিত করেছি। এতে পরিক্রমা বৃদ্ধি পায় এবং আমাদের মুনাফা হয়।

ভারী গাড়ী

আমরা 500 জায়গায় 800 মালগাড়ী বাড়িয়েছি। প্রত্যেক মালগাড়ীতে 50টি বগি হয়। আমরা প্রত্যেক বগিতে আরো 6.8 টন মাল চাপিয়ে দিয়েছি। এত মাল আগেও অতিরিক্ত চাপানো হত, কিন্তু লুকিয়ে চুরিয়ে। এতে রেকে লোকসান হত। আমাদের 6.8 টনে 4000 কোটি টাকার মুনাফা হয়।

দীর্ঘ গাড়ী

একটি গাড়ীতে গড়পড়তা 14টি বগি হয়। আমরা সেই জায়গয়া 20 থেকে 24টিখ বগি দিয়েছি। ভারতীয় রেলওয়ে প্রতিদিন 1100 মেল-এক্সপ্রেস গাড়ী চালায়। আগে 500-600 পর্যন্ত 'ওয়েটিং' থাকত, 10 টি অতিরিক্ত বগি বৃদ্ধি করে দেওয়াতে 'ওয়েটিং'-এর সমস্যা অনেকটা সমাধান হয়ে গেছে। আমরা 400 টি 'পপুলার ট্রেন'-এ 5-6 আরো বগি জুড়ে দিয়েছি যার ফলে যাত্রী সংখ্যা বৃদ্ধির সাথে 'ওয়েটিং লিস্ট' কমে আসে। এই বছর আমাদের পরিকলপনা

হচেছ। 200 টি বগি যুক্ত করার। 'দীর্ঘ গাড়ী পরিকল্পনা'র আমরা 3200 কোটি টাকা উপার্জন করি। কিছু ট্রেনে আমরা বগীও কমিয়ে দি, কেননা সেটায় যাত্রী ও কম ছিল।

আমরা অধিক 'হার্স পাওয়ার'-এর লোকো তো কিনে নিয়েছি, কিন্তু প্লাটফর্ম এবং ট্রেনের দীর্ঘত্বকে বাড়াতে ভুলে যাই। তার অনুযায়ী শ্রী লালু প্রসাদ জীর মত আমরা জার্সী গরুতো কিনেছি। কিন্তু তার দুধ বার করিনি, তাই গরু রুগ্ন হয়ে পড়েছে।

ও.এস.ডী. শ্রী সুধীর কুমার অনুযায়ী লালুজীর দ্বিতীয় 'ত্রিমুত্রী' ফর্মুলা হচেছ–প্যাশন, কম্প্যেশন, ইনোভেশন।

প্যশন

ভারতীয় রেলওয়ের ইতিহাসে কোন পূর্ববর্তী রেলমন্ত্রীর মধ্যে উদ্দীপনায় ঘাটতি ছিল। 'রিস্ক' নেওয়ার দম ছিলনা। এই কারণেই রেলের কোন লাভ হয়নি, যেখানে অন্য সংস্থাগুলি একে ভরপুর শোষণকে। মাননীয় রেলমন্ত্রী শ্রী লালু প্রসাদ জী ভারতীয় রেলকে সীমাহীন ভাল বেসেছিল এবং নিজের দৃঢ় সংকল্প দ্বার একে বিশ্ব রেলের মাথার মুকুট পরিয়ে দেন।

কম্প্যাশন

শ্রী লালু প্রসাদ একএন 'ট্রেফিক পলিসী' তৈরী করেন যেটায় বছরের 12 মাসে রেট এক সমান রাখা হয়নি। যখন অর্থব্যবস্থায় তেজীভাব আসে তখন 'রেট', বাড়িয়ে দেওয়া হয় এবং মন্দার সময়ে ছাড় দেওয়া হয়। মন্দারসময়ে আমরা 15 থেকে 45% পর্যন্ত ছাড় দিয়েছি, যেখানে 'পীক সীজনে' এ আমরা শতকরা 5% পর্যন্ত সরচার্জ নিয়েছি।

ইনোভেশন

একটিট্রাক দিল্লী থেকে গৌহাটি পর্যন্ত মান-বহন করার জন্য 40,000 টাকা নিচেছ এবং ফেরার সময় 8 থেকে 18000 টাকা তুলছে, যেখানে রেলওয়ে দুই দিকেই সমান ভাড়া নিচেছ এতে, রেলের গ্রাহক ভেঙ্গে পড়ে। আমরা খালী রুটে 30 থেকে 45% পর্যন্ত 'ডিস্কাউন্ট' দিয়েছি এবং ব্যস্ত রুটে সবচার্জ বাড়িয়ে দিয়েছি। বিগত 10 বছরে সড়ক-পথের রেট আড়াই গুন বৃদ্ধি পেয়েছে, যেখানে আমরা আমাদের রেট কমিয়েছি। আমরা এমন কাহিনী–লিখেছি, যেটায় রেলওয়ে গ্রাহক এবং দেশ নিশ্চিতভাবে জয়ী হবে। আমরা 'ডাবল কাস্টমর ট্রিপল ইকোনমী' ওয়ালা সিদ্ধান্ত লাগু করেছি। রেলের ইতিহাসে প্রথমবার এ.সি.র প্রথম শ্রেণীর 24% এ.সি. দ্বিতীয় শ্রেণীর 18% এবং এ.সি.

তৃতীয় শ্রেণীর 40% ভাড়া কমিয়েছি। আমরা 20% থেকে 50% পর্যন্ত ভাড়া কমিয়েছি, লোকাল ট্রেনে 2% ভাড়া কমিয়ে ও আমরা 20.154 কোটি টাকার মুনাফা অর্জন করেছি।

শ্রী কুমার বলেছেন যে লালু প্রসাদজীর তৃতীয় 'ত্রি-মুত্রী ফর্মুলা হচ্ছে–সংগঠন, সিস্টম, লীডারশিপ

রেলমন্ত্রীর মতে যে ব্যবসায়ীর মনে দোষ এসে যায় তাকে ভগবানও রক্ষা করতে পারেননা। যদি কোন সংগঠনের টপ লীডারশিপ সৎ হয় তাহলে অধীনস্থ কর্মচারী নিজে থেকেই সৎ পথে চলতে থাকে। এই কথা লালুজীর ওপর খাটে। শ্রী সুধীর আরো বলছেন যে মন্ত্রী জী পুরো সততা দ্বারা ভারতীয় রেলওয়েকে এগিয়ে দেন, যার সুপরিণাম আপনার এবং আমাদের সামনে আছে।

শ্রী লালুজী অনুযায়ী

এখন তো পুরো ঝলক বাকী আছে।
জাদু দেখেছো, টোনা দেখেছো,
এখন ইন্দ্রজালের খেলা বাকী আছে।।

আগে রেলওয়ে গ্রাইকদের প্রজা মনে করতো, আমরা গ্রাহকদেরকে ভগবানের আসন দিয়েছি। আগে টাটা, স্টীল ও জিন্দাল সেল আমাদের সম্মানিত গ্রাহক ছিলেন, পরে তারা আমাদের ঘাটতির কারণে আমাদের থেকে আলাদা হয়ে যায়। আমরা তাদের সাথে বৈঠক করে তাদেরমন ছুই, তখন তারা বলেন যে, ভারতীয় রেলওয়ে মালকে দেরী তে পৌঁছায়। তারা মালকে আমাদের নির্ধারিত জায়গায় নামান না। তৃতীয় মাল বুক করার তাদের এক নিশ্চিত মাপদণ্ড আছে।

মাননীয় রেলমন্ত্রী জী বলেন আপনি যেখানে মাল নামাতে চান, নামাতে পারেন 5 কোটি টনের বদনে 500 টন মাল বুক করাতে চান, তাহলে আমাদের আপত্তি নেই। এই নীতির দ্বারা আমাদের গ্রাহকদের মধ্যে 36% এর বৃদ্ধি ঘটে।

ভারতীয় গণতন্ত্রের 60 বছরের ইতিহাসে প্রথমবার আমরা শেয়ার গেম 'খেলি এবং তাতে সফলও হই।

আমাদের উদ্দেশ্য বাক্য হচ্ছে–কম বিনিয়োগ, ফটাফট পরিকল্পনা, এবং রিটর্ন তাড়াতাড়ি' সফল প্রমাণিত হয়।

ভারতীয় রেলের নিস্ঠাবান ও কর্মঠ অধিকারী শ্রী সুধীর কুমার বলছেন যে, অন্তিম 'ত্রি-মুত্রী ফর্মুলা' হচ্চে – লেররেজিং, সিনার্জী, আপ্টীমাইডেজশান।

অতীতে এই অভিযোগ ছিল যে রেলের কর্মচারী কোন ও কাজে সহযোগিতা করেননা। শ্রী লালু প্রসাদ জী এক এবং এক দুইএর জায়গায় এক এবং এক এগারোর বাকবিধিকে প্রয়োগে নামিয়ে তাকে এক গ্রুপের মতো কাজ করার প্রেরাণ জুগিয়েছেন, যার ফলে তারা স্বয়ং কাজের প্রতি মেনোযোগী হয় এবং ভারতীয় রেলের আমূল পরিবর্তনের অংশীদার হন। এত প্রোডাক্টিভিটির সাথে সাথে মুনাফা ও বৃদ্ধি পায়।

তিনি মনে করেন যে মালগাড়ীগুলি আমাদের উপার্জনের সাধন, যেখানে রেলগাড়ীগুলি হচেছ আমাদের পরিসেবার স্রোত।

বাস্তবে মাননীয় রেলমন্ত্রী জী নিজের মায়ের শিক্ষা–জার্সী গরুকে না দুইলে তাহলে সে রুগ্ন হয়ে পড়বে। ভারতীয় রেলে সফল প্রয়োগ করেন এবং তাকে কোটি কোটি টাকা মুনাফা করান।

□□□

অধ্যায় - সাত

ভারতীয় রেলের সংক্ষিপ্ত ইতিহাস

ভারতে রেলের গোড়াপত্তন হয় 15ই এপ্রিল, 1853 সনের শনিবার দুপুর 3.35 মিনিটে। এর আগে চতুর্দশ শতাব্দীতে রেলগাড়ী চলতে শুরু করে। সেই সময় পাষাণ নির্মিত ট্র্যাক দিয়ে রেলগাড়ী চলত। যেটা গ্রীসে তৈরী করা হত। পরে কাঠের ট্র্যাক তৈরী হল। এই ট্র্যাককে স্টীলের প্লেটের সঙ্গে শক্ত করে জুড়ে তৈরী করা হয়েছিল। রেলগাড়ীর ইঞ্জিনের "ফ্ল্যেঞ্জ হুইল" জার্মানিতে আবিস্কৃত হয়। "ফ্ল্যেঞ্জ হুইল" রেলোর চলমান কামরাগুলির ঢাকা, যাতে ফ্ল্যেঞ্জ লাগান থাকে যেটা চলার সময়ে রেলগাড়ীর দিক নির্ণয় করে।

1789 সনে ব্রিটেনের ইঞ্জিনিয়ার "মি. উইলিয়াম জেসপ সর্বপ্রথম লোহার রেল তৈরী করেন। এই রেল লোহার খনিতে তৈরী করা হয়। এটা সীমিত জায়গায় চলাচলের জন্য পাতা হলেও এর উপর দিয়ে অধিক মাল বহন করা সম্ভব হয়ে ছিল।

1825 সনে ইংরেজের দেশ "গ্রেট-ব্রিটেন" (Great Britain)-এর স্টকটন আর ডালিংটন শহরের মাঝে পৃথিবীর প্রথম রেলগাড়ী চলে। এটা সর্বপ্রথম জন্তু-জানোয়ার দিয়ে টানানো হত। এর ভেতরে ঘোড়া ছিল সবচাইতে উপযোগী আর সারা দিনে ক্রমাগত কাজ করে যেত।

1814 সনে. জর্জ স্টিফেন্স স্টীম ইঞ্জিনের আবিস্কার করেন, যাকে "স্টীম লোকোমোটিভ" নামে জানা যায়। পরে এর ক্রমাগত উন্নতি হতে থাকে। 1821 সনে জর্জ স্টিফেন্স রেলের নির্মাণ কার্য শুরু করেন, আর এটা তৈরী করতে চার বছর লেগে ছিল অর্থাৎ 1825 সনে এই নির্মাণ কাজ পুরো হয়। বিশ্বের প্রথম ইঞ্জিনের নাম ছিল "লোকোমেশন"। 1825 সনে ইংল্যাণ্ডে শুরু এই রেল, আমেরিকা হয়ে অষ্টাদশ শতাব্দীতে ভারাতে পৌঁছায়। 1829

সনে ফ্রান্সে, 1830 সনে আমেরিকায়, 1839 সনে হল্যাণ্ড আর ইতালীতে এবং 1848 সনে স্পেনে রেল ব্যাবস্হা শুরু হয়। 1832 সনে ভারতবর্ষে মাদ্রাজে রেল তৈরী করার কথা বিবেচনা করা হয়। ব্রিটেনের সংসদে একটা রিপোর্ট প্রোষিত করা হয়। এতে ঘোড়ায় টানা রেলগাড়ী চালানোর প্রস্তাব ছিল, কারণ ইংরেজদের লক্ষ্য ছিল এইভাবে ব্যাবসা বাড়ান আর সঞ্চার ব্যাবস্হার উন্নতি করা। সিভিল ইঞ্জিনিয়ার মিঃ আর.এম. স্টিফেন্সের জন্ম হয় 1808 সনে। তিনি ভারতীয় রেলের সবচাইতে বড় প্রবর্তক ছিলেন, আর "ইস্ট ইণ্ডিয়া রেলওয়ে কোম্পানির স্হাপনা করে ছিলেন। সাংবাদিকতার প্রতিও তাঁর যথেস্ট অনুরাগ ছিল। 1895 সনে তাঁর মৃত্যু হয়।"

1844 সনে রেল পথের উদ্বোধন করা হয়। তাঁরা মনে করেন যে এর দ্বারা সেনাবাহিনীকে খুব অল্প সময়ের মধ্যে স্হানান্তরিত করা সম্ভব হবে আর তার সঙ্গে কিছু মাল আর যাত্রীও এক জায়গা থেকে আর এক জায়গায় নিয়ে চলা যাবে।

এর পরে স্হির হয় যে প্রথমে কোলকাতা থেকে মির্জাপুর পর্যন্ত রেলগাড়ী চলবে এবং সেটা কয়লা খনি অঞ্চলের বর্ধমান হয়ে যাবে। এর দ্বারা স্বাস্হ্য আর শিক্ষার প্রসাব ছাড়াও কোন প্রকার আপদ-বিপদেও-খুব উপযোগী হবে।

প্রধান বাণিজ্যিক কেন্দ্র বম্বে যখন এর কথা জানতে পারল তখন সেখান থেকেও রেল চালানোর চাহিদা আসে আর সিভিল ইঞ্জিনিয়ার জর্জ ক্লার্ক সর্ব প্রথম কুর্লা–থানে রেল পথের জন্য পরিযোজনা প্রস্তুত করেন। 1844 সনে একটা সরকারি সমিতিকে তাঁর রিপোর্টটা দেওয়া হয়। ঐ রিপোর্টটা প্রকাশিত হল। তখন সর্বপ্রথম "গ্রেট ইস্টার্ন রেলওয়ের টাউন হলে 1845 সনের 19শে এপ্রিল একটা মিটিং ডাকা হয়, যাতে 100 জন উপস্হিত হয়ে ছিলেন।"যেখানে থানে পর্যন্ত জরীপ করার পর তাঁরা এই নিয়ে গভীর ভাবে 'ভাবনা-চিন্তা' করেন। প্রথম মিটিং করার পরই জী.আই.আর. (গ্রেট ইস্টার্ন রেলওয়ে) ভেঙ্গে দেওয়া হয়।

"দি গ্রেট ইণ্ডিয়ান পেনিনসুলা রেলওয়ে" তৈরী হওয়ার পর, "ইংল্যাণ্ড রেলওয়ে এসোশিয়েশন" কে এর ভেতর বিলীন করে দেওয়া হয়। মিঃ হোয়াইট আর মি. বোরেটের সঙ্গে জন চ্যাপম্যান মিলে "দি গ্রেট ইণ্ডিয়ান পেনিনসুলার রেলওয়ের স্হাপনা করেন। ইংল্যাণ্ড মি.জে. স্টুয়ার্ট বোটিলের, অধ্যক্ষতায় একটা সমিতি গঠন করা হল। সমিতির তরফ থেকে চ্যাপম্যানকে অনুসন্ধান করার জন্য ভারতে পাঠান হল।"

বম্বে কোরিগা (বর্তমানে কল্যাণ) রেল পথের জন্য প্রস্তাব রাখা হল। ইস্ট ইণ্ডিয়া রেল কোম্পানির বোর্ড অফ ডায়রেক্টর্সে রেলের আবশ্যকতাকে মেনে

নেওয়া হল। এতে রেলওয়ের নির্মাণ কার্য আর পরিচালনা বেসরকারি সংস্থার হাতে তুলে দেওয়ার কথা বলা হল যদিও সেগুলিকে নিয়ন্ত্রণ করার বাগডোর থাকবে সরকারের উপরেই। সেই সময় ভারতবর্ষে যাত্রা করা বা যাতায়েত বলে কিছু ছিল না। মাল বহনই আয়ের প্রধান পথ হওয়ার কথা। তাছাড়া ভারতের ভৌগলিক অবস্থান অনুযায়ী এখানে কোথাও ভারি বর্ষা, বন্যা আবার কোথাও তীব্র গরম, ক্ষরা বা কোথাও প্রবল হাওয়া, ঝড় ইত্যাদি হয়ে থাকে। যার ফলে তাদের ইঞ্জিনিয়ারও খুব নাজেহাল হচ্ছিলেন।

1845 সনে এর হিসাব রাখা শুরু হল। সেই সময় ''দি গ্রেট ইণ্ডিয়ান পেনিনসুলা রেলওয়ে কোম্পানি শুরু হল, যেটাকে জী.আই.পী. নামে জানা গেল। ই.আই.আর. ইস্ট ইণ্ডিয়ান রেলওয়ে আর জী.আই.পী. (গ্রেট ইণ্ডিয়ান পেনিনসুলা) ভারতে রেলের প্রথম কোম্পানি ছিল। যার সব কিছু ইংরেজদের হাতে ছিল। তারা এর নিয়ম-কানুন আর আর্থিক নীতি প্রস্তুত করতে পাঁচ বছর সময় নিয়ে নেয়। আর্থিক ব্যাবস্থাও পাঁচ শতাংশ গ্যারেন্টিতে করা হল, যার নির্মাণ আর সঞ্চালন ছিল সরকারি নিয়ন্ত্রণে। এর নীতি অনুসারে সরকার বিনামূল্যে জমি দিতে স্বীকৃত হন। 1849 সনে বেসরকারি সংস্থা আর সরকারের মাঝে এই কড়ার হয়।

1832 সন থেকে মাদ্রাজ একটা প্রধান ভূমিকা নেয়, কিন্তু আর্থিক ব্যাবস্থা ছাড়াই পরীক্ষা-নিরীক্ষা আর জরিপ হয়। বম্বে আর বেঙ্গলে সর্বপ্রথম পরীক্ষা সফল হয়। এরপর মাদ্রাজ রেলওয়ে কোম্পানি পরীক্ষা করায়।''

1952 সনে সর্বপ্রথম লোকোমেটিভ বম্বে পৌঁছাল আর পশ্চিম থেকে পূর্ব দিক পর্যন্ত সফল যাত্রা করল। সেই সময়ে চারিদিকে ছিল উৎসুকতা আর মেলার মত পরিবেশ। বম্বেবাসীরা অতি উৎসাহিত ছিলেন।

বোরিবন্দর থেকে থানের দূরত্ব ছিল 21 মাইল। এই পরিযোজনায় খুব তাড়াতাড়ি কাজ করে নির্দিষ্ট সময়ের আগেই কাজ শেষ করে ফেলা হয়। বোরিবন্দর – থানের মধ্যে রেলপথের নির্মাণ কার্যটা মি. জেম্স জে.ভরকনের নেতৃত্বে পুরো হয়। এই প্রভাবশালী ইংরেজ কর্মকর্তা ছিলেন জী.আই.পী-র প্রধান ইঞ্জিনিয়ার। ঘাটো (বর্তমানের ঘাটকোপার)-এ রেল লাইনের নির্মাণ কার্যটি উনিই করিয়ে ছিলেন।

1853 সনের 16 ই এপ্রিল, শনিবার দুপুর 3.35 মিনিটে এই পথে রেলগাড়ী চলতে শুরু করল। এই গাড়ীতে তিনটি স্টীম ইঞ্জিন লাগান হয়েছিল যথা–সাহেব, সিং আর সুলেমান। আর রেলগাড়ীটিতে সব শুদ্ধ 14 টি কামরা লাগানো হয়েছিল। 57 মিনিট চলে গাড়ীটা বোরিবন্দর থেকে থানে পৌঁছায়। সেখানে সর্ব স্তর, ধর্ম আর জাতের প্রতিনিধি অপেক্ষা করছিলেন, সেখানে উপস্থিত মানুষদের ভূড়ি-ভোজ করানো হল। এই পরিযোজনায়

কাজ করে গ্রেট ব্রিটেনের ইচ্ছে ছিল এর দ্বারা তাদের তুলোর ব্যাবসা ফুলে ফেঁপে উঠুক।

1854 সনে থানে থেকে কল্যাণ পর্যন্ত রেল পথটা পাতা হল। এই অঞ্চলে ইঞ্জিনিয়ারিং-এ অনেক গুরুত্বপূর্ণ কঠিন কাজ করা হল। জী.আই.পী. যদিও একটা বেসরকারি সংস্থা ছিল, কিন্তু তার অর্থনৈতিক, কাজ-কর্মে আর পরিচালন ব্যাবস্থার উপর সরকারি নিয়ন্ত্রণ ছিল। এর ড্রাইভার আর ফোরম্যান দুজনের মধ্যে একটা ভাল পরিচালন ব্যাবস্থা লক্ষ্য করা যায়।

ই.আই.আর. (ইস্ট.ইন্ডিয়ান.রেলওয়ে.) 1854 সনের 15ই আগস্ট হাওড়া আর হুগলীর মাঝে প্রথম রেলগাড়ীটা চালানো হয়। এই ট্রেনটা সকাল 8:30 মিনিটে হাওড়া থেকে ছেড়ে 10টার সময় হুগলী পৌঁছায়। এটা পশ্চিমবঙ্গের প্রথম রেলগাড়ী ছিল যেটা 24 মাইল পথ অতিক্রম করেছিল।

যদিও এই ট্রেনটা 1854 সনে চলেছিল তবুও 1855 সনে এই রেলপথটা নিয়মিতভাবে শুরু করা হয়। এই 1855 সনেই বর্ধমান - রাণীগঞ্জ রেলপথটাও শুরু হয়। 1853 সনে যদিও এই রেলপথটা তৈরী হয়ে গিয়েছিল কিন্তু রেলের কোচ বহনকারি জাহাজ ডুবে যাওয়ায় ঐ কোচগুলি কোলকাতায় না পৌঁছে অস্ট্রেলিয়া পৌঁছে যায়।

1856 সনে 'মাদ্রাজ রেলওয়ে' ভারতে সবপ্রথম 63 মাইল দৈর্ঘ্য রেল পথটা নির্মান করে। এরপর ভারতের বন্দরে সর্বপ্রথম রেলের সূত্রপাত হল। তার পর এটা দেশের অভ্যান্তরীন অংশে বিস্তৃত হয়।

1848 সন থেকে 1856 সন পর্যন্ত লর্ড ডালহৌসী ভারতের গর্ভনর জেনারল ছিলেন। ইংল্যান্ডের রেল ব্যাবস্থা সম্বন্ধে তাঁর যথেস্ঠ অভিজ্ঞতা ছিল। 1853 সনে তিনিই রেল ব্যাবস্থা সংক্রান্ত নিয়ম-কানুন প্রস্তুত করেন। ভারতের রেল ব্যাবস্থার নিয়ম-কানুনকে প্রয়োগ করার ক্ষেত্রেও তাঁর মস্ত বড় অবদান ছিল।

রেল কোলকাতাকে ভারতের উত্তর-পশ্চিম প্রান্তের সঙ্গে যুক্ত করে। এর সাহায্যে দেশের সীমান্তে সৈন্য আর অন্যান্য সামগ্রী পাঠান শুরু হয়। সামরিক দিক দিয়ে এই পথটা খুব গুরুত্বপূর্ণ ছিল। এর দ্বারা বম্বের সঙ্গে উত্তর ভারত যুক্ত হল। ভারতের উত্তর প্রান্তের সঙ্গে পশ্চিমের বন্দরগুলিকে রেলপথ দ্বারা যুক্ত করা হল।

সর্বপ্রথম একটা লাইন পাতা হল। পরে দুইটি লাইনের ব্যাবস্থা করা হল। পুল আর সুরঙ্গের ভেতরেও লাইন পাতার ব্যাবস্থা করা হল। এর পর সমতল আর পার্বত্য অঞ্চলের জরীপ করানো হয়, যার মধ্যে কর্জত-লোনাভলা আর কাসারা-ইগটপুরীর পার্বত্য অঞ্চলই প্রধান ছিল। লর্ড ডালহৌসী ট্রাংক রেলপথের নকশা প্রস্তুত করেন। সমতল আর পার্বত্য অঞ্চলের জরীপ করা হল। ওয়ার্কলে তাপ্তির রেলপথটাকে বিস্তৃত করান। কিন্তু স্বাধীনতা সংগ্রামের

সূত্রপাতের (1857) কারণে রেলের নির্মাণ কার্য বন্ধ করে দেওয়া হল।

1858 সনে মহারাণী ভিক্টোরিয়া 'গ্রেট ব্রিটেনের' রাজ সিংহাসনে বসলেন। তিনি সিংহাসনে বসার পর রেলের নির্মাণ কার্য দ্রুত চলতে থাকে।

রেল পথের কিছু প্রধান বাধাও ছিল, যেগুলি অতিক্রম করা প্রয়োজন ছিল। এই বাধাগুলি হল-পশ্চিম দিকে অবস্থিত পর্বত, মরুভূমি আর ভোরঘাট, উত্তরে হিমালয় পর্বত আর জঙ্গলাকীর্ণ সীমান্ত অঞ্চল পূর্ব দিকে নদী-নালা আর মধ্যে বিন্ধ্যাচল পর্বত। এছাড়া পূর্ব আর পশ্চিমে স্বাধীনতা আন্দোলনও একটা বাধা হয়ে ছিল।

1863 সনে ভোরঘাটের রাস্তা খুলে যায়। 1865 সন পর্যন্ত 8টা রেল কোম্পানি মিলে রেল লাইন পাতা শুরু করল। যার দৈর্ঘ্য ছিল 3500 মাইল। এছাড়া 1400 মাইল দৈর্ঘ্য রেল লাইন বেছানোর কাজ চলছিল। পরিযোজনা অনুসারে 1870 সন পর্যন্ত 5000 মাইল দৈর্ঘ্য রেল পথ তৈরী করে ফেলার কথা ছিল। 1866 সনে দিল্লীর সেতু আর তার সঙ্গে হাওড়া থেকে দিল্লীর রেল পথ তৈরী হল।

1870 সনে এলাহাবাদ হয়ে বম্বের সঙ্গে কোলকাতাকে সংযুক্ত করা হল।

এরপর বী.বী.সী.আই. (বম্বে, বরোদা আর সেন্ট্রাল ইন্ডিয়া বর্তমানে যেটা উত্তর-পশ্চিম রেল পথের অধীনস্থ - তার জন্ম হয়। বম্বে-আগরা রেল পথের নিরীক্ষা করা হয়। 1856 সনে সুরট-ব্রাঞ্চ লাইন, 1861 সনে বলসার্ড-বরোদা রেল পথ 1864 সনে গ্র্যান্ট রোডের সঙ্গে বলসার্ডকে সংযুক্ত করা হল আর 1870 সনে সাবরমতির রেল পথ তৈরী হল।

1871 সনে রায়পুর পর্যন্ত রেল পথ তৈরী হয়ে যায়। যেটা মাদ্রাজের রেল পথের সঙ্গে এসে মিশে যায়। এর ফলে বম্বে ভি.টি.(ভিকটোরিয়া টার্মিনাস) আর মাদ্রাজ ট্র্যাকটা পাতা হয়। স্বাধীনতা সংগ্রামের কারণে এই রেল পথের কাজ শেষ করতে দেরি হয়।

এই সময়ে তিনটি গেজের রেলপথের সৃষ্টি হয় ন্যারো গেজ, ব্রড গেজ আর মিটার গেজ। যেখানে লোকসংখ্যা কম সেখানে ন্যারো গেজ, যেখানে লোকসংখ্যা বেশি সেখানে ব্রড গেজ আর অন্যান্য জায়গায় মিটার গেজের রেল পথ তৈরী হল।

ভারতে এই গেজ প্রণালীর ফলে অসন্তোষ দেখা দেয় যেটার প্রতিধ্বনি ব্রিটিশ সংসদে শোনা যায়। সেখানে এর রাজনৈতিক আর সামাজিক গুরুত্বের কথা উপলব্ধি করা হয়। তারা মনে করলেন যে সেনা বাহিনিকে নিয়ে যাওয়ার জন্য এই গেজ বিভাজন করা উচিত নয়। পাঞ্জাব-সিন্ধ রেল পথ তৈরীর সময় তারা সেটাকে ব্রডগেজ করাই স্থির করলেন।

1968 সনের 1 এপ্রিল, সরকার কোলকাতা আর দক্ষিণ-পূর্ব রেল-কোম্পানি এবং কোলকাতা রেল-কোম্পানি (কে.আর.কে)'র অধিগ্রহণ করেন।

তাঁরা ঠিক করেন যে অস্বাস্থকর আবহাওয়া সৃষ্টি হলেই ভারতীয়দের কাছ থেকে ট্যাক্স আদায় করা হবে। 1869 সনে ঠিক হয় যে সরকার রেল তৈরী করবে।

1674 থেকে 1879 সন পর্যন্ত দূর্ভিক্ষের কারণে মৃত্যুর তান্ডব শুরু হয়। মহিসুর, মাদ্রাজ আর বম্বেতে এই দূর্ভিক্ষের প্রবলতা বেশি ছিল। আনুমানিক 40 লক্ষ মানুষ এই দূর্ভিক্ষের ফলে মারা যান। তাছাড়া মুল্য বৃদ্ধিও সরকারের নির্মাণ কার্যে বাধার সৃষ্টি করে।

1880 সনে দূর্ভিক্ষের জন্য ভারপ্রাপ্ত কমিশানার রেলের গুরুত্বের কথা ব্যাখ্যা করেন। তিনি বলেন যে সুদৃঢ় সঞ্চার ব্যাবস্থা খুব প্রয়োজনীয়। তিনি আরও জানান যে যদি 20,000 মাইল যাতায়াত ব্যাবস্থা শুরু হয়ে যায় তাহলে নির্মাণ কাজ তাড়াতাড়ি হবে যেটা সবার জন্য লাভ দায়ক হবে। দূর্ভিক্ষের সময় আফগান যুদ্ধ শুরু হয়। এই যুদ্ধের ফলে গুরুত্বপূর্ণ সামরিক পথের কথা জানা যায়। তখন ঠিক হয় যে ব্যাবসায়িক সংস্থাগুলি নিজেদের প্রয়োজনীয় রেল পথ নিজেরাই তৈরী করবে আর সামরিক সুরক্ষার জন্য রেল পথ সরকার তৈরী করাবে। 1880 সনে এই নির্মাণ কার্য চলতে থাকে। 9000 মাইলের মধ্যে 2500 মাইল সরকারের দ্বারা নির্মিত রেলপথ ছিল। পাঞ্জাব, সিন্ধ আর রাজপুতানায় প্রধান রেলপথগুলি নির্মিত হয় আর স্থানিয় শাসকরাও রেল পথের নির্মাণ করান। নিজাম রেলওয়ে, কাঠিয়াওয়ার রেলওয়ে, মহিসুর রেলওয়ে, গায়েকওয়াড় রেলওয়ে, ভোপাল রেলওয়ে ইত্যাদি। রেলপথগুলি স্থানিয় শাসকরা তৈরী করেন, এর মোট দৈর্ঘ্য ছিল 550 মাইল।

1879 সনে সরকার ই.আই.আর.(ইস্ট ইন্ডিয়া কোম্পানি) কিনে নেন। 1880 সনে এর জন্য একটি চুক্তি তৈরী হয় যার ভেতরে এই রেল পথের দায়িত্ব, পরিচালনা আর সঞ্চালনের ভার বেসরকারি সংস্থার উপরেই দেওয়া হয়।

1880 সন থেকে রেল যাত্রা দ্রুত গতিতে হতে শুরু করে। 1890 সনে 16,000 মাইল পর্যন্ত এর শাখা বিস্তৃত হয়। সরকারি আর বেসরকারি সংস্থাগুলি একই সঙ্গে হাত মিলিয়ে রেলের নির্মাণ কাজ করে চলে আর দূর্ভিক্ষ এবং যুদ্ধের কষ্টকে কম করার চেস্টা করে।

1888 সনে বম্বের 'ভিক্টোরিয়া টার্মিনাস' তৈরী হয়। 16 লক্ষ টাকায় এর ইঞ্জিনিয়ার মিঃ উইলসন বেল এটার নির্মাণ করেন। মিঃ এফ.ডব্লিউ. সাটিরেস ভিক্টোরিয়া টার্মিনাসের নির্দেশক নিযুক্ত হন। এর মিনার আর গম্বুজের নির্মাণ করা হয় ইতালীয় গথীক প্রথায়। এর প্রধান গম্বুজটার মাথায় একজন মহিলার মশাল হাতে নিয়ে দাঁড়িয়ে থাকা একটা স্ট্যাচু আছে।

1890 সনে রেলওয়ে এক্ট তৈরী হয়। এই এক্টের মধ্যে পরিসেবা, সুরক্ষা, সঞ্চালন, নির্মাণ ইত্যাদি প্রত্যেকটা ব্যাপারে নিয়ম-কানুন তৈরী করা হয়। এই

নিয়মগুলি রেলে শৃঙ্খলার সঞ্চার করে। যার ফলে শাসন ব্যাবস্হায় উন্নতি হয়। 1865 সনে সর্বপ্রথম ভায়খেলা কারখানায় 'জী.আই.পী. লোকোমেটিভ তৈরী করে। জামালপুর কারখানায় 1899 সনে সর্বপ্রথম লোকোমেটিভ তৈরী হয়। প্যারেল কারখানায় বী.বী.সী.আই. শুরু হয়। নানান উন্নতির ক্রম চলতে থাকে। উন্নত ধরণের লোকোমেটিভ মডেল তৈরী করা হল কিন্তু তার মধ্যে তেমন কোন তফাত লক্ষ্য করা যায় নি। যদিও ভারতে ইঞ্জিন তৈরী হচিছল কিন্তু তার সঙ্গে আমদানিও করা হত।

1902 সন পর্যন্ত 33 টা রেল প্রশাসন আর 26,000 মাইল রেল পথ তৈরী করা হয়।

1901 সনে স্যার থমাস রবার্টসনের অধ্যক্ষতায় একটা কমিটি গঠন করা হয়। যার ভেতরে আরও তিনজন সদস্য ছিলেন। রবার্টসন ভারতীয় রেলের নিজস্ব কমিশনার নিযুক্ত হন। এই কমিটির উদ্দেশ্য ছিল রেলের শাসন ব্যাবস্হা আর কার্যকলাপের সমীক্ষা করে ভবিষ্যৎে পরিচালনা করার নীতি স্হির করা হয়। 1903 সনে তিনি নিজের রিপোর্ট পেশ করেন।

1905 সনে রেলওয়ে বোর্ড গঠিত হয়। প্রথমে এটা ডায়রেক্টর, সচীব আর রেজিস্ট্রারকে নিয়ে গঠিত হয়। এরপরে একজন অর্থনৈতিক কর্মকর্তা আর তিন জন সহায়ক সচীবও নিযুক্ত হন।

বিংশ শতাব্দীতে সরকারি মালিকানা বেড়ে যায় আর বেসরকারি সংস্হাগুলির কাছ থেকে সমস্ত রেল লাইন কিনে নেওয়া হয়। 1900 সনে জী.আই.পী. রেলওয়েকে ও সরকার কিনে নেন। বেসরকারি সংস্হাগুলি এখন এগুলিকে লীজের ভিত্তিতে চালাতে শুরু করে।

পার্বত্য অঞ্চলে সর্বপ্রথম দার্জিলিং-এ রেল চলে। এটা ছিল 51 মাইল লম্বা ছিল আর 7000 ফিট উপরে চড়ত। এটা 2 ফিট চওড়া গেজের রেলপথ ছিল আর সর্পিল আকারে তৈরী করা হয়েছিল।

1903 সনে কালকা-সিমলা রেল পথটা শুরু হয়। এটা আড়াই ফিট চওড়া গেজের রেল পথে চলত আর 7000 ফিট উচুতে চড়ত। এর মধ্যে 103 টা সুরঙ্গ ছিল। এই রেল পথের সবচাইতে লম্বা সুরঙ্গটা 5000 ফিট উচুতে অবস্হিত আর এটা 3,752 ফিট চওড়া। এটা তৈরী করতে 1.76 কোটি টাকা খরচা হয়।

1908 সনে মেট্টাপালায়ম থেকে উটি (উচ্চতা 7500 ফিট) প্রায় 29 মাইল দৈর্ঘ্য রেল পথটা 'নীলগিরি পর্বত মালার উপরে তৈরী করা হয়।

1907 সনে বম্বের থেকে প্রায় 60 মাইল দুরে নেরল ম্যথেরান রেলওয়ে (উচ্চতা 2500 ফিট) 2 ফিট চওড়া গেজে তৈরী করা হয়। 12.5 মাইল দৈর্ঘ্য এই রেল পথটা আদামজি পরিভাই মোট দশ লক্ষ টাকায় তৈরী করেন। এই রেলপথটা 1.20 মাইল ঢালু।

1914 সনে শুরু হওয়া প্রথম বিশ্ব যুদ্ধে ভারতও জড়িয়ে পড়ে। সেনা বাহিনি যাতে শীঘ্র তাদের গন্তব্যস্হলে পৌঁছতে পারে তার জন্য রেলের উপরে ভার দেওয়া হল। সেই সময়ে আফ্রিকাকে সহায়তা প্রদান করা হয়। তখন ইঞ্জিন, রেলের কামরা, রেল লাইন তৈরী কারখানাগুলি সামরিক বাহিনির প্রয়োজনীয় জিনিসপত্র তৈরী হতে শুরু করে। এই যুদ্ধের কারণে রেলের অবস্হা একেবারে জড়াজীর্ন হয়ে ওঠে, আর দেখাশুনা না হওয়ায় সম্পূর্ণ রেল ব্যাবস্হা বানচাল হয়ে যায়। ইঞ্জিন আর রেল লাইনগুলি পুরান হওয়ায় রেলের যাতায়াত সীমিত হয়ে যায় যার ফলে জনতার ভেতরে অসন্তোষ দেখা দেয়।

1920 সন পর্যন্ত 37000 মাইল রেল লাইন পাতা হয়ে যায়। 70 বছরের পুরান এই রেল প্রণালীর মধ্যে নানান গোলোযোগ দেখা দেয়। রেলের জন্য তৈরী কোন স্পষ্ট নীতি না থাকায় কোন পরিযোজনা সফল হতে পারছিল না। 1920 সনে স্যার উইলিয়ান একবার্থের অধ্যক্ষতায় রেলকে নিয়ে গবেষণার জন্য সমিতি গঠন করা হয়। এই সমিতির ভেতরে তিন জন ভারতীয় সদশ্য ছিলেন। এই সমিতির প্রধান উদ্দেশ্য ছিল রেলে প্রশাসনিক উন্নতি, অর্থনৈতিক ব্যবস্হায় আর পরিচালনায় উন্নতি আর রেলওয়ে বোর্ডের সংবিধান তৈরী করা। তাঁরা পরামর্শ দেন কেন্দ্রিয় শক্তিটাকে স্বাধীন করে দিতে আর রেলের বাজেট এবং গ্র্যান্টকে তার দ্বারা স্বীকৃতি দিতে রেলের একটা নিজস্ব বাজেট প্রস্তুত করার কথাও স্হির হয়। রেলের আয়-ব্যায়ের হিসাব হিতে হবে। 'একবার্থ সমিতির' দেওয়া নিয়মকে স্বীকার করে নেওয়ার সিদ্ধান্ত নেওয়া হয়। এর কার্যকারিতার জন্য আরও দুইটি সমিতির সৃষ্টি করা হয়।

1922 সনে সারক্লিমেন্ট হিন্ডলে রেলওয়ে বোর্ডের প্রথম চীফ কমিশনার নিযুক্ত হন। এর কিছু দিন বাদে ফাইন্যান্স কমিশনার আর দুইজন সদস্য নিযুক্ত হন।

1924 সনে রেল বাজেটকে মুল বাজেট থেকে আলাদা করে দেওয়া হয়।

1925 সনে ই.আই.আর. এবং জী.আই.পী. কে সরকার নিয়ে নেন।

বিদ্যুৎ এর বিকাশের ফলে রেলের সঞ্চার ব্যাবস্হার উন্নতি ঘটে। যাতায়াত, বহন আর শহরতলী প্রণালীর জন্য এটা খুব উপযুক্ত ছিল। 1919 সনে সর্বপ্রথম (বী.এম.সী.) বম্বে মিউনিসিপাল করপোরেশন) কল্যান - বিরার রেল পথটার বিদ্যুৎকরণ করার প্রস্তাব দেয়। আর 1919 সনের প্রস্তাব অনুযায়ী 1922 সনে বিদ্যুৎকরণ করার জন্য অনুমোদন দেওয়া হয় এবং নিউ হার্বার লাইন তৈরী হল। প্রথম বৈদ্যুতিক ট্রেনটা ভী.টী - কুরলার মধ্যে চলাচল করে।

প্রথম বৈদ্যুতিক ট্রেনটার উদ্বোধন করেন বম্বের তৎকালীন রাজ্যপাল স্যার লোসিলে উইলসন। আর বৈদ্যুতিক ট্রেনের চলাচলের ক্ষেত্রে ভারত বিশ্বের 24তম দেশ হয় আর এশিয়ায় সে তৃতীয় দেশ হয়ে ওঠে। 1928 সনে বী.বী.সী.আই. এর উৎঘটন হয় আর বম্বে-বরিভিলি শাখায় বিদ্যুৎ পরিসেবা

শুরু হয়। 1930 সনের জুন মাসে বম্বে-পুণে বৈদ্যুতিক রেল পথের উৎঘাটন হয় যার উপর দিয়ে ভারতের সর্বপ্রথম ডিলাক্স ট্রেন 'ডেকন কুইন'চলে। 1930 সনে মাদ্রাজ-টমবরম রেলপথের বৈদ্যুতিকরণ করা হয় যার উপর দিয়ে প্রথম মিটার গেজ 'ই.এম.ইউ.' ট্রেন চালানো হয়।

1931 সনে বাজারে মন্দা দেখা দেয়। এর ফলে অর্থ ব্যাবস্হাও প্রভাবিত হয় আর রেলের আয় কম হয়ে যায়।

1931 সনে বর্মা থেকে (বর্তমানের ময়নামর) ভারত যখন আলাদা হয়ে তখন তার দৈর্ঘ্য ছিল 41,000 মাইল।

1939 - 45 সনে দ্বিতীয় বিশ্বযুদ্ধের সময় রেলের অর্থের বোঝা কিছু কম হয় আর যাতায়াত বেড়ে যায়, কিন্তু তার রক্ষণাবেক্ষণ প্রভাবিত হয় আর রেলের সম্পত্তির ব্যাবহার বেড়ে যায়। ইঞ্জিন, ট্রাক আর মালগাড়ীর ওয়াগনগুলি সামরিক বাহিনি ব্যাবহার করতে শুরু করে। রেল কারখানাগুলোতে সামরিক বাহিনির জিনিসপত্র তৈরী হতে শুরু করে আর রেলের উপকরণগুলির রক্ষণাবেক্ষণ হতে না পারায় সেগুলি ধ্বংশ হতে শুরু করে। রেল গাড়ীগুলিতে সামরিক বাহিনির কারণে ভীড়া বেড়ে যায়। 1947 সনের 15ই আগস্ট যখন দেশ স্বাধীন হয় তখন মানুষের ঘৃণা আর বিদ্বেষ রেলের উপর গিয়ে পড়ে।

রেলপথ তখন পূর্ব আর পশ্চিমে বিভক্ত হয়ে যায়। দেশ বিভাগের ফলে আসামের সঙ্গে রেল লিংক বিছিন্ন হয়ে যায় আর যাতায়াত বিপর্যস্ত হয়ে যায়।

1950 সনে চিত্তরঞ্জন লোকোমেটিভ কারখানার গোড়াপত্তন করা হয় প্রতি বছর120টা স্টিম লোকোমেটিভ তৈরী করার জন্য। 1962 সনে বৈদ্যুতিক লোকোমেটিভ তৈরী করার জন্য এখানে অন্য আরো কিছু সুবিধার ব্যাবস্হা করা হয়।

যুদ্ধ আর দেশ বিভাজনের উত্তাপ কমে গেলে আসাম আবার দেশের বাকি অংশের সঙ্গে আবার যুক্ত হয়ে যায়।

1950 সনে বেশ কয়েকটা জনতা এক্সপ্রেস গাড়ী চালানো শুরু করা হল, যাতে কেবলমাত্র দ্বিতীয় শ্রেণীর যাত্রী বাহি রেলের কামরা ছিল, এর ফলে ভিড় কমে গিয়ে যাতায়াত সহজ হয়ে যায়। সারা দেশ জুড়ে 34,000 মাইল রেলপথ ছিল। রেলে তখন রেলতন্ত্র কাজ করত যার মধ্যে 10টি কে সরকার চালাত। 1948 সন পর্যন্ত ভারতে 42টি রেল প্রণালী কার্যকর ছিল, যার মধ্যে 13টি ক্লাস I, 10টি ক্লাস II আর 19টি ক্লাস III -এর অর্ন্তভূক্ত ছিল।

স্বাধীনতার সঙ্গে-সঙ্গে রেল দপ্তর গঠিত হয় আর এতে একজন ক্যাবিনেট স্তরের মন্ত্রী নিযুক্ত করা হয়। এর পরে রেলওয়ে বোর্ডের গঠনে কিছু পরিবর্তন করা হল। বোর্ডের চীফ কমিশনারকে তাঁর অধ্যক্ষ পদে নিযুক্ত করা হল। আঞ্চলিক রেলের প্রধান কর্মকর্তাকে 'জেনারেল ম্যানেজার' আখ্যা দেওয়া হয়। অঞ্চলগুলিকে ডিভিশনে বিভক্ত করা হল আর প্রত্যেকটি ডিভিশনের প্রধানকে 'ডিভিশনাল ম্যানেজার' আখ্যা দেওয়া হল। একশো বছরের পরে ভারতীয় রেল

সংগঠিত হওয়ার পরে সে সম্পূর্ণ রূপে সরকারি নিয়ন্ত্রণে চলে যায়।

মধ্য রেলওয়ের ছবিটা এখন পরিস্কার হয়ে যায়। নিজাম, ধোলপুর আর সিন্ধিয়া রেলওয়ে এখন জী.আই.পী. রেলের সঙ্গে মিলিত হয়ে যায়।

1951 সনে দক্ষিণ, মধ্য আর পশ্চিম রেলওয়ে, 1952 সনে উত্তর, পূর্ব আর পূর্বত্তর রেলের গঠন, 1955 সনে দক্ষিণ-পূর্ব রেলওয়ে, 1958 সনে পূর্বত্তর সীমা রেলওয়ে আর 1966 সনে দক্ষিণ-মধ্য রেলওয়ে গঠিত হয়।

সর্বপ্রথম যাত্রী বহনকারি রেলের কামরাগুলি কাঠ দিয়ে তৈরী করা হত আর বর্ষা আর ঝড়েও সেগুলি খোলা থাকত। 40 বছর পরে এর সঙ্গে বাথরুম সংযোজন করা হয়।

1922 সনে শহরতলীর বৈদ্যুতিক গাড়ীগুলির জন্য ইংল্যান্ড থেকে স্টীলের তৈরী রেলের কামরা আমদানি করা হয়।

1936 সনে সর্বপ্রথম বাতানুকুল রেলের কামরা আসে। জী.আই.পী. রেল এগুলিকে বম্বের মাতুঙ্গা রেল কারখানায় তৈরী করায়।

1949 সনে রেলের কামরাগুলিকে স্টীলে রূপান্তরিত করার কথা স্হির হয়।

1955 সনে মাদ্রাজে 'ইন্টিগ্রাল কোচ ফ্যাকট্রি' স্হাপিত হয়। এরা কেবলমাত্র রেলের যাত্রী বহনকারি কামরাই তৈরী করত।

1930 সনে 'সেন্ট্রাল স্ট্যান্ডার্ড অফার্স' গঠিত হয়।

1952 সনে 'রেলওয়ে টেস্টিং' আর 'অনুসন্ধান কেন্দ্র' স্হাপন করা হয়।

1957 সনে 'সেন্ট্রল স্ট্যান্ডার্ড অফার্স' এবং 'রেলওয়ে টেস্টিং' আর 'অনুসন্ধান কেন্দ্র'-কে মিলিত করে 'রেলওয়ে ডিজাইন এন্ড স্ট্যান্ডার্ড অরগানাইজেশন (আর.ডি.এস.ও.)' স্হাপন করা হয়। এই দপ্তরটা আঞ্চলিক রেল আর উৎপাদন সংস্হাগুলিকে প্রযুক্তিগত বা অন্যান্য পরামর্শ দেওয়ার কাজ করত।

1890 সনে রুডলফ ডিজেল নামক একজন জার্মান ডিজেল ইঞ্জিন আবিস্কার করেন। 1894 সনে উনি সর্বপ্রথম ক্যারাশিন তেল দিয়ে চলে এমন একটি 'কম্প্রেশন ইগনিশন' ইঞ্জিন তৈরী করেন। এই ইঞ্জিনটা রক্ষণাবেক্ষণ সহজ ছিল আর এতে বায়ুদূষণ কম হতো। এটা স্টীম ইঞ্জিনের থেকে ভাল ছিল। 1925 সনে এটাকে আমেরিকায় সর্বপ্রথম পরীক্ষা করে দেখা হয়। এটা ইয়ার্ডে শান্টিং করার কাজে ব্যাবহৃত হতো। 1934 সনে সর্বপ্রথম ডিজেল চালিত যাত্রীবাহি গাড়ীটা চলে।

1932 সনে ভারতে ডিজেল কার চলতে শুরু করে। 1932 সনে সর্বপ্রথম গায়েকওয়ার বরোদা স্টেট রেলওয়ে এই কার আমদানি করে, যদিও এর আগে 1910 সনে পেট্রোল চালিত রেল কার ভারতে আসে। 1911 সনে সর্বপ্রথম কালকা-শিমলা রেল পথে রেল কার চালানো হয়।

সর্বপ্রথম ডিজেল চালিত লোকো রেল দার্জ্জিলিং এর 'দার্জ্জিলিং হিল রেলওয়ে' শুরু করা হয়।

1961 সনে বারাণসিতে ডিজেল লোকোমেটিভ কারখানা স্হাপিত হয়। 1964 সনে প্রথম লোকো স্হাপিত হল। সি.এল.ডব্লিউ. (চিত্তরঞ্জন লোকোমেটিভ ওয়ার্কস) বৈদ্যুতিক লোকো তৈরী করতে শুরু করে। 1961 সন থেকে এটা ক্রমাগত চলে আসে।

1970 সনে স্টীম ইঞ্জিন তৈরী করা বন্ধ করে দেওয়া হয়। 1970 সনের জুন মাসে চিত্তরঞ্জন কারখানায় 'অন্তিম সিতারা' নামক সর্বশেষ স্টীম ইঞ্জিনটা তৈরী করা হয়। এর পর বেসরকারি সংস্হার জন্য মিটার গেজের স্টীম ইঞ্জিন তৈরী করা হয়ে ছিল আর 1970 সনের 5ই ফেবরুয়ারি স্টীম ইঞ্জিন তৈরী করা সম্পূর্ণরূপে বন্ধ করা হল।

বিশ্বে সর্বপ্রথম হার্টলের ইংল্যাণ্ডে স্টেশান মাস্টারের মেজের ওপর মোমবাতী জ্বালিয়ে সিগনল-এর প্রাদুর্ভাব হয়।

ভারতে শুরুতে রেল ইঞ্জিনের আগে আগে পুলিস ম্যান চলত এবং গাড়ী আসার আগে রুট সুনিশ্চিত করত। পরে পুলিশম্যান কিছুটা দূরত্বে বসত লাগল। তারা যাতায়াত নিয়ন্ত্রণ করার জন্য রেল-লাইনে পাহারা দিতেন। মোম-বাতীর সিগনলিং এর পর ডিস্ক, ক্রাসওয়ার, আর্ম সিগনলের প্রচলন হয়।

সর্বপ্রথম 'জি.আই.পি.' বোম্বাই দিল্লী রুটে বড় আকারে 'কেবিন ইন্টারলাকিং' শুরু করে। এই কাজ 1912 সনে সমাপ্ত হয়। 1928 সনে 'জি.আই.পি.' ভিক্টোরিয়া টার্মিনস এবং ভারখলা স্টেশানের মধ্যে কালার লাইট সিগনল-এর কাজ শুরু হয়। আজ ভারখলা স্টেশানের মধ্যে কালার লাইট সিগনল'-এর কাজ শরু হয়। আজ লাইনে ট্রাক সার্কিটিং অটো সিগনাল এর মতো সুবিধাগুলি আছে।

1 জুন, 1912 সনে 'পাঞ্জাব মেল' আরম্ভ হয়। এই কাজ জি.আই.পি. করেছিল। এটা বোম্বাই-এর ব্লাডপিয়র মোল স্টেশান থেকে পেশোয়ার পর্যন্ত 2486 মাইলের দূরত্ব অতিক্রম করতে 47 ঘন্টা লাগত। প্রথমে এই গাড়ী 6 টি বগি থেকে শুরু হয়েছিল, যার মধ্যে 3 টি বগি যাত্রীদের জন্য এবং 3 টি বগি জিনিষপত্রের জন্য ছিল।

1928 সনে 'ফ্রন্টিয়ার মেল' শুরু হয়। এটা বোম্বাই থেকে পেশোয়োর যেত এবং উত্তর-পশ্চিমে চলতো। স্বাধীনতার পর এটা অমৃতসর পর্যন্ত যাত্রা করতে থাকে।

এখন 'ফ্রান্টিয়ার মেল'কে স্বর্ণ মন্দির মেল বলা হয়। 1928 সনে, 1 সেপ্টেম্বার বোম্বাই-এর কোলাবা স্টেশানে এর উদঘাটন হয়েছিল। 1930 সনে 'দি টাইম্স' লণ্ডন নামক খবরের কাগজ ব্রিটিশ রাজত্বের প্রসিদ্ধ এক্সপ্রেস ট্রেনগুলিতে একে সামিল করে।

প্রথম হাওড়া-নতুন দিল্লী রাজধানী এক্সপ্রেস 1 লা মার্চ. 1969 সনে শুরু হয় এর অধিধকতম গতি ঘন্টায় 120কি.মি. ছিল।

1980 সনে রেলে কয়েকটি বুনিয়াদী পরিবর্তন করা হয়।

1. এক ডিজাইনের ওয়গানের একই রেলে পরিচালনা হয়।

2. জাম্পো র‍্যাকে পাইকারী জিনিষের পরিচালন শুরু হয়।

3. কভার্ড ওয়াগানের বেসী ক্ষমতা সম্পন্ন গাড়ী গুলির সূচনা হয় এবং কয়েকটি য়ার্ডগুলিকে বন্ধ করে দেওয়া হয়

প্রথম কম্প্যুটারকৃত সংরক্ষণ পদ্ধতি সূচনা 1985-86 সনে নতুন দিল্লীতে করা হয়।

1987 সনে কপুরথলা, পাঞ্জাবে রেল কোচের নতুন কারখানার স্হাপন করা হয়। সর্বপ্রথম শীততাপ নিয়ন্ত্রিত তিন টায়ারের বগি কপুরথলায় তৈরী হয়। সেই থেকে নতুন ডিজাইনের (এল.এইচ.বি.) কোচের উৎপাদন এখানেই হচেছ।

1988 সনে 'শতাব্দী এক্সপ্রেস' পরিসেবা শুরু হয়। প্রথম শতাব্দী এক্সপ্রেস নতুন দিল্লী–ঝাসীর মধ্যে চালানো হয়, পরে একে ভোপাল পর্যন্ত বাড়ানো হয়।

আর্ন্তজাতিক স্তরে 'ইন্টারনোডল' যাতায়াত রপ্তানি–আমদানী শুরু করা হয় এবং এটা অর্থ ব্যবস্হায় সহায়ক প্রমাণিত হয়। সেই সময় থেকে সাতটি ডিপো স্হাপতি করা হয়।

1989 সনে ভারতীয় কন্টেনার নিগম লিমিটেডের (কানকোর/স্হাপনা করা হয়। সিঙ্গল বিণ্ডো সুবিধাগুলি শুরু করা হয়। উপ টার্মিনাল পোর্টের যাতায়াতে 35% যৌথভাবে (2001 অনুযায়ী) এবং মাল বহনে অংশীদারিত্ব সুনিশ্চিত করা হয়।

1890 সনে যে রেলওয়ে স্কট তৈরী হয়েছিল, 1990 সনে তাতে 44 টি সংস্কার করা হয়, (ভারতীয় রেলওয়ে স্কট, 1989 সাল) 1 লা জুন, 1990 সনে এটা পুরোপুরী, লাগু হয়ে যায়।

স্বাধীনতার পর দেশ 'ইউনীগেজনীতি' গ্রহণ করে। এত গেজ-পরিবর্তন হয় এবং 1992 সনে তাতে দ্রুততা আসে। 'ব্রাড গেজ'-এর লিস্ক শিল্পদ্যোগ কেন্দ্রগুলি এবং পোর্টের সাথে যুক্ত হয়। কয়েকটি রেলপথ কে 'গ্রাড গেজ' করে দেওয়া হয়। গত 9 বছরে 9.00 কি. মিটারের নির্মাণ হয়।

1992 সাল থেকে 2001 সাল পর্যন্ত 9131 কিলোমিটার ট্রাকের গেজ পরিবর্তন করা হয়। 1953 সনে গেজ পরিবর্তনের সূত্রপাত হয়। আজ রেলেঘ 56 লক্ষ দৈনিক যাত্রী আছেন। ছত্রপতি শিবাজী টার্মিস, মুম্বাই, মধ্য রেলওয়ে এবং চার্চ গেট, পশ্চিম রেলওয়েকে ধরে প্রায়ঃ প্রত্যেক মিনিটে শহরতলী পরিসেবা বজায় আছে।

1971 সনে 'মেট্রো রেলওয়ে' তৈরী হয় এবং 1995 সনে ভারতে সর্বপ্রথম শুরু হয়। ভারতীয় রেলওয়ের সময়, সংরক্ষণ এবং পরিবেশ সংরক্ষণের কোন তুলনা নেই। এটা হচ্ছে যাতায়াত ব্যবস্থায় দক্ষতা, দ্রুতগামীতা, ও জনগণের স্বাবলম্বী।

কোকন অঞ্চলে ভগবান পরশুরাম দুস্ট শক্তিগুলির বিনাশ করে বিশ্রাম নিয়েছিলেন। শিবাজী মহারাজার দুর্গ ও এখানেই। এখানে সারিবদ্ধ পর্বত, নদী গুলি, ঘন জঙ্গল ও সাগরের রমনীয় তট আছে। যাতায়াত ব্যবস্থা নেই। ভারী বর্ষা হয়। প্রথমে জি.আই.পি. এখানে রেল লাইন পাতার পরিকল্পনা করে, পরে এই চিন্তা ত্যাগ করে দেয়।

শ্রী এ.বি. বলাবলকর, যিনি বি.বি.সি.আই. এর ড্রাফট্‌ম্যান ছিলেন, ব্যক্তিগত ভাবে এই লাইনের রূপরেখা তৈরী করেন।

1966 সনে দিবা-পনবেল রেল পথের উদঘাটন হয়েছিল, 1986 সনে দিবা পনবেলকে রোহা পর্যন্ত পরিচালনা করা হয়। 1990 সনে কোকন রেলওয়ে কারপোরেশন (কে.আর.সি.এন) এর প্রতিস্ঠা হয়। যৌথভাবে এতে মহারাস্ট্র, গোয়া কর্নাটক এবং কেরল রাজ্য ছিল। 1990 সনে কাজ শুরু হয় এবং শ্রী ই. শ্রীধরণ, রেলওয়ে বোর্ড, ইঞ্জিনিয়ারিং এর প্রাক্তন সদস্যকে এর অধ্যক্ষ করা হয়। অবস্থা বিষম ছিল, প্রতি পদক্ষেপে বাধাগুলি সামনে দাড়িয়ে ছিল এবং অর্থ ব্যবস্থাও জটিল ছিল কিন্তু সমর্পিত কাজের মনোভার শীর্ষ নেতৃত্বের সমন্বয়তা এবং লক্ষ্যেরপ্রতি অটলতা ছিল।

কম্প্যুটার কৃত প্রয়োগ দ্বারা ব্যবস্থাপনার পরিচালন, নবীন বৈজ্ঞানিক পদ্ধতি দ্বারা সেতু কোঙ্কন রেলওয়ের ওপর সবচেয়ে দীর্ঘ ব্রীজ–শরাবতী ব্রাজ, কঠিন পাথর ভেঙ্গে দীর্ঘ সুরঙ্গের (হোনবরের গোলাকার সুরঙ্গ) নির্মাণ হয়। এখন সেটা এক শতাব্দীর এই স্বপ্ন বাস্তবায়িত হয়। এইভাবে 760 কি.মী. রেল পথের নির্মাণ হয়।

1998 সনে মুম্বাই মডগাওঁ পরিসেবা তৈরী হয়, এখন সারা ভারতবর্ষে রেলোর মোট দৈর্ঘ্য 63.000 কি.মী. আছে।

ভারতীয় রেল দ্বারা 1 মিলিয়ন টন থেকে বেসী মান বহন প্রতিদিন হয়। এতে 13 মিলিয়ন যাত্রী প্রতিদিন যাত্রা করেন।

ভারতীয় রেলের 71% রেলপথ হচেছ ব্রাডগ্রেজ 25% ট্রাক পথ বিদ্যুতিকরণ। বিগত পঞ্চাশ বছরে 38% রেললাইন (ট্র্যাক কিলোমিটারের ভিত্তিতে) এর বৃদ্ধি হয়েছে।

বর্তমানে রেলের 8 টি উপক্রম হচেছ–

1. রেল ইণ্ডিয়া টেকনীকাল এ্যাণ্ড ইকোনোমিক সার্ভিসেজ লিমিটেড
2. ইরকন ইন্টারনেশনাল লিমিটেড
3. ভারতীয় রেল অর্থ নিগম লিমিটেড

4. ভারতীয় কন্টেনর নিগম লিমিটেড
5. কোঙ্কন রেল নিগম লিমিটেড
6. রেল তথ্য প্রণালী কেন্দ্র
7. ভারতীয় রেল আহার পানীয় এবং পর্যটন নিগম লিমিটেড
8. ভারতীয় রেলটেল নিগম লিমিটেড

1984 সনে তৈরী হওয়া রিফার্মকমিটির পরামর্শ ছিল যে রেল পথের ওপর বৃদ্ধি যাতায়াত কে দেখে চারটি নতুন ক্ষেত্র নির্মাণ করা হোক।

1995 সনে ছয়টি নতুন জোনের নির্মাণ স্বীকৃত করা হয়। 1998 সনে 7 টি নতুন জেনা গড়া সুনিশ্চিত করা হয়। 2002 সনে দুটি নতুন জোন-পূর্ব-মধ্য রেলওয়ে হাজীপুর এবং উত্তর পশ্চিম রেলওয়ে, জয়পুর শুরু হয়ে গ্যায়। এই দুটি নতুন জোনের উদঘাটন 1 লা অক্টোবর, 2002 সনে করা হয়।

প্রাক্তন প্রধানমন্ত্রী মাননীয় অটল বিহারী বাজপেয়ী 15 ই আগস্ট, 2001 সনে রাস্ট্রীয় রেল বিকাশ পরিকল্পনার সূচনা করেন যার অন্তর্গত দশম পঞ্চ বার্ষিকী পরিকল্পনা (2002-2007) 1 15.000 কোটি টাকার ব্যবস্হা ছিল। এর মাধ্যমে পোর্টগুলি থেকে ভাল সম্পর্ক করে রেল যাতায়াত বৃদ্ধি করা চারটি নতুন সেতুর নির্মাণ কাজ করা, সংরক্ষিত ও অসংসক্ষিত টিকিট প্রণালী উন্নত করা ও কন্টেনার পরিসেবার বিস্তার বিশেষ করে রেলওয়ে ওয়াগান তৈরী করা ও মালগাড়ীগুলির গতি বাড়ানোর প্রস্তাব ছিল।

ভারতীয় রেলের 150 তম বর্ষ জন সুবিধা বর্ষ হিসাবে পালন করা হয়। জন শতাব্দ পরিসেবা ভারতবর্ষে মুম্বাই থেকে শুরু করা হয়েছিল। প্রথম মুম্বাই মডগাওঁ জনশতাব্দী এক্সপ্রেস-এর উদঘাটন তৎকালীন রেল মন্ত্রী শ্রী নীতিশ কুমার লোক মান্য তিলক টার্মিনস, মুম্বাই থেকে 16 ই এপ্রিল, 2002 সনে করা হয়।

রেলের 150 বছর পূর্ণ হবার আরো একবার ইতিহাসের পুণাবৃত্তি হয়। মুম্বাই থানের সেই পথে, সেই জায়গায় 'স্টীম ইঞ্জিন' থেকে যাত্রা শুরুহ য়। এতে প্রচিন ও আধুনিক বগি এক সাথে লাগানো হয়। এটা হেরীটেডা স্ট্রীম ট্রেন 6 ই এপ্রিল, 2002 সনে ছত্রপতি শিবাজী টর্মিনস, মুম্বাই থেকে রেওনা হয়। নিজের প্রিয় তেরঙ্গা নিয়ে মুম্বাইবাসী-এর স্বাগত করতে দৌড়ে ছিলেন।

পনবেল নদী সেতু–এশিয়ার সবচেয়ে উঁচু সেতু

1998 সনে নতুন দিল্লী-সিকন্দ্রাবাদ স্বর্ণজয়ন্তী রাজধানী এক্সপ্রেস শুরু হয়। সমস্ত সুপার ফাস্ট এক্সপ্রেস রেলগাড়ীগুলিতে তৎকাল সংরক্ষণ পরিসেবা শুরু হয়। 'ফেয়রী কুইন' কে পরিচালন অবস্হার সবচেয়ে পুরানো বাস্প ইঞ্জিন হবার, 'গিনীজ বুক'-এ স্হান হয়। 'কোঙ্কন রেলওয়ে' 15 ই অক্টোবর, 1998 সনেই 'কে.আর.নেট', পরিসেবা শুরু করে। সি.এন. ডাব্লু দ্বারা 6000 এইচ পি-র 3 ফেজ বিদ্যুত রেল ইঞ্জিন-এর স্বয়ং নির্মাণ শুরু

করে। 31 শে মার্চ, 1998 পর্যন্ত সমস্ত রাজধানী এক্সপ্রেস রেলগাড়ীগুলির উপগ্রহ ভিত্তিক টেলীফোন পরিসেবা শুরু করে। 17 ই আগস্ট, 1998 সনে রতলাম–বড়োদরা–আমেদাবাদ-চার্চগেট-এর মধ্য ডিজিটেল সুক্ষ্ম বেতার পরিসেবা শুরু। কুর্লা-হাওড়া তথা কুর্লা-নাগপুর-এর মধ্যে সুপার ডিলাক্স শীততাপ নিয়ন্ত্রিত এক্সপ্রেস শুরু। পর্যটন কে উৎসাহদানের জন্য পর্যটক রেল গাড়ী বোধ পরিক্রমা চালানোর প্রস্তাব আসে এবং এটা 23 শে অক্টোবর, 1998 সনে গোরক্ষপুর শুরু হয়।

999 সনে চার্চ গেটে অবস্থিত প্রধান কার্যালয় ভবন-এর শতাব্দী সমারোহ পালন করা হয়। ফেব্রুয়ারী মাসে দিল্লী রেলওয়ে সেটশানে বিশ্বের সবচেয়ে বড় রুট রিলে ইন্টারলকিং শুরু হয়। 26 জানুয়ারীতে কোঙ্কন রেলওয়ে সর্বপ্রথম 'রো রো মালগাড়ী পরিসেবা শুরু করে। মার্চ এ.ডি.এল. ডব্ল্যু' 400 তম ইঞ্জিন তৈরী করে। 18 ই এপ্রিল-এ দিল্লী মুম্বাই চেন্নাই কোলকাতা সিকেন্দ্রাবাদ 'পি.আর.এস' নিজেদর মধ্যে যুক্ত হয়। 20 শে মে টালীগঞ্জ থেকে নিউ গড়িয়া পর্যন্ত কোলকাতা মেট্রো রেল পরিকল্পনার শিলান্যাস করা হয়।

1 লা আগস্ট, 1999 সনে পাঠানকোট পালমপুর-এর মধ্যে নতুন ল্যাকজরী ছোট লাইন রেলগাড়ী 'কাংগড়া কুইন' শুরু হয়। ইউনেস্কো দার্জিলিং হিমালান রেলওয় কে বিশ্ব ঐতিহয্য স্হল ঘোষিত করে। 28 শে ডিসেম্র, 1999 সনে সিলেনিয়াম এক্সপ্রেস পর্যটন ট্রেন শুরু হয়।

2000 সনে উন্নত প্রযুক্তি সমর্পন 'এল এইচ বী' কোচের মধ্যে প্রথম কোচকে 16 ই মার্চে নতুন দিল্লী রেলওয়ে স্টেশানে অনাবরণ করা হয়। 29 শে এপ্রিল ভারতীয় রেলে সর্বপ্রথম চার্চগেট সদর দপ্তরে ইন্টারনেটে অন লাইন রেল সূচনা প্রণালী শুরু। 21 শে মে, 2000 সনে 'দার্জিলিং হিমালিয়ান রেলওয়ে'-এ প্রথমবার ডীজেল ইঞ্জিন রেলগাড়ী চালানো হয়। 11 ই জুলাইয়ে ভারত নেপাল-এর মধ্যে (রকেসৌল-বীরগঞ্জ) বড় লাইন নির্মাণের জন্য শিলান্যাস হয়। 23 শে মে, 1999 শুরু হয়ে 24 শে জুলাই, 2000 সনে পূর্ণ হলে উত্তর রেলওয়ের অম্বালা মণ্ডলে অম্বালা-চণ্ডীগঢ় কালকা খণ্ডের বিদ্যুতকরণ কাজ রাষ্ট্রকে সমর্পিত করা হয়। 17 ই ডিসেম্বর, 2000 সনে পশ্চিম রেলওয়ের কোটা স্টেশানে ভাতীর রেলোর সর্ব প্রথম অটোমেটিক ট্রেন চার্টিং প্রণালীর উদঘাটন হয়।

2001 সনে 22-28 শে জানুয়ারী বি.এন.আর. হোটেলে, পুরী নিজের প্লেটিনম জুবলী পালন করে। 31 শে জানুয়ারী 2001 সনে প্রধানমন্ত্রী দ্বারা লখনৌতে ভারতীয় রেল পরিবহন প্রবন্ধন সংস্হানের ভিত্তি প্রস্তর রাখা হয়। 24 শে ফেব্রুয়ারী চেন্নাই রেলওয়ে স্টেশানে সর্ব প্রথম ইন্টারনেট ব্যবসা কেন্দ্র খোলা হয়। 2 রা এপ্রিল 'ব্রহ্মপুত্র বাহ স্টীম'-এর উদঘাটন হয়। মে, 2001 সনে 'আই আর টি.সি.'-র পরিচালন নতুন দিল্লী-লখনৌ স্বর্নশতাব্দী এক্সপ্রেস

শুরু হয়। 29 শে মে নতুন দিল্লী-লখনৌ স্বর্ন শতাব্দী এক্সপ্রেস-এ সর্বপ্রথম জার্মানীতে আমদানী কোচ এল.এইচ.বি.কে চালানো হয় তথা পুণরায় এটা ঠিক করে 23 শে জুন চালানো হয়। 11 লা জুলাই ভারত-বাংলাদেশের মধ্যে মৈত্রী এক্সপ্রেস চলে। 31 শে ডিসেম্বর, 1998সনে ডা. রাকেশমোহন-এর অধ্যক্ষয়তায় গঠিত 'রেলওয়ে বিশেষজ্ঞ সমূহ' 7 ই আগস্ট, 2001 সনে রেলমন্ত্রীকে নিজের রিপোর্ট দেয়। 15 ই অক্টোবর, 2001 সনে পশ্চিম কে নেরুল স্হিত কোংকন বিহারে কোঙ্কন রেল দ্বারা নির্মিত রক্ষা কবচ রাস্ট্রকে সমর্পিত করা হয়। 5 ই নভেম্বর, 2001 সনে পশ্চিম রেলওয়ে নিজের প্রতিস্ঠার স্বর্ণ জয়ন্তী পালন করে।

3 রা ফেব্রুয়ারী, 2002 সনে প্রধানমন্ত্রী দ্বারা পাটনায় একই সাথে 3 টে নতনু রেল পরিকল্পনাগুলির সেটেলাইট দ্বারা উদ্‌ঘাটন করা হয়।

15 ই এপিরল, 2002 সনে ভারতীয় রেলের 150 তম বর্ষ শুরু হওয়ার উপদেশ্যে রাস্ট্রীয় রেল সংগ্রহালয়, নতুন দিল্লীতে একটি বিশেষ কার্যক্রম-এ শুভংকর 'ভোলু গার্ড' তথা বিশেষ প্রতীক চিহ্ন জারী করা হয়। 16 ই এপ্রিল, 2002 সনে ছত্রপতি শিবাজী টর্মিনস, মুম্বাই থেকে একটি বিশেষ রেলগাড়ী, প্রথম রেলগাড়ীর স্মরণে চালানো হয় তথা 'ডাক টিকিট' জারী করা হয়। 16 ই এপ্রিলকেই 'প্রথম জন শতাব্দী এক্সপ্রেস' লোকমান্য তিলক টর্মিনস থেকে মডগাওঁ (গোয়া)র জন্য বানানো হয়।

21 শে এপ্রিল, 2002 সনে প্রধান মন্ত্রী জী দ্বারা যোগীবিল-ও ব্রহ্মপুত্র নদীর ওপর চতুর্থ রেল সহ-সড়কের ব্রজের নির্মাণের শুভারম্ভ হয়। 15ই জুলাই চেন্নেইতে ভারতের প্রথম ব্রাণ্ডেড ফুড-প্লাজা চালু হয়। 3 রা আগস্টকে ইন্টারনেট-ও সর্বপ্রথম সংরক্ষণ টিকিট নুতন দিল্লী রেলওয়ে স্টেশান থেকে প্রদান করা হয়।

25 শে ডিসেম্বর, 2002 সনে দিল্লীতে মেট্রো রেল পরিসেবা শুরু হয়।

1 লা জানুয়ারী, 2003 সনে 'আর ডি মে ও' কে ক্ষেত্রীয় রেলের শ্রেণী প্রাপ্ত হয়। 5ই জানুয়ারী পশ্চিম রেলওয়ে নিজের বিদ্যুত রেল গাড়ী পরিসেবার 'প্লেটিনাম জয়ন্তী' পালন করে। 24 শে জানুয়ারী রেল বিকাশ নিগমের গঠন হয়। 15 ই ফেব্রুয়ারী পহিয়া এবং ধুরা কারখানার নাম পাল্টে রেলপহিয়া কারখানা রাখা হয়।-

দিল্লী-অমৃতসর শতাব্দী এক্সপ্রেস ও বায়োডীজেল-এর পরীক্ষণ করা হয়। 2003 সনে এপ্রিলের অন্তিম সপ্তাহে কোংকন রেলওয়ে 150 কি.মি. প্রতি ঘন্টার রেলগাড়ী চালায়। 2003 সনে সর্বপ্রথম রেলটেল নামে দুনিয়ার প্রথম বার চলন্ত রেলগাড়ীতে ব্রাডব্যাণ্ড-এর মাধ্যমে ইন্টারনেট পরিসেবা শুরু করে এবং 30 শে মে, 2003 সনে বিহারের হরনৌত-এ রেল কোচ কারখানার শিলানয়াস করা হয়। ◻◻◻

ডায়মন্ড পকেট বুকেসর সগর্ব প্রকাশন

ইংলিশ স্পীকিং কোর্স

মেমোরী গুরু বিশ্বরূপ রায় চৌধুরী

'মেমোরী, মাইণ্ড এবং বডি' মাস্টার মাইণ্ড বিশ্বরূপ রায়চৌধুরীর এক উৎকৃষ্ট সৃষ্টি। বর্তমান প্রতিযোগিতামূলক যুগে আমাদের বিভিন্ন ধরণের সমস্যা এবং চাপের মুখোমুখি হতে হচ্ছে, যার কারণে আমাদের সঠিক বিকাশ হতে পারছে না। এই পুস্তক সেই সব মনোবৈজ্ঞানিক বিষমতাগুলোকে দূর করতে সহায়তা তো অবশ্যই করবে, তার সাথে-সাথে প্রবল আত্মবিশ্বাসের সঞ্চারও করবে। আপনি যদি শারীরিক এবং মানসিক রূপে সম্পূর্ণ সুস্থ থেকে নিজের স্মৃতিশক্তিকে দীর্ঘ সময় পর্যন্ত মজবুত রাখতে চান, তাহলে এই পুস্তক নিশ্চিত রূপে আপনার পক্ষে এক দারুণ পথপ্রদর্শক প্রমাণিত হবে।

এই অত্যন্ত গুরুত্বপূর্ণ পুস্তকের লেখক বিশ্বরূপ রায়চৌধুরী মানব মস্তিস্ক এবং শেখার বিধি (যেগুলো প্রচীন আর আধুনিকতম বৈজ্ঞানিক 'কী টেকনিক অফ মেমোরী' (Key Technique of Memory)-র মিশ্রণ)-র ভারতে এক অগ্রণী বিশেষজ্ঞ। উনি নিজের অসাধারণ স্মৃতি সম্বন্ধীয় কুশলতা এবং স্মৃতি বিকাশের জন্য ব্যক্তিদের প্রশিক্ষিত করে তোলার যোগ্যতার জন্য খ্যাতিপ্রাপ্ত। উনি শুধু 'লিমকা বুক অফ রেকর্ড'-তে 'রাষ্ট্রীয় স্মৃতি রেকর্ড' (National Memory Record)-য়ের অধিকারী নন, উনি 'গিনীজ বুক অফ ওয়ার্ল্ড রেকর্ডস্' থেকেও প্রশংসা-পত্র প্রাপ্ত করেছেন। উনি 'ডায়নামিক মেমোরী প্রোগ্রাম'-য়ের সংস্থাপকও বটে।

মূল্য : 150/-
ডাক খরচ আলাদা

ডায়নামিক মেমোরী

কম্প্যুটার কোর্স

মেমোরী গুরু বিশ্বরূপ রায় চৌধুরী

বর্তমান যুগে কম্প্যুটারের জ্ঞান কোন বিশেষ বস্তু না হয়ে এক অত্যন্ত প্রয়োজনীয় বস্তু হয়ে উঠেছে। এই পুস্তক আপনার সেই প্রয়োজনের কথা মাথায় রেখেই প্রস্তুত করা হয়েছে। সাধারণ গণনার আবিস্কার করা থেকে শুরু করে পৃথিবীর সমস্ত বৈপ্লবিক পরিবর্তনের ক্ষেত্রে অগ্রণীর ভূমিকা গ্রহণ করা কম্প্যুটার নিজেও কিছু সফর পার করে এসেছে। কম্প্যুটার আসার পরে অত্যন্ত কম সময়ে গোটা পৃথিবী জুড়ে যত পরিবর্তন এসেছে, ততটা কম্প্যুটার আসার আগে বেশ কয়েক শতাব্দী জুড়েও আসেনি।

এই পুস্তকে কম্প্যুটার সম্বন্ধে বেশ কিছু জবরদস্ত তথ্য থেকে শুরু করে সেটার অতুলনীয় গুণগুলো পর্যন্ত প্রতিটা সামগ্রীকে অন্তর্ভুক্ত করা হয়েছে। কম্প্যুটারের সঙ্গে পরিচিত ব্যক্তি থেকে শুরু করে অপরিচিত ব্যক্তি পর্যন্ত – সবার প্রয়োজনের ব্যাপারটাকে মাথায় রেখে এই পুস্তক প্রস্তুত করা হয়েছে। এই পুস্তক পড়ে লোকেরা নিজেদেরকে কম্প্যুটার বিশেষজ্ঞ হিসেবে মনে করতে থাকবেন। হার্ডওয়ার থেকে শুরু করে সফ্‌টওয়ার পর্যন্ত, ইন্টারনেট থেকে শুরু করে নেটওয়ার্কিং পর্যন্ত, এম.এস. অফিস থেকে শুরু করে উইণ্ডোস এক্স.পি. / ভিস্টা পর্যন্ত সকল বিষয়ের ওপরে তথ্য – যেটা পাঠকেরা প্রাপ্ত করতে চান, এই পুস্তকে পাবেন।

ধীরুভাই অম্বানীর বিরল কার্য পদ্ধতি

ধীরুভাইজম্

ইনভিসিবল সি. ই. ও.-র লেখক **শ্রী এ. জি. কৃষ্ণমূর্ত্তি**-র রচনা

এই পুস্তক ধীরুভাই-য়ের জীবন বা ওনার ব্যবসায়িক সাম্রাজ্য স্থাপনের ওপরে লেখা হয়নি। লেখক ধীরুভাই-য়ের মধ্যে সেই অসাধারণ অন্তর্দৃষ্টিকে হৃদয়ঙ্গম করার প্রচেস্টা করেছেন, যেটা উনি ধীরুভাই-য়ের সঙ্গে দীর্ঘ সময় পর্যন্ত কাজ করে শিখেছেন। এই পুস্তকে দেওয়া 15-টি 'ধীরুভাইজম্'/য়ের দার্শনিক বিচারগুলোকে এক জায়গায় রাখলে তবেই ধীরুভাই-য়ের কার্য-দর্শন স্পষ্ট হয়ে ওঠে... যার দ্বারা ভারতের সব থেকে সফল শিল্পপতিদের অন্যতম ধীরুভাই অম্বানীর চিন্তন প্রক্রিয়া আর অভ্যাসগুলোর এক ঝলক দেখতে পাওয়া যায়।

মূল্য : 95/-
ডাক খরচ আলাদা